Quinctius Heymeran Von Flaming, Volume 4...

August Heinrich Julius Lafontaine, Wilhelm Jury, Duke
University. Library. Jantz Collection. German Baroque II.

Quinctius Heymeran von Flaming.

Von
August Lafontaine.

Turpe est difficiles habere nugas
Et stultus labor est ineptiarum.
MARTIAL.

Vierter Theil.

Neue, verbefserte Auflage.

Berlin,
in der Vofsifchen Buchhandlung.
1798.

Quinctius Heymeran von Flaming.

Vierter Theil.

Der Baron kam nach einer glücklichen Reise vor Zaringen an. Hier ließ er den Wagen halten, und stieg mit Iglou aus. „Sieh, Iglou," sagte er; „dies ist der Ort, wo ich von nun an einsam leben will, und wo ich auch dir eine Zuflucht anbiete. Die Städte sind Wohnplätze der Verbrechen; denn Alles in ihnen reitzt die Phantasie, die Begierden, die Sinnlichkeit. Auf dem Lande kann die Vernunft ungestört wirken; es ist der Sitz der Unschuld, der Ruhe. Hier, Iglou, sollen bei stillem Denken, und bei Handeln, im edelsten Sinne des Wortes, meine Tage verfließen; das Glück soll mit seinem täuschenden Anblicke mein Herz nicht verführen, und das Unglück es nicht verletzen. Man tadelt das Leben der Mönche: ich will auch keiner werden; sie erfüllen einen Theil der Pflicht: Abgeschiedenheit von der Sinnlichkeit; aber sie handeln nicht. Ich will Beides: denken und handeln. Das Gefühl ist ein elendes Werkzeug des bösen Dämons." Iglou schwieg zu dieser Deklama-

tion, gegen die sie freilich wohl Einwendungen gehabt hätte.

Sie gingen in das Dorf hinein. Die hellen,
niedlichen Häuser erinnerten den Baron sehr
stark an seine ehemaligen Bemühungen für das
Glück seiner Unterthanen. Gern hätte er seiner
Begleiterin seine heimliche Freude darüber mitge-
theilt; aber er schämte sich, es zu thun, weil er
so eben gegen das Gefühl deklamirt hatte. —
Es herrschte in dem Dorfe eine Reinlichkeit, die
ihn in Verwunderung setzte; und mitten durch die
Straße desselben lief eine doppelte Allee von
Fruchtbäumen, wie er auch schon auf dem Wege
zu dem Dorfe eine bemerkt hatte.

Auf einmal hörte er eine frohe Musik und
ein fernes Jauchzen. Er ging still vor sich hin,
und murmelte: „das taugt nichts! Der Tanz
entzündet die Phantasie, und erregt Verbrechen.‟
Je näher er seinem Hause kam, desto deutlicher
wurde die Musik und das frohe Jauchzen; und
bald sah er ein frohes Gewühl von Menschen
jedes Alters und Geschlechtes.

Unter einigen hohen und schattigen Linden
tanzten die jungen Leute des Dorfes. An Ti-
schen umher saßen die Alten; mitten unter ihnen
der Prediger und mehrere wohlgekleidete Menschen. Flaming begriff nicht, was das war. Als er

näher kam, bemerkte man ihn; aber man kannte ihn nicht. Ein junger Bauer ging auf ihn zu, und lud ihn sehr artig ein, heran zu kommen. Auf einmal aber rief er: um des Himmels willen! Ihr Gnaden, unser guter Herr Baron! Auf dies Geschrei strömte alles hinzu. Lissow, Jakobinens Vater, der Prediger, der Amtmann, Karoline, der Amtsverwalter, und alle Einwohner des Dorfes umringten den Baron in frohem Erstaunen. Niemand hatte ihn erwartet, niemand wußte etwas mehr von ihm, als daß er in Berlin sey und fürs erste da bleiben werde.

Er erkundigte sich nach der Ursache des Festes; und der Prediger sagte ihm: es ist der gewöhnliche Sonntagstanz. „Der gewöhnliche?" erwiederte der Baron, und schüttelte den Kopf, doch ohne weiter etwas zu sagen. Er hatte nicht das Herz, sogleich sein Mißfallen zu äußern, und, als er erst zwischen seinen Freunden saß und das Fest näher kennen lernte, konnte er es noch weniger. Auf allen Gesichtern lag ein unverstellter, herzlicher Frohsinn. Die jungen Leute und auch die Kinder trugen reinliche und anständige Kleidungen. Alle waren fröhlich; aber ihre Fröhlichkeit artete nicht in Wildheit, in ein bloßes Toben aus, wie es bei den Landleuten so oft der Fall ist. Die Alten saßen um die Tische her, und sprachen von ihrer Haushaltung, von ihrem Ackerbau, von der Erziehung; und zwar immer mit Ruhe, Gelassenheit und Nachdenken. Die Kinder spielten. Kurz, es war ein Fest von lauter heitern Menschen.

Mit großer Freude, die er aber zu verbergen suchte, sah der Baron, daß es nur wenige Schwarzköpfe unter ihnen gab, und daß alle in helle Farben und züchtig gekleidet waren. So sehr der Baron seine Unterthanen im Auge behielt, eben so sehr beobachteten diese ihn, aber noch weit mehr die Mohrin, die sich auf die Seite gesetzt hatte, und dem Schauspiele der Freude mit frohen Blicken zusah. Die Kinder stellten sich seitwärts zu ihr, und betrachteten sie mit Neugierde. Sie näherte sich den Kindern. Diese flohen nicht, sondern sprachen mit ihr; und schon nach einigen Minuten waren sie hinlänglich vertraut mit ihr, sie nach allerlei, nach ihrer Farbe, ihrem Vaterlande, u. s. w., zu fragen. Iglou gab dem einen ein Band, dem andern eine Nadelbüchse, dem dritten ein Stück Geld; und die Kinder waren dankbar dafür. Sie trat zu dem Baron, und sagte: Ich habe noch nie unter Landleuten so gute Menschen gesehen, wie hier deine Unterthanen. Sie müssen

sehr gütig behandelt worden seyn; denn ſie ſind
des Zutrauens fähig.

Der Prediger betrachtete Iglou mit großen
Augen, als ſie die Anmerkung gemacht hatte;
und nun erfuhr er von dem Baron ſein Verhältniß mit ihr, und den Grad ihrer Bildung.
Gnädiger Herr, ſagte bei dieſer Gelegenheit der
Prediger, Sie ſcheinen ſich über das Glück Ihrer Unterthanen nicht ſo zu freuen, wie ich es
von Ihrem Herzen erwartete. Der Baron gab
nur eine ſehr unbeſtimmte Antwort. Der Prediger erzählte in aller Kürze; was nach des Barons Abreiſe in Zaringen gethan war, und brach
in die größten Lobeserhebungen über den alten
Grumbach aus. Dieſer würdige Mann, den
Sie uns geſchickt haben, ſagte er, hat das Glück
von einigen Hundert Menſchen geſchaffen. Seine
reiſe Weisheit thut nie einen Schritt zurück;
denn jeder führt an das Ziel. Ich glaubte die
Bauern zu kennen; aber Grumbach hat mich
erſt gelehrt, wie man es anfangen muß, ſie zu
Menſchen, zu glücklichen Menſchen, zu machen.
Ihr Zaringen, Herr Baron, fängt an ein Aufenthalt der Unſchuld und des Glückes zu werden. Sie glauben nicht, mit wie Wenigem
Grumbach ſo viel thut! Sehen Sie, Herr Baron, und wünſchen Sie Sich Glück dazu —:

unter der ganzen Menge ist kein Unglücklicher und kein Lasterhafter.

„Wie hat Grumbach das angefangen?" fragte der Baron. — Er belohnt die Tugend mit Zufriedenheit, und bestraft das Laster mit Verachtung, erwiederte der Prediger. — „Meine Unterthanen sind also aus Eigennuß tugendhaft, nicht aus Ueberzeugung. Und ist das Tugend? . . . . Doch, lieber Herr Prediger, lassen Sie uns davon aufhören. Ich mag nicht gern aus einzelnen Datis urtheilen, und werde ja sehen, was gethan ist."

Die jungen Leute tanzten bis um neun Uhr Abends, und gingen, als es läutete, ruhig aus einander; die Hausmütter aber hatten sich fast alle schon entfernt. Der Baron begab sich ermüdet auf sein Zimmer, und schloß sich ein, um ungestört zu denken. Er stellte sich an das Fenster, und betrachtete die Hütten, die in dem hellen Lichte des Sommerabends da lagen. „Ihr seyd glücklich," sagte er, zu den Hütten hin gewendet: „ihr armen, verirrten Menschen! Hier bin ich, und will euch weiter bringen; ich will euch lehren das Glück entbehren zu können. Ja vor acht Jahren, als ich zum ersten Male wieder hierher kam, da war euer Glück mein Ideal, mein Wunsch. O Gott, wie viel höher

stehe ich jetzt! wie viel weiter bin ich! Jetzt ist
nicht mehr euer Glück das Ziel meines Bestre-
bens, sondern eure Tugend: nicht jene eigennützige, der Vernunft unwürdige, welche giebt
um zu nehmen, wohlthut um fröhlich zu seyn,
liebt um Liebe zu erlangen. Nein, nein! Menschen, Brüder, Gott gleiche Geschöpfe! die
Tugend will ich euch lehren, welche unerschüt-
terlich, wie Gott selbst, dasteht, nichts kennet
als sich, in dem Untergange der Welt, mitten
unter den stürzenden Welten, mitten im Schmerz
und Elende, unter dem Geschrei des Jammers
und der Verzweiflung, sich selbst festhält, sich
selbst das Ziel ist, nach dem sie strebt, und wenn
ihr Weg durch Martern und Qualen, durch
das Dunkel der Hölle führte!" Diese stolze Idee
erhob ihn; er stand, fest wie ein Fels, im Zimmer, sein Auge blickte durch wohlthuende Thränen auf die Hütten, seine Brust schlug in lang-
samen und starken Schlägen.

Auf einmal hörte er Iglou, die in dem Zimmer
dicht neben ihm wohnte, zu ihrer Laute singen:

Schwäche ist des Menschen Loos:
Darum hängt ein Wolkenschleier
Vor der Weisheit reinem Feuer,
Und bedeckt der Zukunft Schooß.
Schwäche ist des Menschen Loos.

Furcht und Hoffnung, Freud' und Schmerz
Herrschen zwischen Grab und Wiege.
Sey nicht stolz auf Kämpf' und Siege;
Schwach ist doch, o Mensch, dein Herz,
Schwach bei Hoffnung, Freud' und Schmerz.

Die arme Iglou war auf eben dem Wege, den der Baron mit seinen Empfindungen genommen hatte, zu diesen Resultaten gelangt, welche den seinigen so ganz entgegen liefen. Freilich sah sie nun ein, daß ihre Farbe, ihre äußere Gestalt, das ewige Hinderniß ihrer Liebe seyn würde; und oft war, da sie ihren inneren Werth fühlte, ihre Empfindung Bitterkeit gegen die ungerechten Menschen, besonders gegen den Baron: aber Güte und Nachdenken unterdrückten bei ihr diese Gefühle sehr bald wieder. Vergebens wünschte sie, mit eben der Leichtigkeit auch ihre Leidenschaft für den Baron unterdrücken zu können; nach jedem Kampfe, jedem Siege, den sie über ihr Herz davon getragen hatte, fühlte sie sich schwächer als vorher. Eine Liebkosung des Barons erregte ihre Leidenschaft aufs neue; und diese ihre eigne Schwäche machte sie nachsichtiger gegen die Schwächen des Barons. Was sie endlich über sich selbst erhielt, war die Stärke, von ihrer Liebe zu schweigen. Es ist nun einmal so! sagte sie: ich muß ihn lieben; und er? — er muß das Gegentheil. Wenn nun die Betrübniß, wenn ihr Herz sie überwältigte, so floh sie zu ihrer Freundin, der Laute; die Musik nahm ihrem Leiden die Schärfe, und verwandelte ihren Gram in eine süße Wehmuth. Natürlich also mußte sie oft gerade das Gegentheil von dem denken, was der Baron dachte; und gewöhnlich sang sie ihre Gedanken in kleinen von ihrem Herzen eingegebenen Liedern, weil nichts den Schmerz des Unglücklichen so mildert, wie die Poesie. Es war also ganz natürlich, daß Iglou's Lied die Gedanken des Barons gleichsam beantwortete.

Eben so natürlich war es, daß Iglou noch immer mit voller Seele an dem Baron hing, so unmöglich es sonst auch ist, daß eine Liebe ohne alle Gegenliebe fortdauern kann. Sie sah freilich ein, daß der Baron sie nicht liebte, doch nur, wenn sie ihren Verstand um sein Urtheil fragte; ihr Herz aber — und warum sollte das nicht eben so seyn, wie bei allen übrigen Menschen? — urtheilte anders. Tief in ihrem Inneren lag, ihr selbst unbewußt, eine tröstende Hoffnung, die sich auf des Barons Betragen gründete. Er hatte in der That größeres Zutrauen zu ihr, als je zu Emilien, oder Julien, und es zeigte sich bei allen Gelegenheiten, selbst wider seinen Willen, immer auf gleiche Weise. Er war so an

Iglou gewöhnt, daß er ohne sie nicht leben konnte. An ihrer Zufriedenheit nahm er innigen Antheil, und zuweilen betrachtete er sie mit großem Wohlgefallen; ja, er konnte sie oft mit Herzlichkeit an seine Brust drücken. Diese Freundschaft, dieses Vertrauen des Barons ließ die Hoffnung, daß er sie noch einmal lieben könnte, in ihrem Herzen nie ganz sinken; so erhielt ihre Leidenschaft täglich neue Nahrung, und sie liebte fort, trotz ihren Vorsätzen, trotz ihrer Ueberzeugung, daß sie sich dadurch ein kummervolles Leben bereitete.

„Ja," sagte der Baron, als er Iglou's Gesang gehört hatte: „schwach ist des Menschen Herz; aber daß es keine Stärke hat, daß es nicht die bethörenden Hoffnungen verachtet, ist unsre Schuld. Warum nähren wir die Phantasie mit den Bildern des Glückes? warum machen wir das Glück zur Grundlage aller Tugenden? Nein, ich fühle bei mir selbst, daß man ohne Hoffnung, ohne das so genannte Glück, in dem Genusse des Göttlichsten, was in unsrer Natur ist, der Vernunft, glücklich seyn kann. Grumbach hat es gut gemeint mit meinen Unterthanen. Ich meine es aber noch besser; sie sollen vernünftig werden!"

Das beschloß der Baron; aber als er erfuhr,

welche Anstalten Grumbach getroffen hatte, fühlte er kaum noch Muth, etwas zu sagen. Das reitzende Gemählde von dem Glücke und der Zufriedenheit seiner Unterthanen, erfüllte sein eignes Herz mit eben den Gefühlen, wie Iglou, die bei Grumbachs Beschreibung ganz Seligkeit war.

Sobald Grumbach und Lissow in Zaringen ankamen, und, nach des Barons Willen, von den Einkünften Besitz genommen hatten, ließ jener es seine erste und angelegentlichste Beschäftigung seyn, das Gut, dessen Ertrag, und die Menschen, mit denen er von nun an zu thun haben sollte, kennen zu lernen. Seine ehemaligen Beschäftigungen machten ihm diese Arbeit zu einem Spiele. O Gott! sagte er; wie glücklich, wie unbeschreiblich glücklich, könnte der Adel seyn, wenn er wollte! Welch ein schönes Loos ist ihm gefallen! Er verbindet mit der Unabhängigkeit der Fürsten das häusliche Glück des Mittelstandes. Die Adeligen haben die Macht der Fürsten; und diese Macht hindert sie nicht, im eigentlichen Sinne Väter ihrer Unterthanen zu seyn. Ihnen gehört eine kleine Welt, die sie zu übersehen im Stande sind; sie können mit eignen Händen schaffen und wohlthun, da der Fürst hingegen gezwungen ist, mit fremden Händen zu wirken,

das Glück seiner Unterthanen fremden Herzen an-
zuvertrauen!

Anfangs ließ Grumbach alles ruhig fortgehen,
ohne sich hinein zu mischen; er lernte erst das
Land und die Menschen kennen, die er segnen
wollte. Liffow, dem er seine wohlthätigen Plane
mittheilte, hätte gern sogleich angefangen einzureißen, umzuformen, zu verwandeln; aber der
Alte blieb seinem Grundsatze getreu, daß die Vorsehung den Irrthum, auch wenn er in der besten
Absicht begangen ist, eben so ernstlich bestraft,
wie das Verbrechen, wie die Bosheit. „Wir
kennen die Absicht, die wir haben," sagte er
zu Liffow; „wir kennen die Bildsäule, die wir
formen wollen: sie steht lebendig vor unsrer Seele
da. Ehe wir aber anfangen zu arbeiten, laß
uns erst den Stoff genau untersuchen, die rohe
Masse, den Marmorblock, den wir in das Bild
der Glückseligkeit verwandeln wollen! Laß uns
zusehen, ob die Werkzeuge stark und zahlreich genug sind, daß wir nicht am Ende beschämt die
Arbeit müssen unvollendet liegen lassen. Es ist
leicht einzureißen, aber schwer aufzubauen. Laß
uns ein Obdach behalten, wenn etwa der Bau
sich nicht fördert." Grumbachs Weisheit hielt
den raschen Liffow zurück, als dieser mit allem

Feuer einer Seele, die sich so eben von einem
unthätigen Kummer, beschämt darüber, losge-
rissen hat, sogleich die Veränderungen in Zaringen anfangen wollte.

Die Umstände waren günstig. Die Bauern
sahen mit Freude den Sohn ihres ehemaligen geliebten Predigers, Lissow, auf dem Schlosse wohnen; und auch den Alten liebten sie in Kurzem,
weil er so umgänglich, nicht im mindesten stolz,
so ganz und gar mit ihnen ein Landmann war.
Grumbach hatte bald die Liebe des ganzen Dorfes, aber noch nicht, was schwerer zu gewinnen
ist, das Zutrauen der Familien, welches er doch
so nöthig brauchte, wenn er in seinen Planen
glücklich seyn wollte. Er wunderte sich nicht, daß
es so schwer zu gewinnen war. „Natürlich,"
sagte er, „ist diesen Menschen das Mißtrauen
zur andren Natur geworden. Die meisten Lasten
des Staates ruhen auf ihren Schultern; sie
müssen das Vaterland ernähren, ihm Vertheidi-
ger stellen, Pferde und Getreide liefern, Krie-
ges- und Frohnfuhren thun. Der Städter mag
eben so viel geben, und giebt nach Verhältniß
eben so viel; aber weit unmerklicher. Der Landmann kann alles, was er giebt, bei Heller und
Pfennig berechnen; der Städter merkt kaum,
was er bezahlt. Man bemühet sich nicht, den

Landmann zu belehren, daß er den Staat nicht
allein erhalten muß; ja, die Verachtung, mit
der ihn alles behandelt, bestärkt ihn in der Meinung, daß alle Stände von ihm fordern, und
selbst nichts geben wollen. Wie natürlich ist nun
nicht das Mißtrauen des Landmanns gegen alle
andern Stände! und wie schwer muß es zu überwinden seyn, selbst wenn man die Absicht hat,
ihm wohlzuthun! Er fürchtet sogar in einer
Wohlthat aus der reinsten Absicht den Keim zu
einer neuen Last, und stößt die Hand seines Wohl-
thäters zurück, weil er nicht glauben kann, daß
ein Mensch aus den besseren Ständen es gut mit
ihm meine."

Sie kennen den Bauer nicht! sagte der kleine
Justiz-Amtmann. Geben Sie ihm heute die
Erde, so fordert er morgen den Mond, dann die
Sonne; und wehe Ihnen, wenn Sie endlich
gezwungen sind, ihm etwas abzuschlagen! — „Er
fordert, wie alle rohen Menschen, was er sieht.
Darum muß man ihm seine Rohheit nehmen;
und das, Herr Amtmann, ist meine Absicht,
dazu fordre ich Ihren Beistand auf."

Der alte Grumbach erhielt, trotz allen Hin-
dernissen, allmählig das Vertrauen der Bauern.
Er war fast immer bei ihnen, unterschied sich von
ihnen in der Kleidung sehr wenig, gewöhnte sich

an

an ihre Sprache, fand sich in ihre Art zu den=
ken, griff nie eins ihrer Lieblingsvorurtheile ge=
radezu an, erwies ihnen tausend Gefälligkeiten,
suchte sogar ihre vernünftigen Anliegen zu er=
füllen, und setzte, wenn er das nicht konn=
te, wenigstens etwas Anderes in dessen Stelle.
Grumbach war nur Aufseher über die adeligen
Güter, nicht Herr davon. Was er that, er=
hielt wirklich doppelten Werth für die Landleute,
weil sie glaubten, er müsse es sich selbst abdarben,
um die Sachen in den Rechnungen auszugleichen,
und weil der Verwalter, sonst ein herzensguter
Mann, oft klagte, daß Grumbach dem Baron
zu viel vergebe. Kurz, nach und nach stieg das
Vertrauen zu dem alten Manne, so hoch es stei=
gen konnte.

Grumbach ersetzte die Summen, die ihm das
kostete, zehnfach durch Verbesserung des Gutes;
und es gelang ihm, auch die Bauern dahin zu
bringen, daß sie seine Art des Ackerbaues und der
Landhaushaltung nachahmten. „Sehen Sie
wohl," sagte er zu dem Justiz=Amtmann, „daß
es möglich ist, das Vertrauen dieser Leute zu
gewinnen, wenn man nur will?" — Das ist
wohl wahr; aber wer braucht denn alles zu thun,
was die Leute verlangen! Wer will immer nach=

Flaming IV.   B

geben; immer Unrecht haben; immer dem Bauer Recht laſſen! Was verbindet mich dazu?

„Lieber Gott!” ſagte Grumbach mit ſtillen, demüthigen Blicken; „was mich dazu verbindet? Meine eigene Schwäche, das Gefühl, daß ich ein Menſch bin, und nichts weiter.” Ach, lieber Herr Amtmann, wie oft mag nicht die Vorſehung es mit uns eben ſo machen, um nur unſer Mißtrauen gegen ſie zu überwinden! Wie oft beleidigt der Menſch die ewige Güte durch ſeine kindiſchen Forderungen! Und hört Gott deswegen auf, die Erde zu ſegnen? Wir ſollen Gutes thun und glücklich machen. Freilich wäre es leichter, wenn die Menſchen das Gute gerade ſo nähmen, wie wir es ihnen gönnen und geben; aber ſoll ich das Gute nur thun, wenn ich es ſo thun kann, wie ich gern will? Es iſt wahrlich vor jenem Richterſtuhle jenſeits des Lebens keine Entſchuldigung, wenn ich ſage: die Menſchen wollten das Gute nicht, wie ich es zu geben Luſt hatte. Ja, es iſt mühſam, dem verachteten, vernachläſſigten Stande der Landleute ſeine Laſter zu nehmen, und ihn des Glückes fähig zu machen; aber ſoll denn die Tugend nicht mühſam ſeyn? fordert ſie nicht das ganze Herz zum Opfer? „Ihr kennt den Landmann nicht!“ Was

heißt das? Wohl! wenn du ihn denn besser ken-
nest, so richte dich nach ihm, und gieb ihm die
Wohlthat, so wie er sie allein mag. Würden
Sie den Vater nicht unbarmherzig nennen, der
seinem Kinde die Arznei so bitter, wie sie ist,
hinreichte, und, wenn es sie nicht wollte, es sterben ließe, da doch ein wenig Zucker sie versüßt
und das Kind gerettet hätte? Und soll der Edelmann etwas anderes seyn, als der Vater seiner
Bauern?"

Aber da wäre ja der Edelmann ein Diener,
ein Sklav seiner Unterthanen!

„Ein Sklav Gottes, ein Diener der Vorsehung, ein Priester der Tugend! Und giebt es
ein ehrenvolleres Amt als dieses? Der Bauer
ist nun einmal nicht anders; soll denn auch der
Bessere nicht anders seyn, als der Bauer?"

Dann müßte aber der Adel alle seine Rechte
aufopfern; und wer kann das von ihm verlangen?

„Nur ein Thor kann das, der nie gefühlt
hat, wie schwer es ist, sich freiwillig eines Vor-
theils zu begeben. Aber verschwelgen soll er den
Ueberfluß nicht, den er hat, so lange noch eine
unglückliche Familie auf seinen Gütern den Himmel um Obdach, um Brot anflehet; mit seinen
Jagden nicht die Ernten zerstören; nicht ein

B 2

Fremdling auf seinen Gütern, unter seinen Kindern werden; nicht mit Stolz, mit Verachtung
der Menschheit in seinen Unterthanen, die letzte
Spur von Tugend bei ihnen niederdrücken. Er
soll nur menschlich seyn, seine Pflicht erfüllen,
helfen, wo er kann, unterstützen, wo er sinken
sieht, durch Belehrung Licht in die Finsterniß,
Trost in Hütten voll Elend tragen. Das soll er;
das muß er; oder er verdient den Nahmen
Mensch nicht, und noch weniger den großen,
anspruchvollen Nahmen eines Edeln.

Der Amtmann war kein übler Mann; er ließ
das Gute wenigstens geschehen, wenn man nicht
allzu große Opfer von ihm forderte. Ohne gerade zu begreifen, oder gar zuzugeben, daß, was
Grumbach sagte, Wahrheit sey, half er doch,
wo er könnte. Der Prediger aber war sehr bald
von ganzer Seele auf Grumbachs Seite. Er
hatte sogar den Muth, seinen weit romantische-
ren Plan von Glück aufzuopfern, und Grumbachs besseren Einsichten zu folgen.

Der alte Schulmeister wurde zur Ruhe gesetzt. Lissow, Grumbach und der Prediger übernahmen den Unterricht der Kinder so lange, bis
man einen jungen vernünftigen Mann zum Lehrer
gefunden hatte. Die Schule war in Grumbachs
Augen der wichtigste Gegenstand. „Ohne Unter-

richt," sagte er, „ist das menschliche Glück und
die menschliche Tugend nur eine Sommerpflanze,
die der erste Reif des Herbstes tödtet." Der
Prediger setzte einen Schulplan auf; Grumbach
aber strich ihn zur Hälfte durch. „Um des Himmels willen nicht eine Spur von Gelehrsamkeit!"
sagte er. „Nicht ein Wort mehr dürfen die Kinder wissen, als sie in der Folge gerade gebrauchen; aber ihr gesunder Menschenverstand kann
nie genug gebildet werden."

Grumbach war die Seele des Unterrichtes.
Es kostete dem Prediger, dem neuen Schulmeister, und selbst Lissowen, große Mühe, nur ein-
zusehen, daß das Meiste von dem, was sie lehren
wollten, unnütz war; und noch schwerer wurde
es ihnen, ihre Kenntnisse nicht vorzubringen.
Der Prediger wollte das Daseyn Gottes, die
Unsterblichkeit der Seele erweisen; Grumbach
aber verlangte ausdrücklich, diese beiden Lehren
sollten, als ganz bekannt, als Axiome, voraus-
gesetzt werden. „Was bedürfen," sagte er,
„diese einfachen, natürlichen Gemüther solcher
Beweise? Sie sollen nicht wissen, daß der Grund
aller Tugend von thörichten Menschen je bezwei-
felt wurde; und, genau genommen, hat ja auch
nie ein Mensch, der sich fühlte, wirklich daran
gezweifelt." Auf diesen Grund bauete man eine

einfache Moral, der besonders Grumbach in sei=
nem Unterrichte so viel Herzliches gab, und die
er so einfach vortrug, daß die Kinder sie leicht
faßten.

Man hütete sich durchaus, die Eltern merken
zu lassen, daß der Unterricht anders war als ehe=
mals. Die alten Formen, die alte Zeit, die alten
Bücher wurden beibehalten, und das Neue als et=
was ganz Gewöhnliches vorgetragen. Die Eltern
merkten keine Veränderung, weil man ihnen nicht
sagte: seht, wir ändern.

Grumbach und Lissow waren zugegen, wenn
die jungen Leute tanzten. Was Wunder also,
daß auch der Prediger hier seine Freunde auf=
suchte, und den Schulmeister mitbrachte! Was
Wunder, daß Karoline zuerst einmal mit Lissowen
tanzte, und dann auch ihre Hand einem jungen
Bauer gab, den der alte heitre Grumbach an=
trieb, sie aufzufordern? Freilich wurde nun nicht
mehr so viel Bier getrunken, und der Wirth im
Gasthofe machte schele Gesichter; aber Grumbach
wußte ihn heimlich zu befriedigen, ja ihn für sich
zu gewinnen. Der Wirth hatte Vortheil davon,
daß weniger getrunken wurde. Nun gab Grum=
bach erst einmal auf dem Schloßhofe Sonntags
nach der Kirche einen Tanz, und die Alten stell=
ten sich dabei ein. Das geschah öfter. Grum=

bach schlug den jungen Leuten vor, noch mehrere
von ihnen sollten die Geige und den Baß spielen
lernen, wie es ein Paar schon ziemlich gut konnten. Nach und nach kamen die Sonntagstänze
immer mehr in Gang. Man bestimmte, wie
lange das Vergnügen währen, und wie viel es
kosten sollte. Die Schenke wurde nun gänzlich
verlassen, und alle Sonntage auf dem Schlosse
getanzt. Einige junge Wüstlinge fanden zwar das
Vergnügen sehr langweilig; aber man ließ sie gehen. Sie kamen nach und nach von selbst, und
mußten, wenn sie Theil nehmen wollten, mäßig
seyn.

Karoline ging jetzt in die Spinnstuben der
Mädchen, wo man bald sang, bald Gespenster-
und Mördergeschichten erzählte. Grumbach kam
einmal, um Karolinen zu sprechen. Er hörte
eine Weile zu, und erzählte dann den Mädchen
einige schauerliche Gespenstergeschichten, die aber
am Ende ein allgemeines Gelächter erregten. Der
Alte kam wieder. Man spann, lachte, sang, erzählte: kurz, man war fröhlich. Grumbach
schlug nun vor, die Spinnerei in die große
Schulstube zu verlegen. Das geschah. Jetzt
kamen auch der Schulmeister, der Prediger, und
die jungen Bursche. Man spielte eine Stunde,
und die Mädchen mußten durch doppelten Fleiß

die durch Vergnügen verlorne Zeit wieder ein=
bringen.

Karoline unterrichtete die kleinen Mädchen im
Stricken, im Nähen, im Spinnen; während der
Arbeit lehrte sie die Kinder aber auch Lieder sin=
gen, oder erzählte ihnen Geschichten, so daß hier
wieder Freude mit der Arbeit verbunden wurde.
Die erwachsenen Mädchen waren nun einmal wie
sie waren, und sangen ihre, freilich zum Theil
sehr albernen, Lieder. Aber die kleinen Mädchen
lernten von Karolinen bessere, die Lissow machte,
und worin jungfräuliche Zucht athmete. Karo=
linens Beispiel und Lob erfüllte die jungen Herzen
mit keuscher Scham, und es wuchs hier ein Ge=
schlecht unschuldiger, guter Mädchen auf. Bald
lernten auch die älteren Mädchen die Lieder der
Kinder; denn Karoline sang sie ja in der Spinn=
stube, und tadelte die andern.

Die Alten waren am schwersten zu bekehren;
indeß konnte Grumbach sie, wenn nicht verwan=
deln, doch leiten. Jetzt beglückte Eintracht alle
diese Hütten, und die Zufriedenheit schlug ihren
Wohnplatz unter diesen unschuldigen Menschen
auf. Man hatte nichts übertrieben, nichts be=
schleunigt, nichts mit Gewalt erzwungen. Das
ganze Dorf war verändert, und keiner von den
Einwohnern hatte es gemerkt.

Die Bauern, welche ohnedies schon durch die Güte des Barons wohlhabend waren, fingen an sich glücklich zu fühlen und von einem ganz neuen Geiste beseelt zu werden. Sie arbeiteten mit Lust; denn Niemand nahm ihnen die Frucht ihres Fleißes, und am Abend erwartete sie gewiß ein Vergnügen. Die Alten schüttelten wohl zuweilen die grauen Köpfe, und seufzten: ach! sonst war es viel besser! Aber sie ließen sich doch durch eine gut geschriebene Vorschrift, oder durch das fertige Lesen und Rechnen ihrer Enkel zufrieden stellen. Freilich waren ihnen die Mägde und Knechte wohl zu munter; aber die Arbeit geschah doch, und noch dazu ohne Lärmen und Verdruß. Die jungen Männer und Weiber wurden zum Theil durch das Vergnügen gefesselt, dessen sie mit genossen; auch unternahm Grumbach nichts, ohne sie vorher um Rath zu fragen. So bewirkte er wichtige Dinge, ohne daß sie etwas dagegen einwendeten. Die Jünglinge und Mädchen waren glücklich, und sorgten um nichts, als daß es nicht so bleiben möchte. Die Kinder endlich fingen an, dieses Glückes würdig zu werden. Kurz, durch einfache Anstalten, welche aber die reinste Menschenliebe beseelte, war es Grumbachen gelungen, hier ein Paradies voll Unschuld und Glückes zu schaffen. Die Einrichtungen hatten sogar schon

einen hohen Grad von Festigkeit erlangt, als auf
einmal der Baron mit Iglou ankam.

Alle vermutheten, der Baron würde über die
Verwandlung entzückt seyn; aber er betrug sich,
wie wir schon wissen, sehr sonderbar. Indeß
seine kalte Miene am ersten Tage konnte tausend
andre Ursachen haben. Die Paar Worte, die
er sagte, schienen zwar wie eine Mißbilligung
zu klingen; allein er konnte wohl gerade übler
Laune gewesen seyn. — Ich verlasse mich hauptsächlich darauf, sagte der Prediger zu seiner
Schwester, daß fast alle Einwohner helle Farben tragen. — Und ich, sagte Karoline, rechne
auf des Barons Herz. Er wird das Glück
dieser Menschen nicht stören, selbst wenn er Neigung dazu hätte, nicht.

Am folgenden Morgen erfuhr unser Baron,
wie gesagt, die Veränderungen auf seinem Gute
ausführlich. Grumbach erzählte ihm alles in einer durch den glücklichen Erfolg seiner Bemühungen so begeisterten Stimmung, daß der Baron schwieg, um dem alten Manne seine Freude
nicht zu verderben. Nun kam Lissow dazu.
Sieh, Flaming, sagte er; was mich allein über
Jakobinens Verlust tröstet, ist das Glück deiner
Unterthanen. Selbst meine Kinder müssen dem
nachstehen.

Was konnte der Baron dazu sagen? Bei seinem Charakter in der That gar nichts. — Der
alte Grumbach führte ihn nun auf den segenvol-
len Fluren umher, und drang in ihn, er möchte
die Ursache seines mißbilligenden Schweigens entdecken.

Der Baron sagte ihm einen Theil seiner Gedanken, aber nur einen Theil, um noch immer
einlenken zu können. Grumbach griff ihn an;
und nun war auch kein Halten mehr. Der Baron ging mit der Sprache heraus. „Was wollen Sie mit dem Allen, Grumbach? Glücklich
machen? Recht schön! recht sehr menschlich!
Aber auch weise? Ich frage: auch weise? Der
Finanzminister vergißt über den Staat den
Menschen. Er will jenen glücklich machen,
und betrachtet diesen bloß als ein Mittel dazu.
Er sieht den Menschen als ein Lastthier an,
das Steine zu der Aufführung seines Gebäudes
herbeischleppt, und kümmert sich nicht darum,
ob der Mensch unter der Last erliegt. Das hat
der Philosoph dem Staatsmanne von jeher vorgeworfen. Und warum? Weil der Staatsmann
über seinen Zweck den Zweck, den die Vorsehung mit dem Menschen hat, vergißt. Aber,
lieber Grumbach, machen Sie es besser?"

Ich hoffe es, Herr Baron. Der Mensch,

sein Glück, ist mein Zweck, das Ziel, für das ich arbeite. Ich will den Menschen glücklich machen.

„Aber, was ist,” fragte der Baron lächelnd, „der Zweck der Vorsehung mit dem Menschen? Doch wohl Vernunft, Tugend. Meinen Sie nicht, lieber Alter?”

Ich bin Ihrer Meinung, Herr Baron.

„Das scheint nicht so. Wenn Vernunft und Tugend die Bestimmung des Menschen sind, so ... Wie soll ich mich ausdrücken? ... so ... Sie wenigstens machen das Glück zur Belohnung der Tugend; und Sie müssen doch gestehen, daß der Mensch tugendhaft seyn soll, selbst wenn die Tugend ihn unglücklich machte.”

Grumbach erwiederte lächelnd: die Vorsehung, Herr Baron, bestimmte den Menschen, durch Vernunft und Tugend glücklich zu werden. Sie kann keinen andern Zweck haben. Vielleicht verlaufen noch Millionen Jahrtausende; aber — der Augenblick muß einmal kommen, da Vernunft, Glück, Tugend, vollkommen gleich bedeutende Wörter sind. Auf der Gewißheit, der unbezweifelten Gewißheit dieses Satzes, beruhet meine ganze Vernunft, das eigene Bewußtseyn ihrer selbst. Kann ich auf Erden diesen Zustand hervorbringen, so erfülle ich die Worte des weisesten unter den Menschen: dein Reich komme! — Ich belohne die Tugend, die Unschuld Ihrer Unterthanen mit eben so unschuldigen Freuden . . .

„Aber Sie locken auch durch eben die Freuden die Menschen zur Tugend an; also heben Sie den reinen Begriff der Tugend in den Gemüthern dieser Menschen auf, und entstellen den ganz absoluten Befehl der Vernunft: Mensch, du sollst deine Pflicht erfüllen. Sie machen das Glück zu einem Princip der Tugend."

Das Glück? Nun, wenn Sie mit diesem Worte den Begriff verbinden, den der Philosoph damit verbinden muß, so sehe ich nicht ein, warum ich das nicht sollte. „Du sollst tugendhaft seyn," ist der ewige Befehl der Vernunft; und, „du sollst glücklich seyn," der eben so ewige, eben so strenge Befehl aller unsrer Gefühle. Diese beiden — Instinkte unsrer Natur möchte ich sie nennen; diese beiden Grundtriebe unsrer moralischen und fühlenden Natur, dürfen einander nie widersprechen. Sie sind gleich herrschend, gleich ewig, gleich nothwendig: die beiden großen Lebensströme, durch die wir sind, was wir sind. Sie wechseln ewig ihre Natur mit einander. Die Tugend wird die Quelle unſeres Glückes, und aus dem uns auslöſchlichen Wunſche, ſich glücklich zu machen, erhält die Tugend ihre Stärke. Der eine Befehl iſt gleichſam der Nachhall des andern: der eine tönt von dem Richterſtuhle des Ewigen; der andre ſäuſelt von dem Meere der ewigen Liebe zu uns hernieder. „Sey tugendhaft! ſey glücklich!“ Zwei Töne, die zugleich erklingen, und die ſchönſte Harmonie des Weltalls bilden; zwei Ströme aus Einer Quelle, die das Paradies einſchließen, und ſich dann wieder vereinigen. Der eine Befehl ohne den andern iſt todt, iſt ſchrecklich, iſt abſcheulich. „Sey glücklich ohne Tugend!“ und die Erde fällt unter dem Glücke des Menſchen in Trümmer. „Sey tugendhaft ohne Glück!“ und der Thron der ewigen Liebe ſtürzt unter dieſem barbariſchen Befehle. Beide gehören ewig zuſammen, die beiden Stämme Einer Wurzel. Sie haben Eine Natur, Ein Weſen, und befehlen beide, ohne Gründe anzugeben. „Sey glücklich!“ nur ein Narr fragt, warum. „Sey tugendhaft!“ nur ein Raſender fragt nach der Urſache. Das eine erhält die fühlende Natur, das andere die moraliſche. Beide machen unſer Weſen aus, eins und unzertrennlich.

„Ich gebe zu, daß die Tugend zuletzt glück-

lich machen muß; aber hier, auf der Erde wi-
derspricht die Erfahrung. Grumbach, Sie lehren: sey tugendhaft, um dich glücklich zu machen! So verwandeln Sie doch wirklich die Tugend in eine Wirkung des Eigennutzes; und —
noch mehr! — Sie machen den Menschen irre.
Wenn er nun tugendhaft ist, auf Glück rechnet,
und es nicht findet; wie dann?"

Glück! Glück! Herr Baron, Sie scheinen
Glück, jenes ewige Glück, in das die Tugend
sich einmal auflösen muß, mit einigen Freuden
des Lebens zu verwechseln, das Wort bald so,
bald anders zu gebrauchen. Ich sage dem Menschen nicht: sey tugendhaft, wenn du reich,
wenn du geehrt seyn willst! Aber, wenn ich
ihm sage: der Ewige hat den Menschen geschaffen, glücklich zu seyn, und die Tugend muß
einst das Glück des Menschen werden; — warum soll ich dann nicht sagen: also, Mensch
sey tugendhaft, weil du glücklich seyn willst!
Wenn ich den Menschen auf den Einen ewigen
Befehl seiner Natur hinweise: „sey tugendhaft!" und diesen Befehl göttlich nenne; —
warum soll ich ihn nicht zugleich auf den andern
hinweisen, der eben so göttlich ist, und jenem
Befehle erst seine Würde, seine Bestimmung
giebt? auf den Befehl: „sey glücklich!" Warum

treffen Sie bei allen Völkern weit früher den Glauben an Gott an, als den Glauben an eine künftige Welt? So lange die Menschen noch in dem einfachen Naturzustande lebten, wo das Glück leicht, Zufriedenheit die einfache Folge der erfüllten Pflicht, Tugend und Glück Eins waren, und die Tugend noch nicht zur Quelle von Thränen wurde, die Erfüllung der Pflicht noch nicht zu Kummer zwang: so lange bedurfte man der Lehre von einem künftigen Leben nicht, um die moralische Natur des Menschen zu retten. Da war das große Räthsel: giebt die Tugend Glück? schon in diesem Leben gelös't, die Güte, die Weisheit Gottes gerechtfertigt; der Tugendhafte durfte noch nicht die trostlosen Blicke über das Grab hinauswerfen, um dort den Lohn seiner Tugend zu suchen, den er noch diesseits des Grabes fand. Nein, lieber Herr Baron, leugnen Sie doch diese einfache Wahrheit nicht mit Spitzfündigkeiten ab. „Sey tugendhaft! sey glücklich!" Diese beiden göttlichen Stimmen tönen mit gleicher Stärke in unserer Seele. Auf sie baue ich die Moral; sie sind Eins, beide göttlich! Thue ich unrecht, wenn ich sie beide verehre, wenn ich sie beide dem harten, leichtsinnigen Menschen laut zurufe? „Sey tugendhaft, um glücklich zu seyn! Werde glücklich;

Tugend

Tugend ist Glück." Ich kenne nichts Mensch-
licheres, nichts Erhabneres, nichts Begreiflithe-
res, als diese Lehre. Eine allein schafft Verbrechen, oder macht die Tugend zu einem Ge-
spenste, das beständig den Dolch auf die Natur
des Menschen zuckt.

„Aber, Sie können doch nicht läugnen,
Grumbach, daß es erhabner wäre, bloß weil es
Befehl der Vernunft ist, tugendhaft zu seyn."

O, lieber Herr Baron, was könnte man
nicht heraus klügeln! Es wäre vielleicht erhabner, wenn die Bäume ohne Wurzeln in freier
Luft ständen: aber sie stehen nun einmal nicht
so, und sollten nicht so stehen. Wir haben
mit Menschen zu thun, Herr Baron, mit rohen Menschen, die man, wenn es seyn müßte,
selbst durch den gröbsten Eigennutz nur erst an
die Tugend gewöhnen sollte. Sie sind kaum
Menschen, und sollen Philosophen seyn.

Der Baron disputirte noch lange mit Grumbach, ohne daß einer von ihnen (wie das sehr
oft so geht) seine Meinung aufgab. Auch
mochten sie Beide (wie das ebenfalls oft so geht)
wohl mehr eins seyn, als sie dachten. Aber ihr
Streit endigte sich wie eine Disputation; sie
wußten bald nicht mehr, was sie behaupteten,
waren von der eigentlichen Frage abgekommen,

und stritten zuletzt über die: ob der Dämon des
Sokrates ein wirkliches Wesen, oder nichts weiter als das Ahnungsvermögen des Philosophen
gewesen sey. Der Baron behauptete das Er-
stere, und gab sogar nicht undeutlich zu verstehen, daß wohl mehr Menschen einen solchen Dämon gehabt haben möchten, und noch hätten.
Das ließ Grumbach hingehen, so sehr er auch
sonst, nach seinem Systeme, gegen alle Irrthümer zu Felde zog. Er war froh, daß der Baron nicht weiter darauf fiel, wie schon einmal im
Gange der Streitigkeit, der Probe wegen alle
seine Bauern zu Philosophen zu machen, und
sie dann selbst zwischen Tugend und Glück wählen zu lassen.

Der Baron hatte nun einmal die Bahn gebrochen. Er disputirte jetzt auch mit Lissow über
das Wesen der Tugend, dann mit dem Prediger,
und endlich sogar mit dem kleinen Amtmanne.
Bei diesem kam er aber sehr übel an. Die Andern waren doch wenigstens mit ihm der Meinung, daß in der menschlichen Vernunft sich das
Gesetz: sey tugendhaft! befinde; der Amtmann
aber läugnete dies ab, und behauptete geradezu
das Gegentheil. Er war so listig, oder des Phi-
losophirens so ungewohnt, daß er dem Baron
alles zugab, was dieser voranschickte; wenn aber

der Baron nun triumphirend mit seinem „folg, lich" kam, so hatte er leere Aehren gedroschen. Der Amtmann sagte ruhig: das läßt es wohl bleiben, Ihr Gnaden. Nichts von einem Befehl: sey tugendhaft! Umgekehrt. Der Mensch hat mehr Lust zum Bösen, als zum Guten. Das muß ja jeder zugeben, der an die Erbsünde glaubt. — „Ich rede ja allein von der Vernunft, lieber Amtmann", sagte der Baron; „von der Sinnlichkeit sage ich ja kein Wort." — Das ist einerlei, Ihr Gnaden, erwiederte der Amtmann. Er gab nicht nach, bis Grumbach sich hinein, mischte, und ihn fragte: „glauben Sie denn, daß der Mensch ein Gewissen hat?" — Ja, das ist etwas Anderes. — „Nun, was befiehlt denn das Gewissen?" — Ei, das befiehlt, nichts Böses zu thun; aber das Gewissen ist hier in der Brust, und nicht, wie der Herr Baron sagt, im Kopfe, wo die Vernunft sitzt. — Der Amtmann war ein Philosoph nach seiner Art; er verlegte das Gewissen dahin, wo er vielleicht einmal Aengstlichkeit über eine begangene Ungerechtigkeit fühlte. Und hatte er damit wohl Unrecht? Genug, er war nicht zu überzeugen. Er blieb steif und fest bei seinem Satze, und berief sich auf sein Gefühl.

So zankte man sich täglich über Pflicht,

Recht, Vernunft, Glück und tausend andere
solche Dinge. Der Amtmann, der das oft mit
anhören mußte, fand zuletzt Geschmack an diesen
philosophischen Streitigkeiten, mischte sich mit
hinein, und stritt so heftig, wie kein Anderer,
ob er gleich am wenigsten von der Sache begriff.
Er verstand alles unrecht, verdrehete alles, und
kam in der Hitze zu den seltsamsten Behauptungen. Die Andern sahen das sehr wohl; aber
dennoch riß die Hitze sie fort, und sie disputirten
mit Niemand mehr als mit dem Amtmann.
Nachher lachten sie selbst über die Thorheit, mit
einem Menschen zu streiten, der gar nicht wußte,
wovon die Rede war. Allein der Amtmann fing
sogleich wieder an; und sie begingen die Thorheit,
ihn zu widerlegen, aufs neue. Er hatte eine
Lunge, die zur Noth den Mars beim Homer
überschreien konnte. Nun ließ er jeden nur zur
Hälfte ausreden, und fing dann mit einem:
„Ja, aber" — wieder an. Ueberzeugen konnte
man ihn nicht. Die Andern wurden zuweilen
blau und roth vor Aerger; allein desto größer
war sein Triumph, daß er solche Philosophen
bloß mit Hülfe seiner gesunden Vernunft besiegen
konnte. Sie nahmen es sich hundertmal vor,
ihm gar nicht mehr Rede zu stehen; aber des
kleinen Mannes stolze Freude, wenn er einen Ein-

wurf gemacht hatte, brachte den Angegriffenen
am Ende aus dem Gleichgewichte. Zuweilen
schlug er sich auch wohl zu der Parthei eines Angegriffenen, und focht als Sekundant mit; dann
hatte er zuletzt alle Streiter gegen sich, und nun
drehete der kleine runde Mann sich wie ein Kräu-
sel umher, jedem zu antworten.

Er blieb kalt wie Eis, und seine Miene triumphirend. Das verwirrteste Zeug sagte er mit gut-
herziger Unerschrockenheit her; auch schlug er
wohl einem, der seiner Meinung nach etwas Un-
verständiges vorgebracht hatte, mitleidig lächelnd
auf die Achsel, und sagte: ei, ei! was war das!
Man ging ihm aus dem Wege; aber das half
nicht. Er suchte die Andern auf, und fing an.
Man schwieg, und ließ ihn allein reden; doch
endlich antwortete Jemand: und nun gab es
wieder die vorige Scene.

Als der Amtmann durch das viele Disputiren
einige Kunstwörter gelernt hatte, und wußte,
daß man definiren muß, wurde er immer hitziger.
Nicht selten gerieth der Baron, der am wenigsten schweigen konnte, und noch immer den Amtmann einigermaßen zu belehren hoffte, über ihn
so in Aerger, daß er Tugend, Glück, Recht
und Pflicht hätte verwünschen mögen. Kurz,
der Amtmann brachte es zu Karolinens und

Iglou's großer Freude sehr bald dahin, daß nicht
mehr disputirt werden durfte. Sobald nur der
Baron, der es denn doch nicht ganz unterlassen
konnte, wieder anfing, so hatte er unvermeidlich
den Amtmann gegen sich. Wer den Baron bloß
in diesem Zeitraume gesehen hätte, würde auch
nicht Eine von seinen gewöhnlichen Grillen an
ihm bemerkt haben; denn so wie er eine Behauptung machte, fragte der Amtmann den Augenblick: Herr Baron, was verstehen Sie unter einer
Menschen-Race? oder sonst etwas.

Der Prediger, der am wenigsten Theil an
dem Disputiren genommen hatte, fand dieses
Mittel unvergleichlich, den Baron von einer
Menge Behauptungen zurückzubringen. Sobald
Flaming seine Paradoxa nicht mehr sagen durfte,
verloren sie allen Reitz für ihn; und vorbringen
durfte er nicht Eins mehr, wenn er nicht sogleich
die ganze Beredtsamkeit des Amtmanns fühlen
wollte. Der gute Amtmann war, ohne es zu
wissen, der Beschützer aller in Zaringen gemach-
ten Veranstaltungen. Den Unterricht in der
Schule fand der Baron eigentlich viel zu einfach,
und die Beweise zu schlicht, zu unphilosophisch.
Das sagte er auch dem alten Grumbach. Dieser
hatte aber ebenfalls bemerkt, wie fürchterlich der
Amtmann dem Baron geworden war. Er fing

also das Gespräch in deſſen Gegenwart noch ein
mal an, und nun trieb der Amtmann mit ſeiner
Lunge den Baron richtig in die Enge. Der Baron war in ganzem Ernſt über den Slaven auf-
gebracht, und ſchrieb in ſeine Tabelle, aber ohne
es laut werden zu laſſen: „Die Slaven ſind un-
ausſtehliche Streiter. Das Unglück iſt, ſie begreifen keine Idee, und glauben doch, ſie begriffen zu haben. Sie erſetzen den Mangel an phi-
loſophiſchem Geiſte durch ihre ſtarke Lunge.‟

Der Prediger und ſeine Schweſter hatten
Recht; der Baron ſtörte das Glück ſeiner Unterthanen nicht: es gefiel ihm ſogar, daß manche
Sitten, die er für Celtiſch hielt, eingeführt waren. Daß alle Mädchen ſangen, daß die jungen
Burſche faſt alle ein Inſtrument ſpielten, hatte
ſeinen entſchiedenſten Beifall; und wollte er nun
die kleinen Feſte ſeiner Unterthanen einſtellen, ſo
fiel, wie er wohl ſah, auch die Veranlaſſung
weg, Muſik zu treiben. So ließ er denn die
Feſte fortgehen. Aber bei dem Allen würde er
dennoch dem Glücke der Menſchen manche, und
in der Folge unüberſteigliche, Hinderniſſe in den
Weg gelegt haben, wenn er nicht das Herz gehabt hätte, das Karoline ihm zutrauete. Alle
ſeine Unterthanen waren bei den Sonntagstänzen,
in den Spinnſtuben, an ihren Verſammlungs-

orten so glücklich; wie hätte der Baron es nun über sein Herz bringen können, dieses Glück zu stören! Er sprach, ehe das Tanzfest anging, mit großem Ernste dagegen; aber noch ehe es Abend wurde, schenkte er seinen Unterthanen etwas, um ihre Freude zu vermehren. Kurz, alles ging ohne Hinderniß und Störung seinen Weg.

Iglou war hier ganz an ihrem Orte. Mit der Liebe einer zärtlichen Tochter hing sie sehr bald an dem Alten, und er liebte sie eben so zärtlich wieder, obgleich ihre Geistesbildung von der seinigen sehr verschieden war. Sie sprach in den erhabnen Sentenzen der Römer; der Alte in Sprichwörtern, die für das gemeine Leben paßten. Auch Lissow liebte Iglou wie das Bild seiner Trauer, wie den Nachhall seiner Empfindung. Ihre klagende Laute, ihr kummervoller Gesang, ihre hoffnungslose Liebe, deren Gegenstand sie Niemanden mehr sagte, stimmten so zu Lissows Empfindung, daß er dem zärtlich trauernden Mädchen sehr bald seine ganze Freundschaft schenkte. Er hing mit unbeschreiblicher Innigkeit an Iglou, oder vielmehr an ihrem Gesange und an ihrer Laute. Auch der Prediger und seine Schwester gewöhnten sich in Kurzem an sie; und jener sagte mehr als Einmal: wie der Baron, da er doch das Herz und den Geist dieser Schwarzen

kennt, sein Menschenracen-System nur noch erwähnen kann, ist mir unbegreiflich. Der Amtmann allein mochte Iglou nicht leiden, und sagte
einmal in Gegenwart des Barons: man hüte sich
vor denen, die Gott gezeichnet hat! Das nahm
der Baron sehr übel. Er warf dem Amtmann
einen verachtenden Blick zu, und sagte, gänzlich
gegen seine Gewohnheit, spöttisch: „Herr Amtmann, wenigstens sollten S i e nicht von Zeichnen sprechen! . . . Gütiger Himmel! Diese
Iglou hat den Körper einer Negerin; aber ihre
Seele ist rein, wie das Licht des Himmels."

Iglou blieb nicht lange unthätig; sie ging
mit in die Schule, und unterrichtete. Der alte
Grumbach erstaunte über die Energie, über das
Feuer, womit sie von Tugend und Laster sprach.
Ihre Sentenzen waren dann wie Blitze, welche
das heilige Dunkel ihrer Rede auf einen Augenblick erhellten. Sie konnte ihren Ideen nicht den
hohen Grad von Deutlichkeit geben, den der Unterricht erfordert; dagegen redete sie von irgend
einer Tugend, über irgend eine edle That, die sie
erzählt hatte, mit einem so ergreifenden Feuer,
mit einer so großen innern Bewegung, daß sie
auch die größeren Kinder begeisterte. Sie schloß
gewöhnlich mit einigen gedankenreichen Sentenzen, oder auch wohl mit einfachen Versen, die

sie nach der Unterrichtsstunde den versammelten
Kindern zu ihrer Laute sang. Hinterher kam
dann der alte Grumbach, und wählte fast immer
denselben Gegenstand, den Iglou gehabt hatte.
Er machte alles mit Beispielen deutlich, erklärte
was dunkel geblieben war, und brachte so die
Wahrheit, mit der Iglou vorher das ganze Herz
erfüllt hatte, auch in den Verstand.

Sie fehlte noch den erwachsenen Mädchen in
Zaringen. Karoline war diesen bisher die Göttin
der Freude und der Fröhlichkeit gewesen; Iglou
wurde ihnen die Göttin der keuschen, heiligen
Tugend. Jene hatte die Mädchen mit hellklin-
gender Stimme fröhliche Lieder der Liebe und der
Freude gelehrt; sie hatte den Frühling gesungen.
Iglou sang ihnen nun mit rührender Stimme
hohe Lieder der Tugend, des jungfräulichen Stol-
zes, eines unbefleckten Herzens; sie sang die
Ewigkeit. Bei Karolinens Lieder lächelten die
Mädchen, und stimmten leise mit ein; ergriff
aber Iglou die Laute, und stieg ihr Blick mit
hohem Feuer gen Himmel, oder senkte er sich in
stiller Bescheidenheit zu Boden: dann wagten die
Mädchen kaum zu athmen, und ein besseres, edle-
res Gefühl hob sich in ihrer Brust. Sie sangen
Karolinens Lieder, wenn sie beisammen waren;
Iglou's einzelne Verse nur in der Einsamkeit.

Iglou erwarb sich durch ihre Laute und ihren Gesang allgemeines Wohlwollen. Kannte man sie
erst, so wurde sie auch geliebt; und diese Liebe
nahm ihren eignen Charakter an: Ruhe und Er-
habenheit.

Der Baron hatte unter diesen glücklichen
Menschen so ziemlich vergessen, daß das Glück
nicht in sein System gehörte. Er selbst war
wieder heiter und glücklich geworden, und fing
an sich mehr für Grumbachs Plan zu interessiren. Wie er denn nun war — er wollte jetzt
sogleich das vollkommne Glück herzaubern. Traf
einen Bauer ein Unglück, so rief er: „ich bin
ja reich, Grumbach; nehmen Sie, geben Sie,
so viel Sie wollen." — Grumbach hatte jetzt
Mühe, Flamings Freigebigkeit im Zügel zu halten. Mit Ihrer Güte, Herr Baron, sagte
er, würden Sie die Bauern nachlässig und träge
machen. Wir wollen dem Unglücklichen helfen,
aber ihn auch fleißig bleiben lassen. Geben Sie
dem Armen Arbeit, ein Stück Feld, ein Eigenthum; aber schenken Sie es ihm nicht. Er mag
sich anstrengen, es durch Arbeit zu erwerben.
Ein erarbeitetes Eigenthum ist dem Besitzer noch
einmal so werth, als eins, das man ihm ge-
schenkt hat. Strecken Sie dem, der seine Ernte
durch Hagelschlag verlor, Brot- und Saatkorn

vor. Lassen Sie ihn mit seinem Schicksale kämpfen; das wird seinen Muth stärken, sein Vertrauen auf Gott und auf sich selbst beleben. Sehen Sie nicht ruhig zu, wenn Jemand durch Zu-
fälle unglücklich wird; aber machen Sie nicht,
daß Trägheit und Unaufmerksamkeit eben so viel
gewinnen, wie Fleiß und Nachdenken.

Es hielt schwer, den gutherzigen Baron zu
dieser weisen Mäßigung zu bereden; doch mit
Hülfe der Erfahrung gelang es dem klugen Alten, ihn zu überzeugen, daß die rechte Art zu
helfen, weise Mäßigung, eine noch größere Tugend ist, als rasches Aufwallen. So kam endlich der Baron zu dem großen, edlen Gefühle,
daß er eines Tages Iglou um den Hals fallen
und rufen konnte: „Iglou! es ist kein unglücklicher, kein böser Mensch unter allen meinen Unterthanen?" — Keiner? fragte Iglou bedeutend. — „Keiner!" antwortete der Baron mit
unverstellter Freude. Iglou schwieg, ob ihr
gleich die Worte auf den Lippen schwebten: und
wenn ich nun unglücklich wäre? Sie unter-
drückte die Frage, weil sie sich schämte, unter
so Vielen, die hier glücklich waren, es nicht auch
selbst zu seyn. Sie konnte es nicht seyn;
denn sie liebte noch immer.

Iglou unterhielt mit Emilien einen steten

Briefwechsel. Diese schrieb ihr: der Wilde im Hochwalde sey wieder in seine alte Melancholie zurückgefallen; er habe sich erkundigt, wo Iglou sich jetzt aufhalte, und sey, als er die Gegend erfahren, auf einmal verschwunden. Vermuthlich werde er sie aufsuchen. Iglou sprach mit dem Förster darüber, und bat ihn, ihr sogleich Nachricht zu geben, wenn ein Mensch von der und der Gestalt sich etwa sehen ließe. Nach einiger Zeit sagte ihr der Förster, daß ein solcher Mensch sich schon seit einigen Tagen bei den Köhlern im Walde aufgehalten habe. Der Beschreibung nach mußte es der Wilde seyn, nur jetzt noch in größerer Verzweiflung als ehemals.

Iglou nahm sogleich ihre Laute, die Trösterin seines Kummers, und ging mit dem Förster in den Wald. Der Wilde — er war es wirklich — saß in der alten Stellung an einer Tanne, mit noch bleicherem Gesichte als sonst. So wie Iglou die ersten Töne der Laute anschlug, sprang er auf, lief zu ihr hin, stürzte mit Heftigkeit ihr zu Füßen, und sagte mit unterdrückter Stimme: o du! du! konntest du mich in dem Elende verlassen?

Armer Mensch! sagte Iglou, und reichte ihm die Hand, die er auf sein schlagendes Herz drückte —: ich will mich nie wieder von dir

trennen. Er setzte sich zu ihren Füßen, und be=
trachtete die tröstende Laute mit begierigen Blik=
ken. Iglou spielte und sang; da quollen Thrä=
nen aus seinen Augen hervor. Thränen, sagte
Iglou, erleichtern das Herz! — Ach, erwie=
derte er; seitdem du weg warst, keine Thräne!
Mein Herz war trocken!

Iglou versprach ihm, alle Tage zu kommen,
und hielt Wort. Sie öffnete sein Herz endlich
wieder. Nun versuchte sie oft, durch Bitten
ihn zu bewegen, daß er mit nach Zaringen
ginge; aber er blieb bei seinem Kopfschütteln,
selbst wenn sie ihm drohete, daß sie ihn sonst
verlassen wollte. Er floh alle Menschen, und
wohnte in einer einzelnen Köhlerhütte. Grum=
bach gab Iglou allerlei Anschläge, wie sie den
Unglücklichen in das Dorf locken könnte; doch
sie mißlangen alle, und Gewalt wollte man
nicht brauchen. Niemand bekam ihn nun zu
sehen; er entfloh, so bald er eine menschliche
Gestalt erblickte, die nicht Iglou, nicht sein
Köhler war.

Der Baron wollte ihm zwar allerlei Be=
quemlichkeiten geben; aber er nahm keine an.
Mancherlei Versuche, ihn menschlich zu machen,
mißlangen sämmtlich. Er sprach mit Niemanden
ein Wort, ausgenommen mit Iglou; und auch

mit der nur wenig. Iglou suchte nun, auf
Grumbachs Anrathen, ihm sein Geheimniß zu
entreißen; allein er hielt es mit fürchterlicher
Verzweiflung fest. Er zitterte, seine Blicke
wurden wild, wenn sie ihn um sein Verbrechen
fragte, und er antwortete nur mit Tönen des
heftigsten Schmerzes. Iglou mußte ablassen,
weil alle ihre Versuche weiter nichts als eine
ganz unnütze Marter waren.

Schon hatte der siebenjährige Krieg über ein
Jahr lang gewüthet, und noch war die Gegend
von Zaringen verschont geblieben; aber jetzt näherte sich der Feind zu allgemeinem Schrecken.
Die Köhler gingen in das Dorf zurück, und der
Wilde mußte allein bleiben. Iglou war schmerzlich besorgt um ihn, da die Straßen anfingen
unsicher zu werden. Sie bat ihn dringend, mit
ihr in das Dorf zu gehen. „Sieh, armer
Mensch,“ sagte sie mitleidig; „die Kosaken
schwärmen hier umher. Wenn sie dich fänden,
so würden sie dich vielleicht tödten.“ — Tödten?
rief der Wilde mit dem Tone der Freude. O tödten! — Die Wege sind nicht mehr sicher; ich
kann nicht mehr zu dir kommen.“ Er hob den
Blick klagend in die Wolken; aber er blieb bei
seinem: nein, nein! ich mag keinen Menschen
sehen.

Iglou war schon öfters in Gesellschaft Anderer in den Wald gegangen, und der Wilde hatte sich dann sogleich verborgen. Grumbach schlug vor, sie sollte einmal ein Paar Kinder mit sich nehmen, weil vielleicht deren Unschuld ihn menschlicher machen würde. Sie nahm nun Lissows beide Kinder mit, von denen der Knabe jetzt ungefähr zehn, und das Mädchen acht Jahre alt war. Der alte Großvater unterrichtete Beide in ihrer Rolle, und die kleine Jakobine meinte, sie wollte den wilden Mann wohl bereden, aus dem dunkeln Walde in das Dorf zu kommen.

Iglou ging mit den Kindern bei lehrenden Gesprächen in den Wald. Da saß der Wilde unter einer Tanne, und hatte das Gesicht in die Hände gelegt. Sie winkte den beiden Kindern, sich an ihre Seite zu setzen, und fing nun an, eine tröstende Melodie zu spielen. Der Wilde stand auf, und warf einen Blick auf Iglou. Als er die Kinder sah, blieb er einen Augenblick stehen; dann wendete er sich um, und ging in den Wald, doch langsam, ohne zu fliehen, was er sonst immer that, wenn er jemand bei Iglou sah.

Iglou hoffte lange vergebens, daß er zurückkommen sollte, und ging endlich wieder nach dem Dorfe. Am folgenden Tage nahm sie die Kinder

abermals

abermals mit in den Wald. Der Wilde stand
auf, als Iglou anfing zu spielen, und sah die
Kinder lange an. Er blieb in der Ferne stehen,
und setzte sich endlich sogar nieder. Iglou näherte sich ihm nun. Da stand er wieder auf,
betrachtete die Kinder, aber nicht mit wilden
Blicken, und ging langsam in das Dickicht.
Iglou schöpfte aus diesem Vorbedeutungszeichen
gute Hoffnung. Einige Tage nachher ertrug der
Wilde es schon, daß sie sich mit den Kleinen ihm
näherte. Er betrachtete die Kinder nachdenkend,
aber er sprach nicht. Einmal fing die kleine Jakobine ein Liedchen an, das Iglou sie gelehrt
hatte. „Sieh, armer Mensch," sagte Iglou;
„wenn ich todt bin, so soll diese dir vorsingen."
Die kleine Jakobine faßte seine Hand, und sagte:
ja, das will ich, und recht gern. Der Wilde
schien das Kind mit Wohlgefallen zu betrachten,
und reichte ihm beim Weggehen die Hand, die
er selbst Iglou nicht gab. So wurde er täglich
gegen die Kleinen vertraulicher, und in eben dem
Grade auch menschlicher und heitrer. Iglou
konnte ihn nun schon oft eine ganze Stunde mit
Beiden allein lassen.

Eines Tages hatten die Kinder den Auftrag,
recht sehr in ihn zu dringen, daß er mit in das
Dorf hinuntergehen möchte. Iglou, die in eini-

Flaming IV.   D

ger Entfernung geblieben war, hörte auf einmal
einen lauten entsetzlichen Schrei, und eilte aus
dem Gebüsche zu dem Wilden hin. Sie sah die
Kinder beschäftigt ihn wieder aufzurichten. Eine
Todesblässe hatte sein ganzes Gesicht überzogen;
seine Augen waren starr, sein ganzer Körper
wie ohne Leben. Iglou fragte: was vorgegan-
gen wäre. Nichts, antwortete Jakobine; er
versprach uns, mit in das Dorf zu dem Baron
zu gehen, und da fiel er auf einmal hinten über.
Es muß ihm etwas weh gethan haben. — Iglou
fragte den Wilden selbst. Er sah sie mit furchtsamen Blicken an, und antwortete nicht.

Die Kinder baten ihn, er möchte sein Versprechen, mit ihnen in das Dorf zu gehen, nun
erfüllen. Sie suchten ihn aufzurichten, und
faßten, als er aufgestanden war, seine beiden
Hände. Er folgte schweigend, wohin man ihn
führte. Am Ausgange des Waldes blieb er einen
Augenblick stehen, und warf scheue, furchtsame
Blicke auf die Kinder, auf Iglou. Ich weiß,
ich weiß! sagte er; die Stunde der Rache! Engel
des Gerichts! ich folge!

O rächende Hand des Himmels! Es war der
Ritter Rheinfelden, den quälende Furien nun
schon Jahre lang umher getrieben hatten. Er
sprengte von Jakobinens Sarge nach Berlin,

und das Geschrei der Verzweiflung, mit bangem
Aechzen untermischt, flog ihm, von Friedrichsfelde her, nach. In Berlin verschloß er sich acht
Tage in sein Zimmer. Bald schien ihm alles,
was er gesehen hatte, ein Traum, bald wieder
die gräßlichste Wahrheit. Friedrichsfelde war ihm
zu nahe; er wollte die fürchterliche Nachbarschaft
fliehen, um seiner Qual zu entgehen. Aber
wohin dringt die Gerechtigkeit des Himmels
nicht! — Nun eilte er nach Paris, und stürzte
sich in den Strom der Freuden. Vergebens;
mitten aus dem Taumel des Tanzes rief ihm Lissows und Jakobinens schreckliche Stimme unauf-
hörlich zu: wehe, wehe! Mörder! Er floh nach
London. Die Furie verließ ihn auch dort nicht,
und vergiftete den Becher der Freude an seinem
Munde. Er suchte die Gesellschaft der wildesten
Wüstlinge, der entschlossensten Freigeister; aber
es fehlte ihm an Muth, zu sündigen. Er lästerte
Gott, spottete der Unsterblichkeit; vergebens!
Tugend und Verbrechen sind darin eins, daß sie
beide einen Richter und eine ewige Fortdauer
glauben. Jakobinens Gestalt machte ihm das
Leben zur Hölle, und schreckte ihn zugleich von
dem Tode zurück. Schon oft hatte er seine Pistole geladen; aber er zitterte, Jakobinen im
Grabe wieder zu finden. So trieb ihn die Angst

umher. Endlich hoffte er nicht länger, der Furie, die ihn verfolgte, zu entfliehen, und stand
wie ein Opferthier still. Die Kräfte seines Körpers waren ermattet, und mit ihnen die wilden
Ausbrüche seiner Verzweiflung. Nun überfiel
ein stiller Trübsinn, eine quälende Melancholie
seine Seele; aber mitten in diesem halben Wahn-
sinne blieb er sich seines Verbrechens bewußt.
Er floh auf einer Reise von seinen Gütern in den
Wald bei Büdesheim; und hier schuf die Einsamkeit eine neue Welt vor seinen Blicken. Jakobine stand bleich, starr, todt, und dennoch klagend, überall vor seinen Augen. Er fühlte doppelten wilden Schmerz: die Qualen des Lebens,
und das Gericht jenseits des Grabes. Immer
tiefer drückte sich das Bild der rächenden Jakobine in seine Seele; immer dunkler wurden die
Bilder der Gegenwart.

Nun kam Iglou, wie ein tröstender Engel
des Himmels, und goß durch die sanften Töne
ihrer Laute einige Ruhe in seine tobende Brust.
Sie richtete seine in trauernden Wahnsinn ver-
sinkende Seele auf, und ließ ihm den ersten
Lichtstrahl der Hoffnung wieder schimmern.
Ihre Erscheinung hatte so viel Geheimnißvolles,
daß er sie mehr für ein Wesen aus jener Welt
hielt, als für einen Menschen. Diesen Irrthum

beförderten ihre Farbe, ihr Spiel, ihre Gesänge, und seine verirrte Seele. So blieb der Unglückliche doch nicht ohne allen Trost; Iglou war ihm ein Unterpfand für die wiederkehrende Gnade des Himmels. Seine Vorstellungen über sie wurden nie ganz deutlich; ihr stilles Kommen und Gehen bestärkte ihn in der Meinung, daß sie ein vom Himmel gesandtes Wesen sey. Er vermischte die Wirklichkeit mit seinen überirdischen Vorstellungen; und immer blieb ihm Iglou bald ein Mensch, bald ein Geist. Genug, sein Glück hing von ihr ab. Seine Verzweiflung löste sich, so lange sie ihn täglich besuchte, immer mehr in eine tröstende Reue auf; sein Wahnsinn wurde milder, und er fing wieder an zu hoffen. Aber auf einmal verschwand Iglou, und nun sank er nach und nach in seinen vorigen Zustand zurück.

Er rang trostlos die Hände, daß sein Schutzgeist nicht mehr da war. „Der Engel, der mich tröstete, ist verschwunden!" sagte der Unglückliche zu dem Förster, der ihn aufzuheitern suchte. — Du meinst die Mohrin? fragte der Förster. Die ist mit dem Baron abgereist. Der Ritter erkundigte sich, wohin, und war doch des Entschlusses fähig, seine Trösterinn wieder aufzusuchen. Er verließ nach einiger Zeit den Wald bei

Bildesheim, und ging in tiefer Schwermuth bis nach Zaringen. Ein Bauer, an den er sich wendete, sagte ihm, daß eine Mohrin, welche die Laute spielte, im Orte wäre. Der Ritter ging nun in den Wald, und schon die Nähe seiner Freundin schien ihn zu trösten. Er sah Iglou wieder, eben so unvermuthet, wie das erste Mal; und seine alte Vorstellung, sie sey ein tröstender Geist, den der Himmel ihm sende, erwachte in ihrer vollen Stärke.

Jetzt kam Iglou mit den Kindern, und seine ganze Seele wurde von neuen Phantasieen ergriffen. Er gewöhnte sich an die Kinder, weil ihre Unschuld seinem Herzen wohl that. In stetem Schwanken zwischen Wahrheit und Phantasie hielt er sie bald für Engel, bald wieder für Menschen. Nun drangen sie in ihn, daß er mit ihnen in das Dorf gehen sollte. Fürchte dich nicht, lieber wilder Mann! sagte die kleine Jakobine; wir wollen dich an einen guten Ort führen. Er fragte das Kind mit einem starren Blicke: wohin? An einen Ort, erwiederte das kleine Mädchen liebkosend, wo es dir wohl gehen soll. — Ich weiß, sagte er bedeutend, wohin ihr Befehl habt mich zu bringen ... Sage mir doch, fuhr er fort, wer Du bist, und wie Du heißest.

Das kleine Mädchen antwortete freundlich: ich heiße Jakobine! Auf einmal durchstrahlte ein furchtbares Licht seine verwirrte, gespannte Phantasie. „Und ich heiße Lissow!" rief der Knabe. — Jakobine! Lissow! Da standen die beiden Ermordeten in Engelsgestalt vor ihm. Er schrie vor Schrecken auf, stürzte, von dem Schauer der Geisterwelt ergriffen, hinten über, und wagte es nicht, sein Auge zu erheben.

Jetzt kam Iglou, und half ihn aufrichten. Er folgte, wohin man ihn führte, weil seine Phantasie zerrüttet und seine Sinne, wie seine Sprache, ihm genommen waren. Der kleine Lissow lief voraus, um seine Ankunft zu melden, und ging ihm dann wieder entgegen.

So kam der Ritter endlich an das Dorf, und wurde durch den Garten geführt. Nach und nach war er von seiner Verzückung und Betäubung zurückgekommen. Die Häuser, die er sah, die Landleute, die ihm begegneten und ihn grüßten — alles sagte ihm, daß Menschen, und nicht Engel, ihn führten. Nur die Antworten der Kinder: „ich bin Jakobine! ich bin Lissow!" blieben ihm räthselhaft. Er wollte schon wieder umkehren; aber er war noch zu zerstreuet. Die beiden Kinder führten ihn in den Gartensaal, wo Flaming, Grumbach und Lissow ihn mit-

leibig erwarteten, und wo Iglou mit der Laute
schon bereit saß. Jakobine ging auf Lissow zu,
und sagte: hier, Vater, bringen wir ihn dir.
Nicht wahr, du willst ihn lieb haben? Lissow
sah den Ritter mitleidig an, und drückte dessen
Hand. Der Ritter erkannte, so wie er die Augen aufschlug, Lissowen und Grumbachen, der
neben ihm saß, auf den ersten Blick. Seine innere Angst wurde fürchterlich, und seine Brust
flog. Er verbarg sein bleiches Gesicht, als ob
man ihn nicht erkennen sollte, und suchte sich von
Lissow loszureißen.

Lissow hielt seine Hand fest, und sagte zärtlich: Nein, lieber Unglücklicher; vertrauen Sie
uns. Die Freundschaft soll Sie trösten, unsre
Liebe den schwarzen Dämon, der Sie quält,
verjagen. Rheinfelden schüttelte in großer Bewegung den Kopf. Grumbach faßte seine andre
Hand, und sagte mit liebkosender Stimme: unglücklicher Mann, ich bin ein Greis geworden.
Trauen Sie meiner Erfahrung: Reue und Tugend löschen alle Verbrechen aus. Der Ewige
verzeihet . . .

Aber ihr! rief Rheinfelden mit dumpfer, zitternder Stimme.

Wir? sagte Grumbach herzlich; wir armen,
schwachen, der Vergebung so bedürftigen Men-

schen, sollten nicht vergeben, wenn der Ewige
vergiebt? Kommen Sie an die Brust eines Grei-
ses. Ich verspreche Ihnen Versöhnung mit dem
Himmel.

Ach! jammerte der Ritter; wird Jakobine
ihrem Mörder verzeihen?

Lissow und Grumbach schrieen laut vor
Schrecken auf, und flogen Beide von ihm zurück.
„Er ist es!" rief Lissow; „es ist der Teufel,
der Jakobinen ermordete!" Der Greis faltete
die Hände fest zusammen, und in seinen Augen
lag Abscheu, in den sich Mitleiden mischte.
„Teufel!" rief Lissow aufs neue; „was willst
du?" Der Ritter schwankte, und wäre zu Boden gestürzt, wenn der Baron ihn nicht aufge-
fangen hätte, in dessen Armen er nun zitternd,
und wie vernichtet, liegen blieb. Vater! sagte
Jakobine; du thust dem Unglücklichen weh!

Iglou stand zitternd da, bei dieser Scene des
Schreckens und der Angst. Lissow war außer
sich; und auch der Alte wußte nicht, was er thun,
was er sprechen sollte. Iglou sagte laut: o verzeiht ihm! auch der Ewige verzeiht! — Grumbach warf sich an Lissows Brust, dessen Zorn
immer stärker entbrannte, und führte ihn mit
sanfter Gewalt aus dem Saale.

Endlich erhielt der Ritter seine Besinnung

D 5

wieder. Er sah ängstlich im Saale umher, und fragte: wie? wo? O, sagt mir, habe ich ihn gesehen? — Der Baron führte ihn zu dem Sofa, und Iglou setzte sich weinend und tröstend neben ihn. Er warf auf Iglou einen Blick, den ein sanftes Feuer belebte. O was, sagte er heimlich, was that ich dir, daß du mich hierher brachtest, du Grausame? Iglou umfaßte ihn, und sagte: wußte ich denn, wer du warst? ... O Gott im Himmel! ... Ich kannte dich nicht. Meine Absicht war, dir zu helfen. Du bist Rheinfelden? O, Lissow wird dir vergeben, wie Jakobinens Kinder dir vergeben haben. — Die Kinder, die nicht begriffen, was vorging, und die der Ritter mit höchst seltsamen Blicken betrachtete, faßten seine Hände, und versicherten ihm, daß sie ihn liebten.

Der Baron, den die ganze Scene tief erschüttert hatte, lief hinaus zu Lissowen, umarmte ihn, und sagte in heftiger Bewegung: „lieber Lissow, wenn du kein Mitleiden mit dem Unglücklichen hast, der in Verzweiflung versinkt, so habe es mit mir. Sieh, ich will der Vater deiner Kinder seyn, will alles, was ich habe, mit ihnen theilen: mein Vermögen, mein Herz, mein Leben. Nur, ich beschwöre dich bei unserer Liebe, zerschmettre das Herz des unglücklichsten von allen

Menschen nicht länger! Laß ihn ein Wort der Vergebung von dir hören; reiche ihm nur Einmal die Hand! Ich bitte dich auf meinen Knieen darum." Er wollte wirklich vor Lissow niederknieen.

Lissow stand zitternd, vor Schmerz glühend, da. Er hat Jakobinen ermordet!

„Ja; aber eine sechsjährige Hölle hat ihn dafür bestraft. Lissow, zeige nun, daß du ein Mensch bist!"

Auch der alte Grumbach bat ihn mit Thränen; und Lissow schwankte. Gott und Jakobine haben ihm vergeben, mein Sohn, sagte der Alte feierlich; laß uns nicht strenger seyn, als sie! Jakobine bittet dich darum. Folge, Lissow!

Betäubt wurde Lissow wieder zu dem Gartensaale geführt, und der Baron öffnete die Thür. Da lag der Ritter vor Jakobinens Kindern auf den Knieen. Sie hatten ihre kleinen Arme um seinen Hals geschlungen, und benetzten ihn mit Thränen. Dies Schauspiel rührte Lissowen mehr als des Barons Bitten, und er ließ sich zu Rheinfelden hinführen, der nun aufsprang, so wie Lissow sich näherte. Dieser reichte ihm von weitem die Hand, und seine Lippen sagten das Wort: Vergebung! Der Ritter faßte seine Hand, drückte sie gewaltsam auf sein Herz, an seine Lippen, und

rief: o Liſſow! ſagen Sie noch einmal: Vergebung! daß die Hölle nicht länger in meinem Herzen brenne.

Vergebung! ſagte Liſſow noch einmal. „Auch
Verſöhnung!” rief Flaming, und drückte ihn
näher zu Rheinfelden. Liſſow legte ſein Geſicht
auf Flamings Schulter, und ſeine Arme öffneten
ſich, Jakobinens Mörder zu umfaſſen. Vergebung! rief der Ritter heftig und laut; aber nicht
Verſöhnung! Verſöhnung dann, wenn Jakobine
mir vergeben hat! — Er war mit ſchnellen
Schritten an der Thüre, riß ſie auf, rief noch
einmal: Vergebung! und verſchwand in einem
Augenblicke. Der Baron eilte ihm nach; aber er
flog ſchnell über das Feld, und verlor ſich in den
Wald.

O, wie ſtreng und wie gütig iſt die Gerechtigkeit des Himmels! Sie zerſchmettert und heilt;
ſie treibt mit ihren Donnern den Verbrecher über
die Erde, und er findet Vergebung, wenn ihn ſo
eben der Abgrund der Verzweiflung zu verſchlin-
gen droht! Dieſe Betrachtungen, die Flaming
und Grumbach anſtellten, öffneten Liſſows Herz
der Verſöhnung. Durch den unvermutheten Anblick des Menſchen, der ſeine Jakobine ermordet
hatte, waren alle die entſchlummerten Gefühle
ſeiner ehemaligen Verzweiflung aufs neue geweckt.

Aber jetzt sanken diese Gefühle wieder in sein Herz
zurück. Die Gestalt des unglücklichen Ritters
blieb vor seiner Seele stehen, und forderte Mitleiden, das ein menschliches Herz nie lange ver-
sagen kann.

Iglou mußte ihm erzählen, wie sie mit Rheinfelden bekannt geworden war. Ihre Schilderung
von den unbeschreiblichen Martern des Ritters
vollendete die Versöhnung in Lissows Herzen. Er
fühlte keine Liebe zu ihm: Rheinfeldens Nahme
und Andenken hatten noch immer für ihn etwas
Fürchterliches; aber er dachte doch mit großem
Mitleiden an dessen Qualen. Ohne daß es ein
Mensch wußte, ging er in der Nacht mit dem
Förster hinaus zu den Köhlerhütten, und ließ sich
die, worin Rheinfelden lebte, zeigen. Dort!
sagte der Förster, und wendete Lissows Laterne
auf eine derselben. Lissow näherte sich mit leisen
Schritten, trat hinein, und beleuchtete den Elenden, der auf Stroh da lag. Die frische Farbe
der Jugend, der Gesundheit war von dem einst
schönen Gesichte geschwunden, das jetzt eine gelbe,
von der Sonne verbrannte Haut bedeckte. In
die Stirn hatte der Kummer Furchen gezogen;
um den Mund und die Augen zeigten sich Spuren von den Verzuckungen des Wahnsinnes. Die
Hände waren lang, dürr und gekrümmt. Das

einst so schöne blonde Haar hatte der Kummer
grau gemacht, und es hing verwirrt um seine
Schläfe. Selbst der Schlummer des Unglücklichen war unruhig, und voll schrecklicher Träume:
er verzog jetzt den Mund zur Wuth, dann wieder zum Lächeln.

„Rheinfelden!" rief Lissow mitleidig; „Rheinfelden!" Der Ritter fuhr zusammen, und öffnete
dann die Augen. Er erkannte Lissow nicht, weil
dieser im Schatten stand. Lissow setzte die Laterne
auf den Tisch, trat dem Lager näher, und sagte:
„ich bin Lissow." Jetzt sprang der Ritter auf,
und stand gebückt, zitternd, wie ein Verbrecher,
da. Lissow hatte Mühe, die Empfindung des
Hasses, die ihn aufs neue durchschauerte, zu unterdrücken; doch sagte er: „Rheinfelden, ich habe
Ihnen vergeben, und bin hier, Ihnen das noch
einmal zu wiederholen. Sie sind bestraft!"

Bestraft! sagte der Ritter, und hob die
Hände zum Himmel auf. Ja, Lissow, ich bin
das Ziel des göttlichen Zornes. Diese Brust ist
der Ort aller Höllenqualen. O, keine Vorwürfe!
Erbarmen mit dem elendesten aller Menschen!

„Ich bringe Ihnen Vergebung, Rheinfelden. Vergebung, Versöhnung, von mir, meinen Kindern und meinem Vater! Möge auch der
Himmel Ihnen vergeben, wie wir, Rheinfelden!

Laſſen Sie uns Abſchied von einander nehmen,
bis wir uns vor Jakobinens Augen wiederfinden!... Ihr Anblick, Rheinfelden, erinnert mich
ſo ſchrecklich an mein Unglück! ... Ich vergebe
Ihnen; ja, ich vergebe Ihnen. Glauben Sie
mir das. Aber, nun gehen Sie, und machen
Sie Ihr Verbrechen durch große Tugenden wieder gut. Verzweifeln Sie nicht, und laſſen Sie
mich erfahren, daß Sie der Tugend wiedergegeben
ſind. Seyn Sie ein Freund der Unglücklichen.
Sie können es ſeyn, da Sie ein großes Vermögen haben."

Ein Strahl von Heiterkeit blitzte aus Rheinfeldens Augen hervor. Es war, als ob ein neues
Leben ihn beſeelte. Sie verzeihen mir, Liſſow?
fragte er. Liſſow breitete zitternd die Arme aus,
und erwiederte: „ich verzeihe Ihnen." Rheinfelden legte, ohne ſeine Arme zu heben, das Geſicht eine Minute lang an Liſſows Herz, und
ſagte: ſo! Liſſow ſchlang die Arme um ihn. „Haben Sie mich verſtanden, Rheinfelden?" — Ja!
erwiederte dieſer; ich lebe von nun an der Tugend:
nur der Tugend, und Ihnen, Liſſow; Ihnen und
Ihren Kindern! Leben Sie wohl! Er ſtand traurig da. — „Erſt Verſöhnung, Rheinfelden!"
ſagte Liſſow, umfaßte ihn, hob ſein Geſicht zu
ſich auf, und küßte ſeinen Mund. „Vor Jako-

binen sehen wir uns wieder." — Lissow, sagte
Rheinfelden betrübt; darf ich Sie nicht eher wiedersehen, als bis wir Staub sind? — „Kann
Ihr Anblick mir Vergnügen machen?" — Nein,
das fühle ich; aber, wenn mein Anblick das einmal könnte: dann? — „Dann, Rheinfelden,
sollen diese Arme Ihnen offen stehen. Gehen
Sie, und söhnen Sie Sich mit Ihrem Herzen
aus; mit mir sind Sie versöhnt. Leben Sie
wohl."

Iglou fand, als sie am folgenden Tage in
den Wald ging, Rheinfelden ganz verändert:
ernst, aber ruhig. Er bat Iglou, Lissowen zu
verschweigen, daß sie ihn noch gesehen habe. Sie
fragte ihn um seine Vorsätze; und er antwortete:
Ich bin mein Leben, meine jetzige Ruhe Lissowen
schuldig, und betrachte alles, was ich habe, was
ich thun kann, als sein Eigenthum. Er führte
Iglou durch das Dickicht, in ein verborgenes,
kleines Thal, das rings von Dornen und fest in
einander verwachsenem Gesträuch umgeben war.
In diesem Thale stand eine Art von Hütte, welche
die Köhler dem Ritter gebauet hatten. Hier,
sagte er, wollte ich meine Verzweiflung begraben;
und jetzt soll diese Hütte eine Zeitlang meine Wohnung seyn. Ich kann die Gegend noch nicht verlassen, wo ich so unglücklich, so hoffnungslos war,

und

und nun wieder so reich an Hoffnung geworden bin. Du allein, meine theure Freundin, sollst meinen Aufenthalt wissen. Hier ist meine Welt, bis ich erst wieder Herr dieses Kopfes und dieses Herzens seyn werde. Ach! ich brauche Zeit, meinen Geist von den Wunden zu heilen, welche Verbrechen und Verzweiflung ihm geschlagen haben.

Iglou sagte: „Einsamkeit heilt ihn wohl nicht. Zerstreuung, lieber Unglücklicher!" — Zerstreuung für den, der vergessen will; ich will nicht vergessen, will mein Geschick mit Flammenschrift in meine Seele graben. Verzweiflung hat mich in der Einsamkeit wahnsinnig gemacht; Freude über die Versöhnung mit Lissow wird mich in der Einsamkeit heilen. Nein, Iglou, ich werde den Mann, den ich so unmenschlich beleidigt habe, nie verlassen. Wie sein Schatten, wie sein Schutzgeist, will ich um ihn, um Jakobinens Kinder schweben. Nur für ihn und sie lebe ich noch. Hier will ich wohnen, und du wirst mich nicht ganz verlassen. — „Das werde ich nicht," erwiederte Iglou. — Und nicht verrathen, daß ich noch hier bin. — „Auch das nicht."

Iglou merkte sich genau den Weg, der in seine Einsamkeit führte. Sie versprach ihm nach einigen Tagen Bücher. Er sagte: ich habe mein ganzes Leben genug zu denken, und bedarf keiner Bücher.

Flaming IV.   E

Sie bot ihm Bequemlichkeiten an; aber er hatte
mit Hülfe seines Köhlers schon für alles gesorgt.
Mir fehlt nichts, sagte er, als deine Laute, dein
tröstender Gesang, und ein Leben voll Tugend,
um mein Verbrechen auszulöschen.

Der Baron sagte, als man von dem Schicksale des Ritters sprach: „da seht ihr, was blondes Haar thut! Ein Schwarzkopf würde Lissowen
verlacht und ein andres Weib für seine Wollust
gesucht haben. Der Celte kann fallen, das gestehe
ich zu, ob ich gleich nicht begreife, wie er auch
das nur kann; aber sein Herz ist für die Tugend
geschaffen, und Reue söhnt es bald wieder mit
dem Himmel aus.”

Und mein Herz? fragte Iglou.

„Dein Herz, liebe Iglou? Gott mag wissen,
woher du das edle Herz bekommen hast! Aber,
wahrlich, so schwarz du auch bist, ich halte dich
doch für die edelste Celtin auf der Erde.” —
Iglou lächelte dankbar auch für dieses Lob; sie
wußte, wie viel es in seinem Munde war. „Und
dann, wenn ich es recht bedenke,” fing der Baron wieder an — „was hat Rheinfelden denn
Großes gethan? Ein Verbrechen begangen; das
weiß ich. Aber dafür ist er bestraft, oder vielmehr, er hat sich selbst dafür bestraft. Doch,

was hat er dir gethan, Lissow, daß du ihn je haß=
sen konntest? Das frage ich."

Wie, lieber Flaming? das fragst du? Er hat
mir das Glück meines Lebens geraubt, hat Jako=
binen ermordet.

„Seltsamer Mensch! auch die Natur hätte
sie einige Jahre später getödtet; wirst du darum
die Natur hassen?"

O, ich bitte dich, vernünftle nicht so wunder=
bar! Er hat mich höchst unglücklich gemacht.

„Unglücklich? Der Philosoph Demetrius
sagt: der ist der Unglücklichste, dem niemals ein
Unglück begegnete!"

Nimm es mir nicht übel, Baron, dein De=
metrius ist ein Narr.

„Ein Narr, Lissow? Ich bitte dich, sey nicht
ungerecht! Ihr macht es mir immer zum Vor=
wurfe, daß ich lauter Paradoxa vortrage. Aber
in diesem Satze ist doch die allgemeine Menschen=
vernunft auf meiner Seite. Ich bitte dich, stelle
den weichlichen Mäcenas, der in einem Meere
von Freuden schwamm, gegen Sokrates, der den
Giftbecher trank, oder gegen Mucius, der seine
Hand in die Flamme hielt: und nun frage die
ganze Erde durch. So weichlich unser Jahrhun=
dert auch ist, so herrscht doch Verderbniß der Sit=
ten noch nicht so unumschränkt, daß nicht die

Meisten lieber Sokrates und Mucius gewesen
seyn möchten, als Mäcenas. Frag jeden, ob
Mucius mit der Hand in den Flammen ihm nicht
besser gefällt, als ein Andrer mit der Hand in
dem weichen Busen seiner Geliebten; ob ihnen
Sokrates mit dem Giftbecher nicht lieber ist, als
ein Glücklicher mit einem Glase Champagner vor
den Lippen? Ist nun aber, sage selbst, das ein
Unglück, was die meisten Menschen w ü n s c h e n?
Ist der ein Unglücklicher, den alle Menschen beneiden? Ich liebe dich, Aßow, und würde dich
lieben, auch wenn du immer glücklich gewesen wä-
rest. Aber jetzt a c h t e ich dich auch; denn dein
Unglück hat mir dein Herz gezeigt. Du hast erst
durch Jakobinens Verlust dich selbst kennen und
schätzen lernen. Jetzt weißt du, welche Kräfte in
dir liegen, was du vermagst; und auch ich weiß
nun, welch einen Freund ich an dir haben würde,
wenn mich Noth träfe. Nun? darfst du wohl
den Menschen hassen, der dich veranlaßte, deine
Kräfte zu üben, stärker zu werden? Und that das
der Ritter nicht?"

Jetzt kannst du wohl philosophiren; aber ver-
liere nur einmal eine Geliebte!

„Ich h a b e eine verloren!"

Spotte nicht mit deinem Herzen, mit der
Vorsehung, lieber Flaming!

„Du nennſt es Spott der Vorſehung, wenn ich wünſche, ſie möchte mich für würdig halten, an mir zu zeigen, wie ſtark der Menſch ſeyn kann? In der That, Liſſow; dann erſt würde ich mich glücklich ſchätzen, wenn ich unglücklich würde. Iſt der tapfre, unerſchrockne Mann, den der Heerführer zu einer gefährlichen Unternehmung auswählt, weil er ſich auf dieſen Muth verläßt, darum unglücklich? Gewiß, ich würde in dieſem Falle glücklich ſeyn!"

Der Himmel behüte dich, Flaming! Aber, wenn du nun auf einmal alles Vermögen verlöreſt; alles, alles!

„Ich wäre nicht ſo arm, wie ich war, als ich geboren wurde."

Nun, ich wollte doch ſehen, was für Augen du machen würdeſt, wenn man dein Haus, dein Dorf anzündete, und die Flamme es verzehrte!

„Was für Augen? Wie ich ſie immer habe. Dann würde ich große Augen machen, wenn die Flamme es n i c h t verzehrte. Iſt es nicht natürlich, daß die Flamme brennt?"

Wenn man dich aus deinem Vaterlande verbannte!

„Ich würde gehen. Muß ich es doch einmal verlaſſen, ohne verbannt zu ſeyn."

Wenn Ungerechtigkeit dich hinaustriebe!

„Möchteſt du lieber, daß es die Gerechtigkeit
thäte?"

Wenn ein Unglück über das andre dich träfe;
Armuth, Schande, Elend, Verfolgung!

„Es könnte mich nicht weiter treiben, als das
Glück: bis in das Grab."

Wenn dein Elend unerträglich würde!

„Unerträglich? Das heißt, wenn ich die
Standhaftigkeit verlöre. Ja, das wäre ein
Unglück!"

Nun dann?

„Dann würde ich Gott danken, daß der
Menſch nicht neun Monathe braucht, das Leben
zu verlaſſen, wie er ſie braucht, um darin einzutreten. Der Tod iſt ein Augenblick; und ſoll ich
vor dieſem Augenblicke ſiebzig Jahre zittern? . . .
Aber das alles hältſt du doch für möglich."

Du biſt ein Menſch. Warum ſollte es alſo
nicht möglich ſeyn?

„Seht ihr? o, ſeht ihr? Ihr haltet das
Alles für möglich, und tadelt mich, wenn ich behaupte: man muß den Menſchen an ſein Geſchick
gewöhnen; wenn ich behaupte: es iſt unrecht, daß
ihr meine Unterthanen tanzen laßt, daß ihr ſie
die Freude kennen lehrt. Nein, weg mit dem
Glücke! weg mit den Freuden, welche die Tugend
ſchwächen, ehe der Feind noch da iſt! Der Ritter

war glücklich, und beging ein ungeheures Verbrechen. Glaubt ihr, daß er jetzt noch einmal im
Stande wäre, es zu begehen? Sein Unglück war
sein Glück. Habe ich nicht Recht? Sagt Alle,
habe ich nicht Recht?"

Grumbach lächelte, und that, als hätte er
den Streit nicht gehört. Herr Baron, fing er
an, der alte Veit hat endlich dem jungen Leon-
hard seine Tochter gegeben. Die Redlichkeit des
jungen Menschen, die Geduld, mit der er die
abschlägige Antwort trug, und die Dienste, die
er dennoch dem Vater leistete, haben endlich die
Härte des alten Mannes überwunden. Heute
werden die jungen Leute verlobt. Sie glauben
nicht, wie glücklich sie sind. Mich dünkt aber,
der Alte hätte besser gethan, wenn er bei seinem
Nein geblieben wäre; und ich wollte Sie bitten,
Herr Baron, die Verbindung der jungen Leute,
wo möglich, zu hintertreiben. — Warum? rief
Iglou sogleich, und stellte sich neben den Baron.
Wir haben ja Alle gewünscht, daß der Vater seine
Einwilligung geben möchte.

„Nein, lieber Grumbach," sagte der Baron:
„Sie müssen sehr wichtige Gründe haben; sonst
kann ich das nicht: Hätten Sie nur Leonhards
Bitten gehört!"

Das mag wohl seyn, erwiederte Grumbach

lächelnd; aber für den Vater müßte es, dünkt mich, doch ein sehr angenehmes Schauspiel seyn, wenn der junge Mensch seinen Wunsch nicht erreichte, und Uebung in der Geduld hätte.

Der Baron erröthete; er fühlte, was der Alte sagen wollte. „Mich dünkt, lieber Grumbach, der Jüngling hat jetzt das Mädchen schon verdient, und der Vater würde unbarmherzig seyn, wenn ihn die Geduld des Jünglings nicht gerührt hätte."

Glauben Sie denn, daß Gott unbarmherziger ist, als dieser Vater? meinen Sie denn, daß die Geduld, der Muth, womit der Mensch sein Unglück trägt, ihn nicht auch in den Augen des himmlischen Vaters des Glückes werth macht? Freilich stärkt Unglück die Kräfte des Menschen, aber nicht immer, noch mehr zu erdulden; es giebt dem Menschen die Kraft, und soll sie ihm geben, das Glück, welches die ewige Güte ihm bestimmt, mit weiser Mäßigung zu tragen. Glück, lieber Herr Baron, ist die Bestimmung des Menschen, Ihre Philosophen mögen auch sagen, was sie wollen. Zur Hölle mit der Philosophie, die lehren kann, der Unglückliche sey dem Ewigen ein angenehmes Schauspiel! Das einzige der Gottheit würdige Schauspiel ist das Glück des Tugendhaften.

Der Baron fing zwar an zu disputiren; aber der Amtmann kam, und riß ihn dieses Mal glücklicher Weise aus der Verlegenheit, in die er durch des Alten einfache Art zu fragen gerathen war.

Flaming hatte auch gar nicht den Gedanken, das Glück seiner Unterthanen anzutasten; doch seine Ideen wurden von dem Schicksale nur allzu gut erfüllt. Er rief: „fort mit dem Glücke! fort mit den Tänzen, mit den Festen!" und das Schicksal nahm ihn beim Worte. Das Handlungshaus, bei dem er seine Kapitale belegt hatte, fiel. Er tröstete sich über diesen Verlust, weil er doch sein sehr beträchtliches Gut noch schuldenfrei hatte; aber schon hing auch die Wolke, deren Blitze noch diesen Ueberrest seines Vermögens treffen sollten, über seinem Haupte.

Die Russische Armee zog sich in die Gegend von Zaringen, und aus allen Orten erfuhr man, welche Grausamkeiten ihre leichten Truppen begingen. Alle Menschen aus den besseren Ständen eilten nach den Städten; auch schrieb des Barons Mutter ihrem Sohne: er möchte Zaringen verlassen, und sich in eine Stadt begeben. Grumbach hatte nichts dawider; vielmehr würde er es gern gesehen haben, weil er hoffte, daß auch Lissow dann mit den beiden Kindern sich retten sollte. Man sprach oft von diesem Plane; aber man

konnte, weil die Gefahr noch nicht nahe war, zu
keinem Entschlusse kommen.

Der Prediger sagte einmal in einem solchen
Gespräche: es sollte mir sehr lieb seyn, Herr Ba-
ron, wenn Ihr System Recht hätte, daß die
Slaven natürlichen Respekt vor den Blondköpfen
haben müssen. Ich fürchte, wir können dieser
Achtung noch sehr bedürfen.

„Sie sollen sehen, daß mein System Recht
hat!" erwiederte der Baron. „Ich werde hier
bleiben. Meine Unterthanen bedürfen ohnedies
jetzt unserer Hülfe, unseres Rathes am meisten.
Wir wollen wie Brüder unser Geschick mit einander theilen."

Der Baron hielt Wort, und sein System
auch. Es näherten sich Russische Truppen. Der
Baron befahl seinen Bauern, keine Aengstlichkeit
zu äußern, und die Kosaken mit offner Freund-
lichkeit aufzunehmen. Er ging, in Vertrauen auf
sein blondes Haar, dem Russischen Befehlshaber
entgegen. Der Officier hielt sein Pferd an, als
er so wohlgekleidete Leute auf sich zu kommen sah.
Flaming sprach nun Französisch zu ihm, und der
Officier, der zu den regulären Truppen gehörte,
verstand es glücklicher Weise.

„Mein Herr," sagte der Baron mit großer
Gutherzigkeit; „das Dorf, das Sie vor Sich

sehen, ist mein. Sie können, auch wenn Sie wollten, uns nicht ganz von den Beschwerlichkeiten des Krieges befreien. Daher biete ich Ihnen freiwillig an, was wir haben, und was Sie bedürfen; aber auch, was Sie nicht bedürfen: unsre Freundschaft. Ich bin ruhig auf meinem Gute geblieben, weil ich hoffe, daß ich mit Menschen zu thun haben werde." Der Officier lächelte, und ertheilte seine Befehle. Er gab dem Baron, als er vom Pferde gestiegen war, die Hand, und alles lief recht gut ab; wenigstens wurden keine zwecklosen Grausamkeiten verübt. Die Kosaken bekamen, was man ihnen geben konnte, und betrugen sich ganz vernünftig. Als sie wieder weg waren, und das Dorf unbesetzt blieb, holte man indeß freier wieder Athem.

Bald kamen andre Truppen; aber die achteten weniger auf des Barons Anerbieten, und setzten ihm Degen und Pistolen auf die Brust. Die treue Iglou glaubte, man wollte den Baron ermorden, und trat vor ihn hin. Ihre große Fertigkeit, durch Geberden und Zeichen zu reden, die der Baron für ein bestimmtes Merkmahl einer unedleren Race hielt, rettete diesmal das ganze Dorf. Iglou war jetzt die Einzige, die mit den Kosaken sprechen konnte. Bisher war Grumbach, der Russisch verstand, Dolmetscher gewe-

sen; aber einige Mißhandlungen hatten ihn krank
gemacht, und Iglou trat nun mit ihrer Panto-
mime in seine Stelle.

Der Baron bereuete es wohl hundertmal,
daß er nicht nach Berlin gegangen war, ob er
gleich das Silberzeug hatte eingraben laſſen. Er
mußte ſich faſt jeden Tag aufs neue loskaufen.
Zuletzt ſteckte er ſich mit Liſſow, dem Prediger
und dem Juſtiz-Amtmanne, in Bauernkittel,
um neuen Mißhandlungen zu entgehen. Jetzt
erhielt der Baron einen Beweis von der Liebe ſeiner Unterthanen, der ihn innig rührte. Es
ſprengten einige Ruſſiſche leichte Reiter in das
Dorf, und fragten nach dem Baron. Er iſt
hier! rief der Anführer; und ich rathe euch, uns
zu ſagen, wo er iſt. Der Baron, von dem man
aufs neue Geld erpreſſen wollte, ſtand ſelbſt mit
unter den Bauern. Dieſe blieben dabei, er wäre
nach Berlin abgegangen. Die Ruſſen droheten,
das Dorf anzuzünden, wenn man länger läugnete, und ritten auf das Schloß. Der Baron
ſah verlegen umher; aber keiner verrieth ihn,
und die Reiter ſprengten zurück, ohne ihn ent-
deckt zu haben.

Iglou fing an, heimlich Lebensmittel auf
einen Nothfall nach des Ritters Aufenthalte im
Walde hinzutragen; und eben daſelbſt verbarg ſie

auch ihre Laute, die schon einige Male in Ge=
fahr gestanden hatte. Dieser Aufenthalt war
ohne Zweifel der allersicherste; denn er lag so
versteckt und abgelegen, daß niemand, auch wenn
er den Wald durchsuchte, auf den Einfall kom=
men konnte, dahin zu gehen.

Grumbachs Rath, den die Bauern befolgten,
weil sie ihm vollkommen trauten, hatte bisher alle
rohen Grausamkeiten abgewendet. Freilich wa=
ren die Vorräthe aufgezehrt, der Viehstand ver=
mindert, die Pferde genommen: aber die Ernte
auf dem Felde, die Häuser standen noch; und
Grumbach sagte: mit Gottes Hülfe werden wir
das Andere wohl wieder bekommen. Die wenigen
Vorräthe, die noch da waren, wurden auf
seinen Vorschlag als gemeines Gut betrachtet.
Man verbarg sie; und niemand verrieth den
Ort, weil jeder Theil daran hatte. Die Ein=
wohner der meisten benachbarten Dörfer waren
zerstreuet, die Häuser abgebrannt, die Ernten
verheert. Einer verrieth das Eigenthum des An=
dern; Haß und Neid zündeten die Zwietracht in
den Dörfern an, und man entdeckte dem Feinde
die Anschläge gegen ihn. So wuchsen die Grau=
samkeiten, die Mißhandlungen, das Elend; und
die Dörfer wurden menschenleer, das Land öde.

Nun sah der Baron die Wirkungen von

Grumbachs Benehmen. Das gemeinschaftliche
Unglück, das an manchem andern Orte die Menschen trennte, zog die Einwohner von Zaringen
enger zusammen. Man betrug sich gegen den
Feind redlich und aufrichtig; und der Lohn dieses
klugen Verhaltens war Sicherheit.

Aber das Schicksal wollte nun die Seelen-
stärke des Barons prüfen. Ein Regiment wilder Husaren rückte in Zaringen ein. Der alte
Grumbach, der wieder hergestellt war, ging
sogleich dem General entgegen, und überreichte
ihm Zeugnisse von dem Wohlverhalten der Einwohner gegen die Russischen Truppen, die ihm
auf sein Bitten mehrere menschliche Officier gegeben hatten. Was soll das? rief der wilde Husar,
und warf die Papiere auf den Boden. Schaff
Lebensmittel, Alter! Von Papier kann ich nicht
leben.

Grumbach versicherte dem General mit der
tiefsten Ehrerbietung, daß man alles anschaffen
würde, was noch da sey, und sammelte seine
Papiere geduldig wieder auf. Dann führte er
den General auf das Schloß des Barons, wies
ihm die schönsten Zimmer an, und besorgte Lebensmittel. Der General ließ noch einige Zimmer in Ordnung bringen, und zwar für seine

Mätreſſe, der er ſogleich einen Huſaren entge=
gen ſchickte, um ſie hierher rufen zu laſſen.

Die Mätreſſe kam. Grumbach half ihr aus
dem Wagen, und hörte ſie mit einem prächtig
gekleideten Menſchen, der neben ihr ſaß, Deutſch
ſprechen. Er redete ſie an, und bat um ihren
Schutz, den ſie auch ſogleich verſprach. Es war
ein ſehr ſchönes Mädchen, und, was Grumba=
chen noch mehr galt, ſie hatte in ihrem Geſicht
etwas ſehr Gutherziges. Sie ging zu dem Ge=
neral; und ſogleich wurden Befehle gegeben, die
Einwohner ſo viel als möglich zu ſchonen. Grum=
bach war mit Iglou allein auf dem Schloſſe;
die Uebrigen lebten bei den Bauern, und brach=
ten die Nächte in einem kleinen Gartenhauſe zu.
Die Mätreſſe des Generals klingelte; und Iglou
eilte in das Zimmer.

Beide erſtaunten, als ſie einander erkannten.
Die Mätreſſe war Julie Hedler. Iglou ver=
richtete ſchweigend ihren Dienſt, und ging dann.
Auch Julie ſagte nichts; Iglou's Anblick hatte
ſie zu ſehr überraſcht, als daß ſie ſogleich be=
ſtimmt hätte denken können.

Julie reiſte mit ihrem Bruder, als ihr Plan
geſcheitert war, von Berlin nach Petersburg.
Unterweges machte ſie die Bekanntſchaft des
Ruſſiſchen Generals. Dieſer wendete ſich, mit

dem vollen Zeugniſſe ſeiner Leidenſchaft in den
Augen, an Juliens Bruder; denn Julie ſelbſt
hatte ihm ins Geſicht gelacht, weil ſie es luſtig
fand, daß ein ſo alter Mann noch verliebt war.
Hedler, der die Vermögensumſtände des Generals ſchon kannte, machte ihm Hoffnungen. Julie
ſchalt ihren Bruder einen Narren, als er in ſie
drang, den General nicht abzuweiſen; er gab
ihr aber eine goldene, mit Brillanten beſetzte Uhr,
und zeigte ihr die Ausſicht auf Armuth und Mangel. Das wirkte auf die verſchwenderiſche, eitle
Julie. Sie ergab ſich, doch nur unter der aus-
drücklichen Bedingung, daß ſie ſogleich wieder
frei ſeyn müßte, wenn ein junger hübſcher Mann
da wäre, der ihre Ausgaben beſtreiten könnte.
Ein ſolcher Mann fand ſich nicht; Julie blieb alſo
bei dem Generale, und ging mit ihm nach Königsberg, und dann, weil der Krieg ihr etwas
Neues war, ſogar noch weiter. Für alle Bequemlichkeit ſorgte der alte General auf alle nur
mögliche Weiſe, und hätte auch ſein ganzes Regiment darüber umkommen ſollen.

Julie war mit ihrer Lage ganz wohl zufrieden,
da ſie den alten wilden Soldaten wie ein Kind lenken konnte, ſo daß ſie die unſinnigſten Einfälle
ihrer Verſchwendungsſucht durchſetzte. Hedler
ging als Sekretär mit, und bekam eine ſehr

reichliche

reichliche Beſoldung. So brachte der Zufall die beiden Geſchwiſter auf des Barons Güter.

Als Iglou die Thür zugemacht hatte, fiel Julien erſt ein, wie ſehr ſie von dieſem Mädchen und dem Baron beleidigt war. Ihr Zorn brannte lichterloh; aber nur, wie er bei einer Julie brennen konnte. Sie wollte Rache, doch auf ihre Weiſe; und dieſe Rache ſtand nun in ihrer Gewalt. Jetzt war ſie unumſchränkte Beherrſcherin des Barons und ihrer Feindin Iglou: das ſollten Beide fühlen, und zwar recht ſtark. Aber, dachte ſie, als ſie ihren Plan entworfen hatte; iſt denn der Baron auch hier? In dieſem Augenblicke flog die Thür auf, und Hedler ſprang mit ſichtbarer Freude herein. Julie! rief er; der Baron Flaming iſt hier! Ich habe ihn geſehen und gedemüthigt. — Iſt er da? fragte ſie, und klatſchte in die Hände; iſt er da? Auch die Schwarze iſt hier. Nun, ihr ſollt an mich denken! Geh, bitte ſie Beide zum Eſſen bei dem General, und laß mir mein Schmuckkäſtchen bringen. Der Friſeur ſoll kommen. Nun, ſo mach doch!

Hedler lächelte. Zum Eſſen bitten? Den Teufel auch! Julie, bedenke doch, wie dieſer Geck dich beleidigt hat! Zum Eſſen bitten! Ich will ihm ein anderes Eſſen beſorgen. — Julie ſetzte

nun ihren Plan auseinander, der am Ende auf
weiter nichts hinaus lief, als Iglou und Flaming
ihre Juwelen zu zeigen. Der General sollte den
Baron mit ungeheuren Forderungen ängstigen,
und dieser dann wie ein armer Sünder vor ihr
stehen und sie um ihre Fürsprache bitten. Dann
wollte sie mit einem stolzen Worte dem Generale
befehlen, alle seine Forderungen zurückzunehmen.
Sieh! endigte sie die Auseinandersetzung ihres
Planes; dann erfährt er, wer ich jetzt bin! O,
Bruder, ich will so stolz seyn, wie die Kaiserin
selbst.

Eine schöne Rache! erwiederte Hedler. Zum
Essen bitten, und thun, was er verlangt! Nein,
der stolze Narr muß anders büßen. So soll er
mir nicht davon kommen! Und dieser schwarze
Teufel, diese Iglou? Nein, nein! Sie sollen
fühlen, wer wir sind.

Hedler war nicht ganz böse; aber er konnte es
werden, wenn ihm ein Anschlag mißglückte, oder
wenn sein Stolz beleidigt wurde. Er beschützte in
diesem verheerenden Kriege Tausende; allein die
Unglücklichen, die er rettete, mußten seinen Schutz
mit den größten Demüthigungen erkaufen. Er
war schon vorher gewohnt, wenn es ihm nicht
an Gelde fehlte, alle Menschen mit einem weg-
werfenden Stolze zu behandeln; und jetzt zumal,

da er das Ansehen des Generals für sich hatte, hielt er sich für äußerst wichtig. Der General kannte die Gesetze der Menschlichkeit nicht, und Hedler ließ ihm seinen Willen. Man drohete den Einwohnern eines Dorfes oder einer Stadt; zugleich aber gab man ihnen zu verstehen, daß der Sekretär des Generals alles vermöge. Die Leute wendeten sich an ihn. Mit einer kalten Würde trat er nun in den Kreis der Unglücklichen, warf verachtende Blicke auf sie, sagte ihnen dann mit einem niederschmetternden Stolze, er wolle sie retten, und hielt in der That fast immer Wort.

Das war schon oft geschehen und seine kleinliche Eitelkeit dadurch noch immer stärker aufgeblähet worden, so daß er Menschen aus den ersten Ständen mißhandelte. Er hatte sich so oft vor dem Ahnenstolze der Vornehmen, mit denen er umgegangen war, demüthigen, so oft vor ihrem Range oder Reichthum kriechen müssen, daß er jetzt zur Rache von Andern ihres Standes eben so tiefe Demüthigung forderte. Der Schmeichler wird ja immer ein Tyrann, wenn er Gewalt bekömmt. Hedler stand jetzt eben so stolz, kalt und nachlässig, mit der Dose in der Hand, vor einem Grafen, oder Edelmann, dessen Güter der General besetzte, als ehemals demüthig und kriechend vor so manchem stolzen Thoren. Er pfiff, während daß sie ihm ihr Elend vorstellten, drehete sich von ihnen halb weg, schneuzte sich laut, spielte mit seinem Hunde, fuhr sie an, gab ihnen Lehren, tadelte; kurz, er machte den großen Herrn, weil die armselige Größe, die er von den Umständen erborgte, seinem Stolze schmeichelte. In der That rettete er endlich, und Tausende nannten den Sekretär Hedler ihren Schutzengel, Tausende beteten für ihn; aber für den erhabenen Stolz, der Retter von Tausenden werden zu können, war sein Herz zu klein.

Als er aus dem Wagen gestiegen war, (er hatte nehmlich in prächtiger Kleidung neben Julien gesessen) ging er sogleich mit stolzer, verachtender Miene durch das Dorf, um sich Ehrfurcht erweisen zu lassen. Er ließ die Bauern, unter denen auch der Baron war, zusammenrufen, um ihnen seine Befehle anzukündigen. Wem gehört das Dorf? geschwind! — Dem Baron von Flaming! antwortete ein Bauer. In dem Augenblicke sah Hedler den Baron in Bauerkleidern dastehen, und sein eitles Herz hüpfte vor Freude. Du dort! rief er ihm zu! komm näher! — Der Baron erkannte ihn sogleich.

Sie sind Flaming! sagte er, und betrachtete ihn von oben bis unten spöttisch. Er hoffte, hier den höchsten Triumph der Eitelkeit zu genießen und den Baron vor sich im Staube zu sehen. Mehr wollte er auch nicht. Sie sind Flaming! — „Ja," sagte der Baron einfach und erwartend; „ich bin der Baron von Flaming." — Die Titel, mein Herr, fallen jetzt weg. Ich bitte, das nicht zu vergessen. Was soll die Mummerei? warum stecken Sie in Bauerkleidern? Antworten Sie. Aber nehmen Sie Sich in Acht, daß Sie nicht Ein unwahres Wort sagen!

„Ich habe diese Kleidung gewählt, weil sie mich vor Mißhandlungen sichert."

Ihr Ton ist sehr stolz, Herr von Flaming. Ziehen Sie Ihre gewöhnlichen Kleider an.

„Ich habe keine andre."

Ohne Widerrede! Ich will, sage ich Ihnen. Und ihr da . . . Glauben Sie mir, wir sind hier nicht in Berlin! . . . ihr da, macht euch gefaßt, das anzuschaffen, was der Dienst meiner Monarchin fordert. Es wird nicht wenig seyn.

„Ihr Herr General wird doch Vorstellungen annehmen."

Ihr Herr General! Ihr Herr General! Sie haben zu thun, was ich befehle.

„Wir können nichts liefern."

Man wird euch den Willen machen! . . . Nun, was stehen Sie noch, Herr von Flaming? Ich habe befohlen.

F 3

„Ihre Monarchin," sagte Flaming, erbittert über den Stolz des Menschen — „würde gewiß den Ton nicht billigen, den Sie Sich hier erlauben. Ich werde Ihren General selbst sprechen, und ihn fragen, ob er seinen Diener bevollmächtigt hat . . ."

Herr, das ist Ihr letztes Wort! (Er winkte einem Husaren.) Du bewachst ihn! ich will doch den Narren kirre machen.

„Aber erniedrigen werden Sie mich nicht," sagte Flaming stolz. Hedler ging erbittert auf das Schloß.

Iglou suchte, sobald sie Julien gesehen und erkannt hatte, den Baron auf. Sie hörte, daß er gefangen saß, und eilte zu ihm. Man wollte sie nicht einlassen. Er rief ihr zu: „Hedler!" und sie wußte nun den Grund seiner Gefangenschaft. Sie eilte zurück, überlegte, was zu thun sey, ging zu Julien, und sagte ihr mit trauriger Stimme, in welchem Elende die Einwohner des Dorfes lebten. Als sie Rührung in Juliens Gesichte sah, erzählte sie auch, daß der Baron gefangen wäre.

Gefangen? fragte Julie. Das ist ohne meinen Willen geschehen; obgleich der Narr es verdient. — Verdient? fragte Iglou unvorsichtig. Das Wort schien Julien ein Vorwurf. Ihr fiel

wieder ein, wie sehr Iglou sie beleidigt hatte.
Ihr werdet erfahren, sagte Julie stolz, was euer
Schickſal ſeyn ſoll! Jetzt habe ich zu befehlen.
Sag das dem Baron. Nun brauche einmal deine
Liſt, häßliche Schwarze, und mache ihn los, ohne
meine Hülfe. Fort! geh mir aus den Augen!

Iglou ſtand demüthig vor Julien da, ohne
ihre Verachtung nur mit einem ſtolzen Blicke zu
erwiedern; ſie wollte den Baron befreien, und
fühlte, dachte nichts Anderes. Dies rührte Julien; ſie ging zu dem General, den Hedler ſchon
gegen den Baron erbittert hatte, forderte deſſen
Loslaſſung, und erhielt ſie. Nun kündigte ſie
dem General an, daß Flaming heute bei ihm eſſen
ſollte. Er lachte, und erwiederte: meinetwegen!
Aber dein Bruder, liebes Kind, hat es ganz anders mit dem Baron im Sinne.

Der Baron wurde losgelaſſen und zum Eſſen
eingeladen. Julie kam, als er da war, geſchmückt
wie eine Fürſtin, und that, als ob ſie ihn kaum
bemerkte. Hedler ſetzte ſich, voll Erbitterung,
daß der Baron ohne ihn wieder frei war, an den
Tiſch, und nahm ſich vor, ihn ſeine Macht noch
recht fühlen zu laſſen. Der General befolgte das
Beiſpiel Juliens und ihres Bruders, und behan-
delte den Baron mit der wegwerfendſten Verachtung. Der Baron hatte ſich vorgenommen, wenig

zu sprechen und schweigend zu dulden. Iglou mußte bei Tische aufwarten, und zwar auf Juliens Befehl, die gegen sie erbitterter war, als gegen den Baron. Julie kannte die stolze Seele des Mädchens, aber nicht dessen Stärke. Iglou wartete mit der größten Demuth auf; sie schien alles nur für den Baron zu thun, und ihre freundlichen, geduldigen Blicke gaben auch ihm Standhaftigkeit.

Grumbach hatte dem Baron vorher seine Rolle gegeben. Er sah den eitlen Hedler gleich in dem ersten Gespräche durch, und milderte dessen unbarmherzige Absichten durch einige wohl angebrachte Schmeicheleien, so daß alles gut gehen konnte, wenn nichts verdorben wurde. Der General mußte auf Hedlers und Juliens Anstiften ungeheure Summen und Lieferungen von dem Baron fordern. Dieser machte mit aller Demuth Vorstellungen dagegen; der General erwiederte aber: jetzt nichts davon! da ist mein Sekretär; an den haben Sie Sich zu wenden. Erläßt Ihnen der die Hälfte, oder das Ganze, so ist es gut; erläßt er Ihnen nichts, so müssen Sie schaffen, oder das Dorf wird, hol mich der Teufel! in Brand gesteckt.

Hedler saß mit einer stolzen Miene da, und spielte mit seiner Gabel. Der Baron machte, so

schwer es ihm auch wurde, dem eitlen Menschen
ein artiges Kompliment, das dieser mit einem stolzen Kopfneigen beantwortete. Schon fing der Baron an freier Athem zu holen; aber ein unglücklicher Zufall vernichtete alles.

Iglou glaubte es recht gut zu machen, wenn
sie den Gästen mit großer Demuth aufwartete.
Der Baron betrachtete sie mitleidig. Seine Freundin mußte die Geschäfte eines Bedienten verrich-
ten, und noch dazu für Menschen, die er so tief
verachtete! Iglou bemerkte, was in des Barons
Seele vorging, und ihr Blick wurde noch einmal
so freundlich; sie schien stolz auf die niedrigen
Dienste zu seyn, die sie leisten mußte. Das war
aber ganz gegen Jullens Absicht. Sie wollte ihre
Feindin demüthigen und bestrafen; nun aber blieb
diese freundlich, anstatt mit Thränen in den Augen aufzuwarten. Julie bemerkte die lächelnden
Blicke, die Iglou dem Baron zuwarf, hielt sie
für Spott, und sann auf eine andere Rache an
ihrer Feindin.

Sie lachte ein Paarmal laut, wenn sie Iglou
ansah. Der General wollte wissen, worüber;
und Julie sagte: die häßliche Schwarze, Herr
General, ist so häßlich nicht, wie Sie wohl meinen. Glauben Sie wohl, daß sie, trotz ihrer
Haut, einen Liebhaber hat? — Das müßte der

F 5

Teufel seyn! antwortete der General laut auflachend. Der nicht, sagte Julie; sondern dieser Herr da, der Baron Flaming, liebt die häßliche Mohrin, und in einem so hohen Grade, sage ich Ihnen, daß er um ihretwillen die schönsten Mädchen verläßt.

Den Teufel auch! Ist das wahr, Flaming? Lieben Sie das Mädchen? Ist es wahr? '

„Ja, Herr General," antwortete Flaming, mit Freude, daß er Iglou seine Achtung bezeugen konnte; „ja, ich liebe das Mädchen, und Sie würden Sich darüber nicht länger wundern, wenn es der Mamsell gefiele, zu sagen, warum ich es liebe."

Das will ich wohl. Am Tage hat der Herr Baron so viel mit dem Generalbasse, den Menschen-Racen, und gelehrten Narrheiten zu thun, daß er keine Augen hat; aber bei Nacht sind alle Katzen grau. — Der General schlug ein schallendes Gelächter auf; der Baron erröthete vor Verdruß. — Und diese Liebe ist so zärtlich, Herr General! so zärtlich! Wenn wir bei dem Herrn Baron äßen, und er nicht bei uns, so würde die Schwarze, anstatt aufzuwarten, mit am Tische sitzen. — Der General lachte ungläubig aufs neue, und sah Iglou an.

„Es ist wirklich so, Herr General. Und

wenn mein König bei mir äße, so würde diese Schwarze mit an meinem Tisch sitzen; denn ihr Herz . . ."

Ihr Herz? — O, schweigen Sie doch! Sie stahl ihm einmal vierzig tausend Thaler, und ging damit durch.

Diese Unverschämtheit verdroß den Baron unglaublich, und doch hielt er an sich. „Ihre Absicht war edel, Herr General. Ich gewann dadurch!"

Was gewannen Sie denn? fragte Julie empfindlich, weil sie in diesen Worten einen Vorwurf fühlte. Was gewannen Sie denn?

„Laffen Sie uns davon abbrechen! Aber darum bitte ich Sie, verschonen Sie ein Mädchen, das der Stolz Ihres Geschlechtes ist, wie der Stolz der ganzen Menschheit. Ja, ich liebe das Mädchen; noch mehr: ich achte, ich ehre es."

Und ich, sagte Hedler erbittert, halte diese Schwarze für eine verächtliche Kreatur, die mit ihrer List Sie zum Narren hat.

Jetzt verlor der Baron die Fassung; seine Lippen bebten, seine Augen blitzten. Iglou sagte ihm zitternd und in dem flehendsten Tone: bonus nulla affici contumelia potest *)! Hedler

*) Den Rechtschaffenen kann keine Beschimpfung treffen.

sprang auf, faßte Iglou heftig an, und rief: schweig, Elende! und vergiß die Achtung nicht, die du uns schuldig bist! — Auch der Baron sprang auf, und rief, vor Zorn bebend: „Achtung? Ihnen Achtung? Sie sind ja nicht einmal fähig, dem Mädchen die Achtung zu erweisen, die es verdient. Wahrhaftig, Sie sollten nicht so reden; ich kenne Sie ja!"

Julie erröthete, und wurde erbittert, weil der Baron die Worte: „ich kenne Sie ja!" mit einem spottend mitleidigen Lächeln sagte. Sie weinte vor Zorn. Der General sprang, als er ihre Thränen sah, mit seiner gewöhnlichen Wildheit auf, und rief in schrecklichem Tone Iglou zu: Bestie! fort, oder du bist verloren! Der Baron trat schnell vor Iglou hin. „Bei Gott!" rief er außer sich; „es soll ihr Niemand etwas zu leide thun um einer verächtlichen Buhlerin willen!" Julie tobte; Hedler knirschte mit den Zähnen; der General fluchte. Wart! rief der General; plündern will ich das Dorf lassen! Plündert! — Bei diesem Worte rannten ein Paar Husaren, die aufwarteten, in das Dorf hinunter, und riefen: plündert! der General will es! Die Husaren fingen sogleich an, den willkommnen Befehl zu erfüllen. Die Bauern wollten Einhalt thun, und die wilden Feinde zogen die

Säbel. In dem Tumulte, der immer zunahm, wurde ein Russe niedergeschlagen. Nun ging ein fürchterliches Gemetzel an. Die unglücklichen Einwohner flohen, und die Husaren steckten zur Rache ein Paar Häuser in Brand. Der Wind trieb die Flamme von Haus zu Haus. „O Gott im Himmel!" rief der Baron, als er die Flamme aufsteigen sah. „Julie!" rief er erschüttert; „helfen Sie! retten Sie!" Julie bat den General, Einhalt zu thun, und rang die Hände. Der General fluchte und tobte. Erst hetzt ihr mich, sagte er unwillig; dann soll ich helfen! Er rief aus dem Fenster den wüthenden Leuten zu, inne zu halten, und schickte Officier hinunter. Aber zu helfen war nicht mehr; hier schlug eine Flamme heraus, dort wieder eine. Die Einwohner verkrochen sich in die Häuser, und die Flammen trieben sie hinaus in die Säbel der Wüthenden. Ein lautes Jammergeschrei drang zum Himmel.

Feuer! schrie man jetzt im Schlosse selbst; und bald nahm die Flamme überhand. Der Lärm wurde immer betäubender; man packte ein, und spannte die Pferde an. Noch unter den fallenden Trümmern plünderten die Husaren. Der General ließ Appel blasen, und das Regiment sammelte sich, indeß hier ein Haus, und dort wieder eins stürzte. Lissow eilte die Gassen auf

und nieder, und rief mit gräßlicher Stimme:
„meine Kinder! meine Kinder!" Er hatte sie
in ein Haus verschlossen, um sie gegen die Grau-
samkeit der Husaren zu schützen; und als er nun
nach dem Schlosse eilte, um den Baron zu suchen,
wurde das Haus plötzlich von den Flammen ergriffen. Er wollte wieder dahin; doch die Säbel
der Husaren hielten ihn ab. Jetzt wollte er durch
die Gärten; aber auch dort wurde er zurückgetrie-
ben. Nur nach einer langen und gewaltigen Anstrengung kam er wieder zu dem Hause, worin
seine Kinder waren.

O Entsetzen! Da lag der alte Grumbach,
von einem Säbelhiebe niedergestreckt, am Boden,
und athmete kaum noch. Das Haus, worin er
die Kinder verschlossen hatte, war von oben bis
unten Eine große Flamme. „Wo sind meine
Kinder?" schrie Lissow dem Alten zu, und rang
die Hände. — Grumbach erwiederte matt: ich
wollte sie retten, als das Haus brannte; da
schlug ein Unmensch mich nieder. Ich hörte ihr
Jammergeschrei, und verlor die Sinne. Sind
sie gerettet? Ich weiß es nicht.

Lissow half dem Alten auf, verband seine
Wunde in der Schulter, brachte ihn dann mit
Hülfe eines Bauern aus dem Dorfe, und über-
gab ihn einigen Landleuten, die ihn einer um den

andern trugen. Er selbst eilte den übrigen Flüchtigen nach, und fand den Prediger, dessen Schwester, den Justiz-Amtmann mit seiner Familie;
aber niemand wußte etwas von seinen Kindern.
Lissow rannte verzweifelnd in das Dorf zurück,
und drang durch Flammen, durch fallende Balken. Vergebens; seine Kinder waren nicht da.
Er würde sich in die Flammen gestürzt haben,
wenn der alte Grumbach nicht seine Hülfe nöthig
gehabt hätte. Starr, wie eine Bildsäule des
Schreckens, stand er allein da, mitten in einer
gräßlichen Einsamkeit. Kein Seufzer tönte mehr;
nur der dumpfe Schall eines zusammenstürzenden
Hauses, und das Knistern der Flamme störte zuweilen die Grabesstille der Verwüstung.

Noch war eine Hoffnung für den unglücklichen
Vater übrig. Vielleicht, dachte er, hat der Baron oder Iglou sie gerettet. Jetzt eben kam ein
Bauer durch die Flammen gestürzt. „Hast du
meine Kinder gesehen?" fragte ihn Lissow. —
Nein! — „Oder den Baron, oder Iglou?" —
Der Baron ist todt; Iglou schleppen die Husaren mit weg. — Auch diese Hoffnung war also
dahin.

Lissow eilte wieder rund umher, und rief mit
lauter verzweifelnder Stimme seine Kinder bei
Nahmen; niemand antwortete. Er suchte die

Flüchtigen wieder auf, um zu hören, ob die Kinder sich gefunden hätten. Sie fehlten und mit ihnen der Baron, Iglou und einige Wenige, die unter den Säbeln der Husaren gefallen waren. An dem Tode des Barons zweifelte niemand. Mehrere hatten ihn fallen, mehrere ihn todt gesehen. Iglou war mit fortgeschleppt. „Und meine Kinder! auch die!" sagte Lissow, und rang die Hände; „was thaten die Unschuldigen!"

Einige Bauern hatten die Kinder sogar noch in dem brennenden Hause gesehen, als es eben eingestürzt war. Alle Umstände trafen zusammen. Der unglückliche Vater konnte an ihrem gräßlichen Tode nicht mehr zweifeln. Er hatte jetzt seine Jakobine noch einmal verloren, und sank wieder in die alte Verzweiflung zurück.

Es verhielt sich wirklich so, wie die Augenzeugen erzählten; die Kinder waren in dem brennenden Hause, noch kurz vorher, ehe es ganz zusammenstürzte, und als das Dach schon niedersank. Da aber kam der Mörder ihrer Mutter, Rheinfelden, sie zu retten. Schon am Morgen zogen die Husaren durch den Wald, worin er sich aufhielt. Er folgte ihnen von weitem, sah sie in Zaringen einrücken, und blieb in der Nähe des Dorfes, um es zu beobachten. Auf einmal

schlug

schlug die Flamme aus einem Hause hervor, und der Ritter lief durch den Schloßgarten in das Dorf. Er irrte vorsichtig in dem Tumult umher, und suchte nur Lissow. Endlich entdeckte er ihn, und folgte ihm von weitem nach, damit er nahe wäre, jede Gefahr von ihm abhalten zu können. Er verlor ihn einige Male aus dem Gesichte; dann hörte er ihn laut schreien: meine Kinder! Gott, meine Kinder! Der unglückliche Lissow streckte die Hände nach einem brennenden Hause aus, und wollte sich durchschlagen; aber er wurde in dem Tumulte zurückgerissen. Rheinfelden, der besonnen genug war, alles zu sehen, bemerkte einen Weg durch die Gärten. Er drängte sich mit kühner Entschlossenheit durch das wilde Getümmel, und kam glücklich in das brennende Haus, worin Lissows Kinder sich befanden.

Der Knabe war entschlossen gewesen, das Haus zu verlassen; aber die kleine Jakobine wollte schlechterdings nicht heraus, weil ein Husar vor ihren Augen eine Frau und dann sogar auch ihren Großvater niedergehauen hatte. Sie zitterte, und war nicht wegzubringen. Wir werden verbrennen, Jakobine! sagte ihr Bruder, und wollte sie hinausführen; aber sie schrie laut, und riß sich von ihm los. Der Knabe wurde

Flaming IV.   G

bleich, als er die Flamme immer näher kommen
sah, und bat Jakobinen, mit ihm zu gehen. Vergebens; sie befürchtete, ermordet zu werden. Gut,
so will ich mit dir sterben! sagte der kleine Lissow, und umarmte seine weinende Schwester.
In diesem Augenblicke — die Treppe im Hause
brannte schon — flog die Thür auf. Der Ritter stürzte in das Zimmer herein; und mit ihm
schlug die Flamme dem Zuge der Luft nach. Er
hob Jakobinen auf seinen Arm, nahm den Knaben bei der Hand, war in zwei Sätzen durch die
Flamme, und hinter ihm stürzte die Treppe. Alle
drei blieben unbeschädigt; nur ihre Haare waren versengt, die Kleider von Funken ergriffen.
Schnell eilte der Ritter mit den Kindern durch
den Tumult auf das Feld, und verbarg sich hinter einigen Gebüschen. Aber er mußte weiter,
da die Wagen der Husaren anrückten. Nun
wollte er seitwärts ausbeugen und wieder nach
dem Dorfe hin; doch auch von daher kamen Husaren. Es war ihm unmöglich, das Dorf wieder zu erreichen, weil die Husaren langsam hinter ihm aufmarschirten. Er wußte die Ursache
des Plünderns, des Gemetzels nicht, fürchtete
daher das Aergste, und trug Jakobinen, die sich
gar nicht von ihrer Angst erholen konnte, immer weiter. Als er eine ziemliche Strecke von

den Husaren entfernt war, sezte er das Mädchen nieder. Sie verlangte nach ihrem Vater;
und er sagte ihr: der sey vorauf gegangen. Nun
hatte Jakobine auf einmal alle ihre Kräfte wieder,
und eilte mit vorwärts. Noch immer stieg hinter ihnen und von allen Seiten der Staub des
fortrückenden Regiments auf. Als der Ritter
einige Stunden so gegangen war, fand er einen
Marketender, und bat ihn, die Kinder auf seinen
Karren zu nehmen. Der Marketender nahm sie
auf, fuhr weiter, bis Abends spät, wo er endlich fütterte und ein Feuer anzündete. Rheinfelden wußte nicht mehr, welcher Weg ihn nach
Zaringen führen sollte; und auch der Marketender, der selbst fremd war, und sich von einem
Infanterie-Regimente, zu dem er gehörte, verloren hatte, konnte ihn nicht zurecht weisen.
In der ganzen menschenleeren Gegend war kein
Bote zu haben, der dem unglücklichen Lissow
hätte ankündigen können, daß seine Kinder noch
lebten. Der Ritter sah sich, weil Jakobine von
dem Schrecken Fieberanfälle bekommen hatte, am
folgenden Tage gezwungen, mit dem Marketender weiter zu ziehen, um ein Fuhrwerk für das
Kind zu haben. So entfernte er sich mit den
beiden Kindern immer mehr von Zaringen und
dem unglücklichen Lissow. Er gewann den Mar-

ketender durch ein Paar Goldstücke, ihn für seinen Knecht auszugeben, und nun befand er sich
nach einigen Tagen mitten in der Russischen
Armee.

Jetzt gab er sich alle ersinnliche Mühe, etwas
von Lissow und dem Baron zu erfahren; aber
niemand konnte ihm mehr sagen, als daß Zärin-
gen ganz niedergebrannt wäre und alle Einwohner sich zerstreuet hätten. Endlich verschaffte er
sich einen Paß von dem Russischen General, und
ging nun mit den beiden Kindern nach Berlin.
Hier ließ er eine Anzeige für Lissow in alle Zeitungen setzen; aber es war unmöglich, Nachrichten
aus dem Rücken der Russischen Armee zu bekommen. So mußte der Ritter es dem Schicksale
überlassen, ob Lissow die Rettung seiner Kinder
erfahren würde. Er ging, nachdem er lange vergebens gehofft hatte, mit den beiden Kindern endlich auf seine Güter; und nun erst schien es ihm,
als ob Jakobine mit ihm versöhnt sey, und der
Himmel ihm verziehen habe.

Auch der Baron war so wenig todt, wie
Lissows Kinder. Er warf sich mit einigen Offi-
cieren unter die Plünderer, vergaß, daß er jetzt
nichts zu befehlen hatte, riß einen Husaren von
hinten zurück, und stürzte von einem Säbelhiebe,
der indeß nicht gefährlich war, zu Boden.

Schrecken und Blutverluſt hatten ihn blaß gemacht. So ſahen einige Bauern ihn liegen, und
hielten ihn für todt. Iglou ſchrie laut. Gleich
einer wüthenden Löwin drängte ſie ſich durch den
Haufen, und ſuchte den Baron, von dem ſie ge-
trennt war. Julie hatte ihr ein Paar Huſaren
mitgegeben, welche ſie ſchützen ſollten. Dieſe
gingen neben ihr, und hatten ſie angefaßt. Natürlich glaubte man nun, ſie ſey von den Ruſſen
weggeſchleppt. Sie fand endlich den Baron,
warf ſich über ihn her, und jammerte vor Verzweiflung. Es war ein rührendes Schauſpiel,
als Iglou neben dem Baron auf den Knieen lag,
ſeine Hände küßte, und des Wundarztes Knie
umfaßte, weil er ſagte: die Wunde hat nichts
zu bedeuten.

Der Baron erholte ſich endlich, und ging mit
ihr. Julie fuhr in ihrem Wagen an ihnen vorbei, ließ halten, und rief aus dem Fenſter ihnen
zu: vergeben Sie mir, Herr Baron; ich bin
mehr beſtraft als Sie. Sie riß eine mit Brillanten beſetzte Uhr hervor, und gab ſie einem Huſaren, daß er ſie dem Baron bringen ſollte. Dieſer ſchlug ſie mit einem verachtenden Blicke aus,
zeigte auf die Brandſtätte, und ſagte: „ſieh
hin und freue dich; das iſt dein Werk! Dieſer
Anblick begleite dich durch dein ganzes elendes Le-

ben!" Julie wurde bleich. Es war mein Wille
nicht! rief sie schmerzlich und ganz außer sich:
was machen Sie mir Vorwürfe? Sie warf ihm
die Uhr zu; und er gab sie einem Husaren. Julie fuhr traurig ab, und Iglou führte nun den
Baron in den Wald, zu Rheinfeldens Hütte.

Erst unterweges fragte der Baron nach dem
Schicksale seiner Freunde. Iglou meinte, sie
wären alle glücklich entkommen; doch mit Sicherheit wußte sie es nicht, da sie sich ganz allein um
den Baron bekümmert hatte. Diese treue Anhäng-
lichkeit rührte ihn unaussprechlich. Er blieb stehen, umfaßte sie mit dem rechten Arme, und
sagte innig, mit Thränen in den Augen: "Iglou!
meine gute Iglou!" Jetzt erst, da seine heftigen
Leidenschaften vorüber waren, und andere Empfindungen sich in seine Seele drängten, fing er
auf einmal an, den Schmerz seiner Wunde, seine
Schwäche, und seinen Verlust zu fühlen. Er
setzte sich kraftlos mit Iglou unter einen Baum,
und fragte, wohin sie ihn zu führen gedächte.
An einen Ort, der dich in Sicherheit bringt, antwortete sie, und redete ihm zu, noch den kurzen
Weg zu machen. Er wurde mehr von ihr getragen, als er ging, und endlich kam er mit Iglou
zu Rheinfeldens Hütte. Gegen Iglou's Erwartung war der Ritter nicht da. Dies, sagte sie

mit Thränen in den Augen, soll deine Wohnung
seyn, bis uns ein hellerer Himmel lacht. Wenn
treue, zärtliche Liebe dich glücklich machen kann,
so sollst du es hier werden.

Der Baron wunderte sich, als er hier Bequemlichkeiten fand, welche diese Wildniß nicht
versprach. Ich habe, sagte Iglou, unser Geschick geahnet, und für die Zukunft gesorgt. Sie
entkleidete den Baron, weil er den linken Arm
nicht brauchen konnte, und brachte ihn zu Bett.
Dann zündete sie Feuer an, und kochte ihm ein
Gericht, das er mit ihr von Einem Teller aß.
Nun holte sie ihre Laute hervor, und sang ihm
sanfte Lieder voll Geduld und Ergebung. „Iglou!
herzensgute Iglou!" rief er noch einmal, streckte
ihr die Hand entgegen, küßte ihren Mund, und
schlummerte dann, ruhiger als er gehofft hatte,
unter ihren sanften Melodieen ein.

Am folgenden Morgen, als er die Augen aufschlug, fand er das Frühstück schon fertig. Iglou
hatte nehmlich, als die Durchzüge der Truppen
häufiger wurden, sehr viel hierher getragen, um
es vor den Russen zu sichern. Sie verband nun
seine Wunde, und erheiterte ihn dann mit Erzählungen, mit Gesang, mit Musik. Der Tag verging dem Baron, wie eine Feierstunde. Er bat
Iglou, einmal in das Dorf zu gehen und sich um

Nachricht von seinen Freunden zu bemühen; aber
das schlug sie ihm ab. Als er die Ursache ihrer
Weigerung zu wissen verlangte, sagte sie: ich selbst
möchte gern Nachricht haben; doch ich gehe nicht.
Man könnte mich erblicken, mich wegschleppen,
mich sogar tödten. Wenn du gesund wärst, möchte
man das; ich stürbe dann für dich. Aber jetzt?
Wer sollte dich pflegen, wer für dich sorgen, wer
dein Essen bereiten? Jetzt bin ich dir nothwendig.
Sobald du mich entbehren kannst, will ich gehen;
dann wage ich nur mein, und nicht auch dein
Leben. Der Baron antwortete ihr mit zärtlichen
Blicken, und Iglou wich nicht eine Stunde von
seinem Lager.

Iglou würde, wenn sie auch wirklich nach dem
Dorfe gegangen wäre, keinen Bekannten angetrof-
fen haben. Freilich flohen die unglücklichen Einwohner von Zaringen, als das erste Schrecken
vorüber war, nicht weiter. Auf Lissows Antrieb,
der noch immer glaubte seine Kinder wieder zu
finden, nahmen viele fürs erste ihren Aufenthalt
in einem Walde bei dem Dorfe, und in der Nacht
untersuchten sie, ob noch etwas zu retten sey; aber
sie fanden nichts als glühende Schutthaufen. Lissow drang darauf, man sollte sich, so gut man
könnte, einige Hütten erbauen, da die Ernte noch
stehe, und also Lebensunterhalt für den Winter

da sey; aber auch diese Hoffnung war bald vernichtet. Am folgenden Morgen trieb eine Menge
Wagen, das Gepäck der Ruffischen Armee, die
Unglücklichen aufs neue in den Wald. Die Ernte
wurde nun sogleich abgeschnitten und den Pferden
vorgeworfen, oder verwüstet. Trostlos sahen die
Armen einander an, und schwiegen in starrer Verzweiflung.

Grumbach ließ die ganze Gemeinde in einen
Kreis treten, und redete ihr zu, den Muth nicht
sinken zu lassen. Der Baron lebt noch, sagte er.
Wäre er todt, so würden wir seinen Leichnam gefunden haben. Nun, ihr kennt ihn ja, meine
Lieben; er wird euch nicht verlassen. Eure Aecker
bleiben euch, und Hütten werdet ihr wieder bekommen. Ihr habt noch nichts verloren, meine
Freunde, wenn ihr Muth und Vertrauen auf die
Vorsehung behaltet. Sonst waret ihr glücklich;
jetzt beweiset durch Geduld und Muth, daß ihr
es zu seyn verdientet.

Man hielt nun Rath, was zu thun sey. Zaringen lag an der Heerstraße, die zu der Oder
führt; folglich mußte man ewige Durchmärsche
der Armeen, und mit ihnen auch neue Verwü-
stungen, befürchten. Zwar besaß jede Familie noch
einen kleinen Geldvorrath, den die Hausmütter
auf Grumbachs Antrieb schon früh in die Kleider

genähet hatten; aber den an eine ungewiſſe Hoffnung zu wagen, wäre nicht vernünftig geweſen,
da der Krieg noch lange fortdauern konnte. Man
beſchloß einmüthig, den Frieden, oder doch gewiſſere Hoffnungen zu ihm, geduldig abzuwarten.
Wenn der Baron lebt, ſagte Grumbach, und wir
etwas von ihm erfahren, oder unſere Hoffnungen
beſſer werden, ſo laſſen wir die Zaringer in der
Berliniſchen Zeitung auffordern. Bis dahin,
meine Kinder, thue jeder von euch, was ihn gut
dünkt. Wir können nicht beiſammen bleiben;
Trennung iſt nothwendig. Aber zieht euch, wenn
ihr meinem Rathe folgen wollt, weiter gegen die
Gränze von Preußen. An der Oder iſt der Aufenthalt der Armeen. Haltet euch ſo entfernt von
ihnen wie möglich, oder ſucht euer Brot bei der
Armee ſelbſt.

Der Prediger hielt nun noch eine kleine Ermahnung an ſie, worin er ſie bat, tugendhaft zu
bleiben. Alle verſprachen es ſich unter einander,
laut weinend. Man ging noch einige Tage in
Geſellſchaft; dann trennten ſich die Familien nach
und nach. Der Prediger, Grumbach und Liſſow
blieben zuſammen, um in Königsberg Ruhe zu
ſuchen. Der Amtmann ging nach Stettin, wo
er Verwandte hatte.

Das alles geſchah nicht unvorbereitet; Grum

bach hatte hierüber, als über einen möglichen Fall, oft mit dem Baron gesprochen, und dieſer konnte alſo ziemlich ſicher wiſſen, wo ſeine Freunde und ſeine Unterthanen ſich aufhalten würden. Man trennte ſich, in der Hoffnung, einander wieder zu finden.

Der Baron ſetzte indeſſen ſein Einſiedlerleben mit Iglou fort, und erkannte immer mehr, wie reich des Mädchens Herz an Liebe, Tugend und Freundſchaft war. Sein Verluſt hatte größere Wirkung auf ihn gethan, als er dachte. Er über- rechnete in Gedanken, wie viel ihm noch übrig bleiben würde, wenn er ſeine Güter wieder in den Stand ſetzen wollte, in welchem ſie geweſen wa- ren. Unfehlbar mußten Wohnung und Viehſtand allein beinahe alles wegnehmen, was er noch etwa aus dem Bankerot des Handlungshauſes zu retten hoffen konnte.

Je mehr er dieſen Gedanken nachhing, deſto tiefer und ſchmerzlicher fühlte er ſeinen Verluſt. Das einzige Buch, das er, nebſt einigen Heften über ſein Menſchenracen-Syſtem, gerettet hatte, war ein Band vom Seneca. Er ließ ſich von Iglou die Schrift: de consolatione (vom Troſte) wohl hundertmal vorleſen, beſonders die Stellen, welche die Troſtgründe gegen Armuth enthalten. Aber er fühlte jetzt, daß es ein An-

deres ist, bei Reichthum über Armuth zu philosophiren, als bei Mangel und Noth. Doch, wenn
er schwermüthig wurde, so setzte Iglou sich hin,
und kommentirte eine Stelle, bei der sie im Vorlesen abgebrochen hatte, mit einem tröstenden Gesange, und mit Versicherungen ihrer ewigen Liebe.
Bald erinnerte sie den Baron, daß der nicht arm
ist, der aus dem Schiffbruche seines Glückes noch
einen Freund gerettet hat; bald erheiterte sie ihn
mit den Bildern einer lachenden Zukunft, mit
Hoffnungen, die ihr Glaube zur Gewißheit erhob.
Kurz, Iglou's Liebe tröstete ihn mehr, als Seneca's Schriften de consolatione, de constan-
tia sapientis, de providentia *). Durch ihre
Heiterkeit, ihre Geduld bekam auch er Geduld
und Heiterkeit wieder.

Seine Wunde schloß sich, und er fand nun
Geschmack an diesem Einsiedlerleben. Was könnte
durch die Liebe nicht Reitze erhalten! — Mit un-
erschöpflicher Erfindsamkeit wußte Iglou alle Bedürfnisse des Lebens anzuschaffen, oder zu verfertigen. Der Baron konnte nicht länger zusehen,
wie seine gute Iglou alles für ihn that, und er
für sie nichts. Er fing nun an, die Sorgen der
Haushaltung mit ihr zu theilen; und diese Be-

*) Vom Troste; von der Standhaftigkeit des Weisen;
von der Vorsehung.

schäftigungen, die er sonst verachtet hatte, rissen
ihm den Tag schneller hin, als ehemals seine Bücher und seine Spekulationen. Jetzt begriff er,
wie die rohen Völker in dem Kreise ihrer Beschäftigungen das ganze Leben zubringen und glücklich
seyn können, ohne je darüber zu philosophiren.
Er sammelte auf seinen ehemaligen Feldern und in
seinen Gärten Wurzeln, Gemüse für den Winter
ein, auf den Fall, daß er gezwungen wäre, noch
länger mit Iglou hier zu bleiben; er vergaß den
Seneca und alle seine Systeme über einen Keller
für seine Lebensmittel, den er graben wollte. Freilich machte er einige Male Versuche, mit Iglou
aus dem öden Walde wegzukommen und eine
Stadt zu erreichen; aber die ganze Gegend war
mit räuberischen Kosaken bedeckt, und menschenleer. Wenn er ja einmal einen Menschen antraf,
so hörte er weiter nichts, als Erzählungen von
den Grausamkeiten der Feinde. Bei diesen Umständen hatte Iglou nicht viele Mühe, ihn zu bereden, daß er wieder umkehrte. Diese Versuche
dienten zu weiter nichts, als daß der Baron ein-
sehen lernte, woher die wilden Nationen so scharfe
Sinne haben und alle äußeren Gegenstände sich
so genau merken können.

Ehe der Baron und Iglou ihren sichern Aufenthalt verließen, besprachen sie sich über die Mittel,

ihn wieder aufzufinden, wenn sie etwa nicht fort=
kommen könnten. Sie gingen nur bei Nacht;
am Tage verbargen sie sich in Gehölze oder Wal=
dungen. Iglou rieth dem Baron, auf die Sterne,
auf den Zug der Luft, und auf andre Umstände
zu merken. Er horchte bei jedem kleinen Geräu=
sche, und bestieg mit Iglou jeden Hügel, um zu
sehen, ob nicht etwa Kosaken zu entdecken wären.
Dies that er mit aller möglichen Anstrengung,
und sah und hörte nun in Kurzem so scharf, wie
er es einem Celten nie zugetrauet hatte.

Sieh, sagte Iglou, so macht man bei uns
alle Reisen, ja noch mit weit größerer Vorsicht.
Wilde Thiere, und noch wildere Menschen, dro=
hen dem Reisenden den Tod. Meine Landsleute
müssen ihre Sinne wohl schärfen. Wir können
an den Fußstapfen die feindlichen Horden unter=
scheiden, so wie du jetzt sehen lernst, ob die Spu=
ren der wilden Kosaken neu oder schon älter sind.
In Strecken von zwanzig Meilen, und oft noch
weiter, findest du bei uns keine Hütte. Wege sind
in dem Sande gar nicht zu sehen; und wer sich
irrt, ist verloren. Daher merken wir so genau auf
alles Auszeichnende, auf jeden einzelnen Strauch.
Wir gewöhnen uns sogar, uns eine Gegend aus
einem andern Punkte zu denken, als in dem wir
stehen; und es gelingt uns: denn die Gefahr

macht dem Menſchen alles möglich. Du glaubſt
nicht, wie viel beſſer meine Landsleute ſich auf ihre
Sinne verlaſſen können, als hier die Deutſchen.
Aber natürlich! Ihr habt hier Dorf an Dorf,
Stadt an Stadt, Weg an Weg, Meilenzeiger,
allenthalben Menſchen, die ihr fragen könnt; wozu hättet ihr nun ſo ſcharfe Augen und Ohren
nöthig? Doch der Jäger, der ſie braucht, hat ſie
faſt eben ſo ſcharf, wie meine Landsleute.

Iglou erzählte das nur, um dem Baron die
Zeit zu vertreiben, und wußte nicht, daß ſie dadurch einen Theil ſeines Syſtems von den Men-
ſchen-Racen umwarf. „Die ſchlechteren Men-
ſchen-Racen,” hatte der Baron wohl hundertmal geſagt, „haben ſchärfere Sinne, als die
Celten;” und nun lernte er hier aus eigener Erfahrung, daß Uebung und Noth auch dem Celten
dieſe ſcharfen Sinne geben. Er ſelbſt hörte jetzt,
weil er vor den Koſaken und ihren Säbeln zitterte, in der größten Ferne das Wiehern und den
Gang der Pferde. Sein Leben hing davon ab,
die Hütte im Walde wieder zu finden; und nun
war der Weg, den er über Felder und durch Hei-
den nehmen mußte, ſo beſtimmt und lebendig in
ſeiner Phantaſie, daß er ſich getrauete, ohne
Iglou ihn wieder zu gehen. Er konnte jetzt mit
Iglou um die Wette, auch in beträchtlicher Ent-

fernung, Felder, wo Rüben oder Herbstgemüse
standen, von allen andern unterscheiden. So
schlimm hatte noch niemand seinem Systeme mit-
gespielt, wie jetzt er selbst.

Der Baron und Iglou gingen nach einem
vergeblichen Versuche von einigen Tagen denselben
Weg, den sie gekommen waren, zurück, ohne zu
fehlen, und erreichten ihre Hütte wieder. Nun
verschob der Baron seine Reise bis auf den Winter, und machte mit Iglou Anstalt, auf allen
Fall noch drei Monathe da leben zu können.
Beide sammelten die Ueberreste von Obst in Zaringen; und selbst die nicht eingestürzten Rauch-
fänge einiger Hütten verschafften ihnen einen Vor-
rath von Lebensmitteln. Sie gruben den Schutt
des Schlosses auf, um zu dem Keller zu kommen,
und waren so glücklich, ihn zu öffnen. So verschwanden durch Nachdenken und Arbeitsamkeit
alle ihre Sorgen, und der Baron wurde heiter,
weil seine Plane ihm so gut gelangen. Iglou be-
reicherte die kleine Wirthschaft noch mit mancher
Bequemlichkeit, die sie unter dem Schutte fand,
und brachte einmal sogar auch einige Bücher mit,
die der Zufall ihr gegeben hatte. Der Baron
warf sie verächtlich an die Seite, und sagte:
„Iglou, ich lerne immer mehr, daß Weisheit
und Glück nicht in Büchern, sondern in dem Her-

zen

zen der Menschen wohnen!" Iglou lächelte ihm
Beifall zu.

Sobald die nothwendigen Arbeiten gethan,
die Hütte gegen die Kälte des Winters geschützt,
ein Holzvorrath angeschafft, die Lebensmittel gegen Fäulniß und Frost gesichert waren: sorgten
der Baron und Iglou auch für das Vergnügen,
für die Bequemlichkeit. Noch nie fühlte er sich
so heiter, so zufrieden, als jetzt, wenn er mit
Iglou den Tag über gearbeitet hatte, sich nun
Abends ermüdet in einen von ihm selbst gezimmer-
ten Lehnstuhl warf, und Iglou dann die Laute
nahm, um ihren Gesang damit zu begleiten.
Aber nie war auch sein Herz so voll von Iglou
gewesen, wie jetzt. Er hatte sie Anfangs für sich
arbeiten lassen; jetzt fand er Vergnügen daran,
für sie zu arbeiten. Es war ihm unmöglich, eine
Bequemlichkeit zu genießen, die Iglou nicht mit
ihm theilte; und er empfand ganz bestimmt ein höheres, verlangenderes Wohlwollen für sie in seiner
Seele. Ihre Gesänge drangen nun tiefer in sein
Herz, und versetzten ihn in dunkle, sehnsuchts-
volle Träumereien. Er konnte jetzt mit Wohlgefallen ihre Gestalt betrachten, und sie schien ihm
noch einmal so edel, so schlank, als sonst. Oft
saß er neben ihr, hielt ihre Hand, seufzte,
schwieg, und war dennoch glücklich. Er fing an,

jede Beschäftigung mit ihr zu theilen, half ihr in
der Küche, bei der Wäsche, oder stand doch neben
ihr, sah ihr zu, und sprach mit ihr.

Kurz, Iglou's tausendfältige Dienste, ihre
Freundschaft, ihre Treue, ihre innige Liebe, ihr
Geist, ihr Charakter, ihre Tugend machten endlich tiefen Eindruck auf das Herz des Barons;
und ihre Liebkosungen, ihre Umarmungen, ihr
zärtliches Hingeben, das durch keinen fremden
Eindruck mehr gestört wurde, erregten auch seine
Sinnlichkeit. Er sah kein andres weibliches Geschöpf mehr, als seine Iglou. Schon längst
war sie ihm nicht mehr häßlich gewesen, und jetzt
fing sie an, ihm sogar reizend zu scheinen. In
der stillen Abenddämmerung, saß er so oft bei ihr,
wenn sie die Laute spielte, und hatte seinen Arm
um sie geschlungen. Dann drückte er sie zärtlich
an sich; und sie erwiederte seine Liebkosungen.
Er lag an ihrem Busen, an ihren Lippen, und
seine Phantasie wurde aufgeregt. Iglou war
ja das einzige Geschöpf, dem er seine Empfindungen mittheilen konnte; und natürlicher Weise
hatten auch alle seine Empfindungen nur sie zum
Gegenstande. Ohne es selbst zu wissen, liebte er
sie wirklich. Er nannte seine Empfindung:
Freundschaft; aber sie war die zärtlichste Liebe
geworden.

Allmählich stiegen Begierden, Ahnungen, Sehnsucht und Wünsche bei ihm auf, die ihn über die Natur seiner Gefühle zweifelhaft machten. Besonders war Abends sein Herz gewöhnlich so voll, daß er sich gestehen mußte, seine Empfindung für Iglou sey anders als sonst. Eines Abends, da sie wieder neben ihm saß, ihm vorsang, und er seinen Arm um ihren Leib geschlungen hatte, drückte er sie auf einmal heftig an sich, und rief: „o, meine geliebte Thusnelde!" Dies Wort vollendete. Dunkle Empfindungen, welche ehemaligen ähnlich waren, hatten es hervorgerufen, und es gab nun diesen dunkeln Empfindungen einen hohen Grad von Klarheit und Stärke.

Die Gefühle, die er einmal in Juliens buhlerischen Umarmungen gehabt hatte, erwachten wieder in ihm, und hefteten sich auf Iglou. Sie schien ihm jetzt so schön, so lockend, so reitzend, wie ehemals Julie, ja noch reitzender, da ihre Tugenden mehr Liebe verdienten. Er schlang beide Arme um seine neue Thusnelde, drückte sie mit Heftigkeit an sich, und sagte ihr, daß er unaussprechliche Liebe für sie fühle. Nun endlich kam der süße selige Augenblick für Iglou, da ihre treue, heiße Liebe durch Gegenliebe belohnt wurde. Schon längst hatte sie alle Hoffnung

dazu aufgegeben, und auch jetzt konnte sie sich
noch nicht überreden, daß ihr allzu großes Glück
wirklich sey. Sie glaubte seinen furchtsamen,
zitternden Bitten um Gegenliebe noch nicht,
nicht dem Taumel, worin ihr Händedruck, ihre
Seufzer, ihre Liebkosungen ihn versetzten. Dies
alles schien ihr eine überspannte Dankbarkeit, eine
stürmische Ueberraschung seiner Sinne, wie in
jener Nacht zu Frankfurt. Nein, rief sie, und
drängte ihn mit schwacher, zitternder Hand von
ihrer Brust zurück: nein, du liebst mich nicht!
du kannst mich nicht lieben! O, gieb mir keine
Hoffnungen, die nicht erfüllt werden können!
Sie würden den letzten Keim meines Lebens
tödten.

„Iglou," sagte der Baron mit Innigkeit,
„ich liebe dich. Ja, theure Iglou, ich liebe
dich unaussprechlich! Ach, lange habe ich selbst
daran gezweifelt; doch nun fühle ich, daß ich
ohne deinen Besitz nicht leben kann." Iglou
war voll der seligsten Freude. Laut weinend
lehnte sie ihr Gesicht auf seine Schulter, und ihr
Herz schlug vor hoher Wonne, ihre Arme zit=
terten. Jetzt fing sie an zu glauben, daß er sie
liebe, und doch zweifelte bald sie wieder. Sie
drückte ihn an ihre Brust, wollte sich von ihm
losreißen, und schlang die Arme nur noch fester

um ihn. Ihre innige Bewegung ergoß sich auch in das Herz des Barons. Er fühlte in diesem Augenblicke die reine Seligkeit der heiligsten Liebe; seine Sinnlichkeit war verschwunden, und eine unnennbare Ruhe, eine himmlische Zufriedenheit an ihre Stelle getreten. Er faßte Iglou's Hand, und bat sie, sich neben ihn zu setzen. Nun beschrieb er ihr genau seine ehemaligen Empfindungen für sie, und dann auch seine gegenwärtigen. Nach jedem neuen Symptome fragte er: sag, Iglou, ist das nicht Liebe? heiße Liebe?

Er verhehlte ihr nicht, wie der Nahme „Thusnelde!" aus seinem Munde gekommen war, und was er bei ihm gewirkt hatte. „Aber, liebe Iglou," fuhr er fort; „selbst aus dieser sinnlichen Empfindung beweise ich dir, daß ich dich liebe, daß ich ohne deinen Besitz nicht glücklich seyn kann. Ja, Iglou, du mußt mein werden. Meine Hand, mein Herz, mein Nahme, alles, was ich bin, ist dein. O wollte Gott, daß ein Prediger hier wäre! er sollte sogleich unsre Hände zum ewigen Bunde in einander legen. Aber sieh, Iglou! dort, dort! (Er zog sie von dem Sitze auf, und öffnete die Thür der Hütte.) Dort die Sterne, und der Ewige über ihnen, sind die Zeugen des Bundes, den ich jetzt mit dir schließe. — Willst du meine Frau seyn?"

Iglou sank voll inniger Empfindung auf die
Kniee, streckte die Hände zu dem Himmel empor,
und betete um Stärke, jetzt Nein sagen zu kön=
nen. Sie sprang wieder auf, flog an des Ba=
rons Brust, umarmte ihn heftig, und sagte mit
schmelzender Stimme: ich bitte dich um Eins.
Willst du es mir gewähren? — „Ich will es!"
erwiederte der Baron. — Sie war auf dem
Wege, ihre eigne Glückseligkeit zu hindern, und
dennoch brachte sie endlich schluchzend hervor:
nun, ich habe dein Versprechen.   Frage mich,
so lange wir allein sind, nie wieder, ob ich deine
Gattin seyn will!

Er wollte die Ursachen dieser sonderbaren
Bitte wissen; aber sie sagte ihm nur: er würde
sie in der Folge erfahren. Sie blieb unerbittlich,
so sehr der Baron auch in sie drang. In dem
Feuer des Gespräches und der Umarmungen brach
er sein Wort einmal; sie erinnerte ihn sehr ernst
daran, und er war gezwungen zu schweigen.
Iglou schloß in der ganzen Nacht kein Auge.
Am Morgen vermuthete sie, des Barons Leiden=
schaft würde sich abgekühlt haben, und nun eine
Scene, wie die in Frankfurt, erfolgen; aber er
blieb eben so zärtlich, wie er den Abend vorher
gewesen war.

Er bat Iglou, ihm wenigstens die Versiche=

rung ihrer Liebe zu geben, wenn sie ihm auch jetzt ihre Hand noch nicht versprechen wollte. Sie blickte ihm mit der innigsten Liebe in die Augen, und legte dann schweigend ihre Wange an seine Brust. Es schien ihr sonderbar, daß der Baron sich damit nicht begnügte, und in sie drang, ihm ihre Liebe mit einem bestimmten Ja zu versichern. Sie that das; doch selbst damit war er nicht zufrieden. Er warf Iglou ihre Kälte vor, und betheuerte ihr, daß sie ihn nicht halb so zärtlich liebe, wie er sie. Kurz, er beging alle die Thorheiten, zu denen die Liebe immer treibt. Die glückliche, unendlich glückliche Iglou! Alle die langen kummervollen Jahre des hoffnungslosen Grams ersetzte ihr itzt eine Minute; und dennoch schien sie nicht anders zu seyn als sonst.

Gerade das machte der Baron ihr zum Vorwurfe. So wenig er vorher den stillen Gram ihres Herzens gesehen hatte, so wenig sah er jetzt das hohe Entzücken, unter dem ihre Seele beinahe erlag. Ihre Augen hingen fast immer voll Thränen, ihre Brust arbeitete stets unter der süßen Last ihrer Gefühle. Sie mußte sich hüten ihre Augen auf den Geliebten zu richten; denn ein zärtlicher Blick von ihm setzte sie jedes Mal außer sich, so daß sie beinahe zu seinen Füßen niedergesunken wäre. Dann aber hätte er sie um-

H 4

faßt; ach! und sie wäre gewiß ihren Vorsätzen
untreu geworden.

So wahrscheinlich, so gewiß es ihr jetzt bei
seiner immer wachsenden Zärtlichkeit wurde, daß
er sie wirklich liebte, so stand doch der unglückliche Gedanke: er liebt mich nur, weil er mit mir
allein ist! immer vor ihrer Seele, und goß einen
Tropfen Wermuth in ihr Entzücken. Die Liebenden waren Beide allein, und jeden Augenblick
beisammen. Iglou's Lager stand nicht eine Elle
breit von dem seinigen entfernt. Sie hörte seine
Seufzer, er die ihrigen; und ihre Hände ruheten
verschlungen in einander, bis der Schlummer sie
trennte. Liebkosungen, Umarmungen, Betheu-
rungen ewiger Treue, flammende Liebe, Einsamkeit, Stille und Dunkelheit bekämpften das heiße
Herz des Mädchens, und zogen sie einer Schwäche
entgegen, die selbst der strengste Rigorist unter
solchen Umständen wohl nur „menschlich" ge-
nannt haben würde; und dennoch besiegte ihre
Tugend alle diese Feinde.

Iglou wußte aus des Barons eignem Munde,
daß er sie, wenn er in Frankfurt mit ihr gefallen
wäre, von dem Augenblicke an als sein Weib betrachtet haben würde; und sie kannte seine Redlichkeit. So war sie denn, wenn sie sich ihm ergab, seiner Hand gewiß; aber eben das verlieh

ihr Stärke, allen Angriffen, ihrem eigenen bren=
nenden Herzen, und — warum sollte man es
nicht sagen? — ihrer Sinnlichkeit zu widerstehen.
Vielleicht, dachte sie seufzend, verschwindet dieser
Taumel bei ihm wieder, wenn er nichts anders
ist als Sinnlichkeit. Er liebt mich wohl nur, weil
er mich mit keinem anderen weiblichen Geschöpfe
vergleichen kann. Könnte er das, ach! vielleicht
würde dann mein armes Herz wieder ein Raub
des alten Grames. Nein! und sollte mein Herz
brechen, ich gebe ihm meine Hand nicht eher, als
unter Menschen, unter den Augen der weißen
Mädchen, die alles haben, was ihm gefallen kann,
nur nicht mein Herz für ihn. — Sie blieb ihrem
Vorsatze treu, und siegte, so schwer der Baron
und ihr eignes Herz ihr den Kampf auch machten.
Mehr als Einmal schwebte sie nahe an dem Rande
des Abgrundes; aber mit der Kraft, welche wahre
Tugend im Augenblicke der Gefahr immer hat,
riß sie sich wieder zurück.

Die Tage verschwanden Beiden nun wie Au=
genblicke unter kleinen Zänkereien der Liebe, unter
Versöhnungen, unter Arbeit, Sorge für einan=
der, unter Spielereien, unter den tausend Klei=
nigkeiten, welche die Liebe so wichtig macht. Nie
war Iglou, nie war der Baron so glücklich ge=
wesen, wie hier bei so mancher Entbehrung und

H 5

mitten in der Einſamkeit. Die kleine elende Hütte wurde ein Aufenthalt des höchſten Glückes, das die Vorſehung auf der Erde ertheilen kann: ein Aufenthalt der Liebe, der Tugend und der Zufriedenheit.

Gewiß, wenn nicht Mangel, und Sorge für die Zukunft die Liebenden erinnert hätten, daß hier ihre Wohnung nicht bleiben könne: ihr Herz, ihre Wünſche würden ſie nicht daran erinnert haben. Sie hatten die Ruſſen, die ganze Erde vergeſſen, und lebten nur in ſich ſelbſt. O, wehe dem Menſchen, der, um ſich für glücklich zu halten, mehr braucht, als Liebe, Tugend, eine kleine Hütte, ein Kornfeld, und einen Garten! Iglou und der Baron bedurften nicht mehr; und hätte ſie ihm ihre Hand gegeben, ſo würde er es auch mit dem rauhen Winter aufgenommen und ſeine glückliche Stille nicht verlaſſen haben. Noth trieb ſie in die Hütte, welche Liebe ihnen zu einem Paradieſe machte; Liebe trieb ſie wieder unter die Menſchen, von denen ſie ſo gern entfernt geblieben wären.

Dem Baron wurde endlich die Hütte, die Wohnung ſeines Glückes, zuwider, und er wünſchte, ſie verlaſſen zu können, um noch glücklicher zu werden. Iglou liebte ihn, das ſah er augenſcheinlich; aber die ganze Gewalt ſeiner Liebe konnte das zärtliche Mädchen nicht dahin bringen,

ihm zu sagen, daß sie seine Gattin seyn wollte.
Er liebkoste ihr, drang in sie mit Bitten, mit
Schwüren, zärtlichen Vorwürfen, Umarmungen,
zog sie auf seine Kniee, lehnte ihre Wange an sein
Herz, mahlte ihr in dieser vertraulichen Stellung
das Glück ihrer Ehe mit den reißendsten Farben,
und lockte dadurch Thränen der Freude aus ihren
Augen, Seufzer der süßesten Sehnsucht aus ihrer
Brust. Nun fehlte nichts mehr als ihr Versprechen, seine Gattin zu werden. Es lag schon auf
den lächelnden Lippen, in den vor Freude glänzen-
den Augen. Er wollte es hervorreißen. „Nun
Iglou, theure, geliebte Iglou; willst du mein
Weib werden? Sag doch Ja; ich bitte dich bei
unsrer Liebe darum.“ Sie seufzte, legte ihm die
Hand auf den Mund, und sagte: Flaming, was
hast du mir versprochen? O, thu die Frage nicht
wieder, so lange wir allein sind. Ich kann, ich
darf sie jetzt nicht beantworten!

„Nun wohl, so laß uns die Einsamkeit verlassen, Iglou. Ohnehin kommt der Winter.“ Iglou
schwieg; ach, sie befürchtete, daß unter Menschen ihr Glück wieder zusammen stürzen würde.
Sie wollte, wenn es nur ein schöner Traum wäre,
gern noch länger so fort träumen; allein Flaming
drang mit aller ersinnlichen Gewalt auf ihre Abreise. „Ich will, ich muß wissen,“ sagte er,

„ob ich der glücklichste Mann, oder der unglück=
lichste seyn soll." Gern hätte Iglou gerufen: du
ein glücklicher Mann; ich das glücklichste Weib!
aber sie schwieg und seufzte. Beide dachten nun
mit Ernst auf ihre Abreise. Sie forschten die
Gegend aus, und fanden schon wieder hier und
da einzelne Menschen, welche ihnen die Nachricht
gaben, daß die Russen sich die Oder weiter hin=
unter gezogen hätten. Doch wäre, setzte man
hinzu, die Straße noch immer nicht sicher, weil
die Oestreichischen leichten Truppen die Verbin=
dung zwischen beiden Armeen machten.

Der Baron wollte gern nach Berlin hin, wo
seine Mutter sich jetzt bei Käthen aufhielt. Iglou
ließ sich die Wege, die Gegenden bezeichnen, welche
am sichersten waren, und Beide traten nun, mit
einer Büchse, einem Hirschfänger bewaffnet, und
mit Lebensmitteln versehen, ihre Reise an. Die
Gefahr schien ihnen größer, als sie war. Die
Russen und auch die Oestreicher hatten sich zurück=
gezogen. Nur am ersten Tage sahen sie noch Spu=
ren von Verwüstung. Den folgenden Mittag
stießen sie schon auf ein Dörfchen, wo die Ein=
wohner wieder Hütten gebauet hatten, freilich um
sie im künftigen Frühjahre noch einmal zu verlie=
ren. Des Barons Gesicht erheiterte sich, als er
das Dorf erblickte. Er schloß in froher Trunken=

heit Iglou an seine Bruſt, und weidete ſich dann
an dem Anblicke von thätigen Menſchen, die zum
Theil noch beſchäftigt waren, ſich aufs neue einzurichten. Aber auf einmal faßte er Iglou's Hand
mit einem heftigen Entzücken, und ſagte mit zitternder, froher Stimme: „nun, Iglou, ſind
wir unter Menſchen. Jetzt frage ich dich: willſt
du meine Gattin werden? Sieh hin, dort ſteht
ein Geiſtlicher. Ich habe Wort gehalten; nun
aber, liebe, theure Iglou . . .”

Iglou gerieth in Verlegenheit, weil des Barons Dringen ihre ganze Abſicht ſtörte. Aber
ſchnell fiel ihr ein Vorwand ein, den er ſelbſt gegründet finden mußte. Lieber Flaming, ſagte ſie;
wenn ich auch hier Ja ſagen wollte — was würde
es dir und mir helfen? Ich bin noch nicht getauft.

Flaming konnte die Richtigkeit dieſer Einwen-
dung nicht beſtreiten, und ſchwieg mit gerunzelter
Stirn; aber deſto ſchneller eilte er nun nach Berlin, und bezog dort ſeine vorige Wohnung, die
gerade offen ſtand. An Gelde fehlte es ihm und
Iglou nicht, da Beide ziemlich viel in ihre Kleider eingenäht hatten. Noch am Tage ſeiner Ankunft ſorgte er für Kleider, und dann ſprach er
mit einem Prediger, der Iglou unterrichten und
nachher taufen ſollte. Er ſagte Iglou, was er
gethan hatte, und bat ſie dringend, ihm nichts in

den Weg zu legen.   Sie weinte Freudenthränen;
aber dennoch forderte sie von ihm, er sollte sie
nun einen Monath lang sich selbst, der Einsamkeit
und dem Unterrichte des Predigers überlassen.
Als er eingewilligt hatte, bat sie ihn noch, bei der
Frau von Graßheim zu wohnen und von seinem
Verhältnisse mit ihr den ganzen Monath hindurch
zu schweigen.

„Wohl, Iglou! auch das!" sagte der Ba=
ron. „Aber wenn der Monath vorbei ist — was
dann? was dann?"

Dann will ich, was du wünschest.

„Was ich wünsche, Iglou? Weiter nichts
in der Welt, als deine Liebe und deinen Besitz.
Iglou, du hast Mißtrauen gegen mich. Glaube
mir, ich werde nie etwas wünschen, als den Besitz
deines Herzens, und dich ewig lieben. Nun, so
leb wohl auf einen Monath."

Der Baron ging zu Käthen, der er ihren
muthwilligen Streich mit den Porträts, an den
er überdies jetzt gar nicht dachte, schon längst ver=
geben hatte. Bei ihr fand er auch seine Mutter, die
sich aus Schlesien, des Krieges wegen, hatte entfer=
nen müssen. Nach den ersten frohen Umarmungen,
wurde er sichtbar traurig. Man schrieb diese Stim=
mung dem Verluste seiner Güter zu; er trauerte
aber um nichts als um Iglou's Abwesenheit.

Käthe hatte den Plan, ihren Vetter zu verhei-
rathen, noch gar nicht aufgegeben. Sie brachte
ihn in Gesellschaft mit den schönsten Mädchen in
Berlin; aber er sah sie kaum, weil er nur an
Iglou dachte. Käthe fragte ihn nun, ob er etwa
wieder eine Braut hätte; und er schwieg, weil er
es Iglou versprochen hatte. Sie suchte ihn mit
sehr hübschen blonden Mädchen in Unterredungen
zu verwickeln, und die Mutter unterstützte sie bei
ihren Planen; aber er war gefällig, höflich, freundlich, und nichts weiter: er liebte, und hatte für
jetzt alle seine Systeme vergessen. Seine Mutter
fand ihn viel vernünftiger, als sie ihn sich gedacht
hatte, und weinte fast bei jeder Unterredung mit
ihm an seinem Herzen süße mütterliche Thränen.

„Ja, meine theure Mutter," sagte er einmal: „ich ging wohl mitunter zu weit, ob ich
gleich — das versichere ich Ihnen — nie ganz
Unrecht hatte; aber dieses Herz blieb immer Ihrer werth. Ich theilte die Menschen in Klassen
ein, und glaube noch jetzt, daß meine Meinung
richtig ist, sobald ich nur Ausnahmen zugebe; aber
nie habe ich einen Menschen, von welcher Klasse
er auch war, gehaßt oder gedrückt. Ja, liebe
Mutter, in jedem Augenblicke meines Lebens wird
mein Herz nur für den Menschen und für sein
Wohl schlagen. Wenn ich nichts gelernt habe, so

weiß ich doch mit Ueberzeugung, daß Tugend mehr
ist als Wissenschaft, daß Tugend und Liebenswür-
digkeit nicht nothwendig an blauen Augen und
blondem Haare hangen, und daß sie unter allen
Himmelsstrichen gedeihen können. Ein Mädchen
ist meine Lehrerin gewesen."

Ein Mädchen? fragte die Mutter, und wollte
mehr wissen. „Sie sollen sie kennen lernen, und
das bald!" sagte der Baron mit Entzücken:
„die Retterin Ihres Sohnes, seine Freundin,
seine . . ." — Er brach ab. Geliebte? fragte
die Mutter lächelnd. O, mein Sohn, mit Freuden will ich sie an dies mütterliche Herz aufnehmen. — Der Baron wollte sich nicht näher erklären, so viel seine Mutter auch fragte. Sie erkundigte sich nun wenigstens nach dem, was ihr
das Wichtigste war, dem moralischen Charakter
seiner Geliebten; und der Baron brach in unge-
messene Lobeserhebungen über sie aus. Er zog
einen Brief von dem Obersten Brensen hervor,
der Iglou betraf. Diesem hatte er geschrieben,
daß er und Iglou gerettet wären. Der Oberste
antwortete ihm: „ich danke Gott, lieber Baron,
daß Sie entkommen sind; denn ich liebe Sie.
Aber, daß er mit Ihnen auch das edle Mädchen
gerettet hat, dessen erhabenen Charakter ich erst
aus den Briefen der Hilbert recht habe kennen
lernen,

lernen, das werden ihm alle Unglückliche danken,
die sich diesem wohlthätigen Engel in der Folge
nähern. Grüßen Sie Ihre Freundin von mir,
lieber Baron. Was ich nicht konnte, hat sie
doch gekonnt: Ihr verdammtes Menschen-Racen-
System über den Haufen geworfen. Gott segne
das Mädchen dafür!"

Frau von Flaming, die den Obersten Brensen
kannte, freuete sich, daß ein so edler Mann ihrer
künftigen Schwiegertochter ein solches Zeugniß
gab. Sie erzählte Käthen davon, und diese
brannte vor Neugierde, ihre künftige Cousine zu
sehen. Sie sagte: Von seiner ersten Braut, liebe
Tante, habe ich hier viel gehört. Sie soll ein
herrliches Geschöpf seyn, die Hilberten: gut wie
ein Engel, und auch eben so schön. Die reizendste
Blondine auf der Erde, hat man mir gesagt. Ein
wenig zu blond, meinten Andre. Aber der Vetter
Quinctius liebt nun einmal die sehr Blonden. Geben Sie Acht, blond wird diese wieder seyn. Ich
kann sie mir schon recht denken. Ein schlankes
Mädchen, weiß wie Alabaster, mit blaßrothen
Lippen, langem blondem Haar, hellblauen Augen. O, wenn ich sie doch erst sähe!

Der Baron hielt Wort. Er sah Iglou nicht;
aber desto öfter erkundigte er sich nach ihr bei dem
Prediger. Dieser erstaunte über den einfachen

Flaming IV.   J

hohen Geist der Mohrin, und meinte, es hätte, da sie das Religions-System schon recht gut kenne, zu ihrem Unterrichte nur einiger Tage, und nicht eines Monaths, bedurft. Doch Iglou bestand auf diese Verzögerung. Endlich kam der Tag der Taufe, die in aller Stille und nur in des Barons Gegenwart vorgenommen wurde. Iglou war tief gerührt, und Flaming nicht weniger. Er beschenkte den Prediger sehr reichlich, und fuhr nun sogleich mit Iglou nach ihrer Wohnung. Kaum war er in das Zimmer getreten, so faßte er ihre Hand, und fragte mit gespannter Erwartung: „nun, Iglou? nun? Nein, ich werde dich nie anders nennen, als bei diesem wohlklingenden Nahmen, den ich so liebe." (Sie hatte bei der Taufe den Nahmen Christiane bekommen.) „Nun Iglou? Ich habe alle Bedingungen erfüllt, und frage dich jetzt noch einmal: willst du meine Gattin seyn."

Und wenn nun meine Antwort Nein wäre? fragte sie ihn mit einem scharfen Blicke. Er erblaßte, und rief: „Gott im Himmel! habe ich mich auch in diesem Herzen betrogen? Ist es möglich? kann auch Iglou falsch seyn? Iglou, du brichst mein Herz!"

Dein Herz? rief Iglou; Liebe, Treue, Entzücken sollen es brechen. (Sie warf sich mit einem

Strome von zärtlichen Thränen in seine Arme.)
Ich bin dein, theurer, geliebter Flaming; ich bin
dein! O, verzeihe mir! Ach, wie konnte ich an
die Erfüllung aller meiner so oft zerstörten Wünsche glauben!

Eine Scene voll unaussprechlichen Entzük-
kens: der Triumph der Liebe. Die Liebe war Tugend geworden, die Tugend Liebe; Beide hatten,
eine in das Wesen der andern verwandelt, zwei
Herzen vereinigt. Tugend, Freundschaft, Dankbarkeit und Treue, alle die bessern Empfindungen
der höheren Seelen, bildeten die Liebe, durch
welche diese beiden Menschen so glücklich waren.
So lernen die höheren Geister einer bessern Welt
sich lieben; mit diesen Empfindungen sinken sie einander an das Herz, schwören sich, eins zu seyn,
und der ganze Himmel jauchzt in die heilige Verbindung. Iglou und Flaming standen da, in einander versunken, auf ewig vereinigt: nicht mehr
Mohrin und Celte; zwei edle, geistige, glückliche
Wesen, die sich ewige Liebe, ewige Tugend versprachen, und mit Sicherheit wußten, daß sie
ihren Schwur halten würden.

Nun wollte aber der Baron auch nicht länger
zögern. Iglou mußte sogleich mit zu seiner Mutter fahren, bei der er Käthen gerade antraf. Er
stellte ihr Iglou vor, und sagte: „liebe Mutter,

dies ist das Mädchen, dem ich alles, was ich bin, verdanke; dies ist meine edle Freundin, meine theure Geliebte, und, wie ich hoffe, in wenigen Tagen meine Gattin."

Frau von Flaming war in einer seltsamen Lage. Sie hatte freilich ihrem Sohne eine sonderbare Heirath zugetrauet, und ihn in diesem Punkte gleichsam schon aufgegeben; aber eine Mohrin! das überstieg doch alle ihre Erwartungen. Sie blieb stumm da sitzen, ohne ein Wort hervorbringen zu können. Käthe hingegen äußerte ihren Unwillen ganz sichtbar; sie stand auf, stellte sich in ein Fenster, und murmelte: der abscheuliche Narr! Erst ist ihm kein Mädchen weiß genug; und nun holt er sich eins, das schwarz ist, wie die Nacht! — Sie verließ das Zimmer mit auffallender Hitze, ohne noch einen Blick auf Iglou zu werfen.

Frau von Flaming sah ihren Sohn an, weil sie anfing zu glauben, er könnte wohl einen Spaß machen wollen; aber die zärtlichen Blicke, die er Iglou zuwarf, überzeugten sie bald von dem Gegentheile, und ihre Verwirrung wurde nun immer größer. Sie fühlte, daß sie etwas sagen mußte, und konnte doch nicht mit sich einig werden, was. Jetzt lächelte sie, und schlug die Augen auf; dann blickte sie wieder zu Boden.

„Mutter," sagte der Baron endlich; „wie sind Sie?" — Ja, mein Sohn, erwiederte sie mit Kopfschütteln: eine Heirath zwischen einem Deut-schen und einer Afrikanerin ist so selten, daß ich mich in diesem Augenblicke sehr verlegen fühle. Ich glaube, selbst dieses Mädchen wird meine Betrof-fenheit natürlich finden. In der That, mein Sohn, ich billige deine Wahl nicht, weil ich nichts billigen kann, was von den gewöhnlichen Verhältnissen so weit abweicht. Wie kannst du lieben, könnte ich fragen, was die Natur so sichtlich durch körper-liche Gesetze von dir trennte?

Ein höheres Gesetz, sagte Iglou mit zittern-der Stimme, ein besseres Gesetz mußte es doch möglich machen; denn wie kann ich ihn lieben? könnte ich wieder fragen. Diese Farbe, fuhr sie traurig fort, und hob ihre schwarze Hand nahe vor ihr thränenvolles Auge — ach! die unglück-liche Farbe meines Körpers, trennte unsre See-len lange, sehr lange; aber soll denn nicht eher, als bis dieser Körper Erde ist, soll nicht schon in diesem Leben Dankbarkeit, Treue, Tugend ein-mal mehr seyn, als der Glanz einer Haut, der Blick eines Auges? Die Geister am Throne des Ewigen würden mich lieben; denn ich fühle mich ihrer werth. Sind nun die Gesetze des Himmels weniger, als ein Gesetz, welches das Auge des

J 3

Menſchen giebt? Du verdammſt mich zu Unglück, weil ich ſchwarz bin. Würdeſt du es nicht
für ungerecht halten, wenn man in meinem Vaterlande dich quälte, weil du weiß biſt? Ich
penke, du handelſt nicht gegen mich, wie du ſoll-
teſt. Aber du biſt nicht die erſte, die durch Verachtung meinem Herzen den Glauben an die
ewige Güte beinahe rauben könnte. Nun, wenn
der Gram dieſen Körper in Staub verwandelt
hat, dann werde ich doch einmal wiſſen, warum
der Ewige dieſes treue, liebende Herz in eine
ſchwarzgefärbte Bruſt legte! — Sie ſchluchzte
laut. Ich will dich nicht beleidigen, ſetzte ſie abgebrochen hinzu. Euer Abſcheu gegen mich ſcheint
natürlich, weil er ſo allgemein iſt; aber klagen
darf ich doch, daß der Ewige mich mit dieſem
heißen Herzen hierher führte! klagen — und
ſterben!

Sie wendete ſich langſam um, und machte
eine Bewegung gegen die Thür. Der Baron
umfaßte ſie mit zärtlicher Heftigkeit, und hielt ſie
feſt. „Mutter," ſagte er zugleich; „wenn Sie
dieſes Herz erſt kennen, ſo werden Sie es Sich
nie vergeben, daß ſie ihm wehe thaten."

Iglou's Ton war ſanft und eindringend; ihre
Worte kamen tief aus der Seele hervor, und in
jedem, das ſie geſagt hatte, lag ein hoher, gedul-

diger, seelenvoller Schmerz. Es waren nicht
Töne, die schnell verhallen, wenn sie die Lippen
verlassen; nein, Geister, welche Ohr und Herz
noch immer umschwebten. Die sanfte, alles Edle
schätzende Frau von Flaming fühlte unaussprechliche Rührung, aber zugleich noch immer einen
heftigen Widerwillen — nicht gegen Iglou, sondern gegen die Verbindung ihres Sohnes mit ihr.
Sie würde Iglou von diesem Augenblick an geliebt haben, wenn das Mädchen nicht ihres Sohnes Hand verlangt hätte. Eine Mohrin! Stärker konnte doch in der That eine Mutter nicht
auf die Probe gesetzt werden. Sie warf einen
nachdenkenden Blick auf Iglou, hatte bald Thränen in den Augen, und verlangte nun sanft eine
Unterredung mit ihrem Sohne.

Ich weiß, was du willst, sagte Iglou: deinen Sohn bereden, mich zu verlassen. Du könntest ihm alles in meiner Gegenwart sagen. Ich
selbst habe gethan, was du thun willst, und
seine Verbindung mit mir verzögert. Schon
längst könnte ich seine Frau seyn; ich wurde es
nicht, weil ich ihn liebe, weil ich ihn glücklich
machen wollte. Rede ihm zu, mich zu verlassen.
Ich bin mit diesem Opfer lange bekannt, und
werde schweigen. — Mit diesen Worten ging sie
in das Nebenzimmer. Da war Käthe, die ge-

J 4

horcht hatte, und jetzt Iglou gerührt mit einem Händedrucke empfing.

Frau von Flaming ließ sich von ihrem Sohne erzählen, wie er mit Iglou bekannt geworden, und wie seine Liebe, wie die ihrige zu ihm, entstanden war. Sie bat ihn, das mit aller Aufrichtigkeit zu thun. Mein Sohn, sagte sie, du hast nicht nöthig, mir etwas zu verhehlen. Sie ist deine Gattin, so bald du willst, so ungern ich es auch sehen könnte. Ich will nichts als dir rathen.

Der Baron erzählte. Sobald er anfing in Ekstase zu kommen, kühlte seine Mutter ihn durch ein Paar Fragen wieder ab. Sie zitterte, als sie hörte, daß Iglou ihn aus den Händen der Buhlerin Julie gerettet hatte; aber zugleich fühlte sie, daß die Welt eine Verbindung mit dieser Buhlerin nicht so seltsam finden würde, wie die mit einer Mohrin. Das sagte sie auch dem Baron. „Die Welt," erwiederte er, „freilich die würde so denken; aber Sie, Mutter, ich, mein Herz, mein Gewissen, jeder Tugendhafte, Gott — denken auch die so? Und bin ich denen nicht mehr schuldig, als der Welt?" — Ja, lieber Sohn; aber die Welt verlangt Rechenschaft von dir: und die kannst du nicht geben. Mein Sohn, es gehört großer Leichtsinn, oder große

heroiſche Tugend dazu, ſich über die Urtheile der
Welt hinaus zu ſetzen, entweder das nicht zu hören, was ſie urtheilt, oder das ehrwürdig zu
finden, was ihr lächerlich ſcheint. Leichtſinnig
biſt du nicht; aber wirſt du ſo ſtandhaft, ſo groß,
ſo heroiſch ſeyn, daß die Mohrin, ihr Lächeln,
ihre Tugend, ihre Umarmung dir immer mehr
ſind, als der Beifall der Welt? Wird nie in
einem unbewachten Augenblicke ihr Hohngelächter
dein Herz treffen? Schon die leichteſte Berüh-
rung deines Herzens würde dann ſogleich eine
Wunde werden, die deine Glückſeligkeit tödtete
und die Seele deiner Gattin langſam vergiftete!
Ueberlege das, mein Sohn! Tauſende waren
ſtandhaft gegen die Lockungen der Welt; aber
nur Einzelne haben Spott verachtet.

„Spott? Mutter, ich will mit Iglou den
Spott der ganzen Welt verachten. Sie wiſſen
nicht, wie ſehr ich ſie liebe."

Was du jetzt könnteſt, weiß ich. Aber,
was du nach zwanzig Jahren noch können wirſt,
wenn Alter und Ueberlegung deine Liebe kälter
gemacht haben: davon rede ich; daran, bitte ich
dich, zu denken.

„Meine Liebe? Was nennen Sie ſo? Liebe
ich denn, wie thörichte Jünglinge, eine weiße
Haut, Roſen auf den Wangen? Meine Liebe iſt

von anderer Natur: aus Achtung, Werthschätzung, Vertrauen, Dankbarkeit, Tugend, Unterhaltung entstanden. Iglou ist nicht schön, sagen Sie selbst; und ich will das einmal zugeben. Wohl denn! so ist meine Liebe nicht die vergängliche, die mit dem Blumenmonath entsteht, und wenn die Blume welkt, mit ihr verschwindet. Ich liebe Iglou's Geist, dieses unsterbliche Wesen, dessen Schönheit immer wächst, dessen Reitze sich immer verdoppeln."

In der That, lieber Quinctius, ich kann dich nicht begreifen. Ich glaubte, Dankbarkeit, Pflicht, hätten dich an dies Mädchen gefesselt. Du liebst sie also zärtlich? Wie ist das möglich! Wie kannst du ein so häßliches Geschöpf lieben!

„Häßlich, liebe Mutter? Was ist denn an ihr häßlich? Nur die Farbe. Ihre Gestalt ist edel, groß; ihr Arm, ihr Fuß schön; ihr Busen gewölbt; ihre Augen voll Geist, Feuer und Leben; ihr Gesicht voll himmlischer Unschuld und Güte. Und ihre Stimme! — haben Sie je eine wohlklingendere gehört? Selbst ihre Farbe hat sich sehr verschönert, seitdem ich sie kenne, besonders in den letzten sechs Monathen. Sehen Sie . . ."

Genug, genug! unterbrach ihn die Mutter; erzähle nur weiter. Du gingst also nun mit der Mohrin nach Zaringen?

Er erzählte ihr seine fernere Geschichte. Als er auf sein Leben mit Iglou in der Einsamkeit kam, wußte die Mutter sich das Entstehen seiner Liebe zu erklären; zu gleicher Zeit fühlte sie sich aber von Iglou's Edelmuthe tief gerührt, und fing nun an, der Liebe ihres Sohnes eine längere Dauer zuzutrauen. Sie sah jetzt, wie viele Schwierigkeiten es gekostet haben mußte, ehe aus ihres Sohnes Freundschaft für Iglou diese zärtliche, begeisterte Liebe hatte werden können, da sein System von den Menschen-Racen ein so großes Hinderniß gewesen war. Hieraus schloß sie mit Grund auf die Allmacht seiner Neigung, und gab fast schon die Hoffnung auf, etwas gegen seinen Entschluß zu vermögen.

Indeß wußte sie immer noch nicht, ob alles so sey. Sie bat ihren Sohn, sie mit Iglou allein zu lassen, ging zu dieser hin, und ließ sich nun auch von ihr ihre ganze Begebenheit mit dem Baron erzählen. Iglou sprach mit ihrem natürlichen Feuer von ihrer Liebe, ihrem Kummer, ihrer Verzweiflung, und dann von ihrer Freude, ihrem Entzücken.

Als sie fertig war, faßte die Frau von Flaming mit zärtlicher Güte ihre Hand, drückte sie, und sagte: „ich sehe, du bist eben so edel und vortrefflich, als du unglücklich gewesen bist. Wenn

du das nicht wäreft, meine Tochter — (Bei diesem Worte sank Iglou vor der Mutter nieder;
die Baronin hob sie auf, und fuhr fort): —
wenn du nicht so vortrefflich wäreft, so würde ich
keine Sylbe verlieren, liebes Kind. Mein Sohn
gäbe dir dann seine Hand; ich hoffte, schwiege,
und betete für euer Glück. Aber bei dir, liebe
Tochter, kann ich mehr: dir rathen; noch ein
größeres Opfer von dir fordern, als du bis jetzt
gebracht haft. (Iglou zitterte.) Mein Sohn
hat dich Anfangs nicht geliebt; du sagst selbst, daß
deine Farbe, deine Gestalt ihm zuwider gewesen
sind. Er liebt dich jetzt; aber gutes Mädchen —
wie ist seine Liebe entstanden? In der Einsamkeit,
als er mit dir abgeschieden von allen andern weiblichen Geschöpfen lebte. Du selbst bist mißtrauisch
gegen seine Empfindung gewesen; soll ich es nicht
noch jetzt seyn? Liebes Kind, wenn nun seine
Empfindung für dich weiter nichts als eine Selbst-
täuschung wäre! wenn diese Liebe, die in der Einsamkeit entstand, unter den Menschen wieder ver-
ginge! wenn einst sein Herz eine andere Liebe
fühlte, und er dann entweder dir untreu würde,
oder unter der Erfüllung seiner Pflicht erläge:
würdest du dann glücklich seyn? Und sag selbst,
ob das nicht möglich ist!"

Iglou zitterte, und wurde sichtbar blaß. Sie

ging in großer Bewegung einige Male das Zim=
mer auf und nieder, stand dann plötzlich vor der
Baronin still, faßte ihre Hand, und fragte sie
feierlich: glaubst du, daß es so seyn wird?

„Wenn es so wäre! liebes, edles Mädchen,
sage ich; wenn es so ginge!"

Meinst du, fragte Iglou ernst, daß es so
gehen kann? Du hast viel erfahren, und kennst
das Herz genau, hat Lissow mir gesagt. Ich
bitte dich, denke, ehe du sprichst, und sage nichts,
was du nicht einst, wenn Europäer und Afrika=
ner vor dem Richtstuhle des Ewigen stehen, und
nicht mehr die Farbe uns unterscheidet, wieder=
holen möchtest. Sag, ist es so, wie du vermu=
thest? Du triffst mit einem Ja mein Leben. Aber,
wenn du mußt, so zerschlage getrost dies Herz;
es gehört dem Glücke deines Sohnes.

. Die Baronin stand einen Augenblick an, weil
sie nicht mit sich selbst eins werden konnte. Sie
war in großer Bewegung; ihre Augen funkelten,
und ihre Brust hob sich. „Iglou!" sagte sie
dann auf einmal, und umfaßte sie. Doch bald
ließ sie das Mädchen wieder los, und besann sich
aufs neue. „Iglou," fing sie endlich wieder an;
„es ist so, wie ich sagte. Mein Sohn täuscht
sich selbst; er glaubt dich zu lieben, und liebt dich
nicht. Das will ich dir an dem großen Tage,

den du nanntest, wiederholen. Du würdest ihn
unglücklich machen. Gewiß, das würdest du!"

Iglou stand betäubt da, und eine Thräne, die
aus ihrem erstarrenden Herzen hervorbrach, blieb
in dem todten Auge hangen. Nur ihr schnelleres
Athmen zeugte, daß sie noch lebte. In dieser
Minute zerfloß die Welt vor ihrem Blicke; das
Daseyn schien ihr ein giftiger Nebel, der Tod die
Sonne hinter ihm. Das Opfer, das sie bringen
wollte, war ihr leicht; denn sie fühlte, daß sie
mit ihrer Liebe auch dem Leben entsagte. — Und
dann! dann! rief sie nach einigen Minuten mit
heiteren Blicken. Mit diesem Ausruf flogen ihre
Hoffnungen in die Ewigkeit hinüber, da sie nun
auf der Erde nichts mehr zu verlieren hatte. Ihre
Stellung wurde stolz und heroisch. Beides, der
reichste Besitz, und gänzlicher Mangel, selbst an
Hoffnung, macht gleich stolz und kühn. — Iglou
sagte kalt, doch mit einem Tone, der das Herz
der Baronin bewegte: ich gebe ihn auf; aber ich
will ihn nicht wiedersehen.

Die Baronin betrachtete sie mit leuchtenden
Augen; dann sagte sie: „nein edles Mädchen;
du selbst mußt dein Opfer vollenden. Du selbst
mußt ihm sagen, daß du nie seine Gattin werden
willst. Würde er mir glauben, Iglou, daß du
ihn freiwillig aufgiebst?"

Muß ich? . . . Was muß ich noch, ehe ich vergehe? . . . Ja, ich will es ihm sagen. — Sie eilte zu der Thür, riß sie auf, und stürzte, mit dem Tode im Blicke, zu dem Baron in das Zimmer. Die Mutter folgte ihr schnell, nahm sie bei der Hand, und sagte mit Thränen der Freude: „hier, mein Sohn! nimm deine Gattin aus den Händen deiner Mutter! So treu hat nie ein Weib geliebt, wie diese schöne Seele dich."

Die Freude traf zu schnell. Iglou sank ohne Bewußtseyn an des Barons Herz. Als sie wieder zu sich kam, warf sie sich der Baronin in die Arme. Sprechen konnte jetzt niemand; nur einzelne Wörter, Seufzer, brachen aus dem vollen Herzen hervor. Käthe kam und fragte. „Sie ist seine Braut! sie ist meine Tochter! — Ich werde seine Gattin! — Sie ist mein!" so riefen sie Alle auf einmal, und umarmten Käthen wechselsweise. Käthe begriff noch immer nicht, wie ihre Tante über eine so seltsame Verbindung so vergnügt seyn konnte. Liebe Tante, sagte sie nachher, als sie mit der Baronin allein war, und die ganze Begebenheit wußte: ja, er liebt sie, und sie ihn. Aber, bedenken Sie doch! was wird die ganze Stadt dazu sagen!

„Du, liebe Käthe, berufst dich auf die Stadt? du? Wäret ihr, du und Lissow, einander treu

geblieben, — liebes Kind, würdest du mich nicht
für sehr hart gehalten haben, wenn ich dir meine
Einwilligung verweigert hätte, ohne einen andern
Grund anzugeben, als den: was würde die Welt
dazu sagen, wenn das Fräulein von Nothaft einen Predigerssohn heirathete?"

O, liebe Tante, das wäre doch aber auch
ganz etwas Anderes gewesen!

„Willst du mir wohl den Unterschied
sagen?"

Darüber hätte sich nicht die ganze Welt aufgehalten; höchstens der Adel. Die Bürgerlichen
würden gesagt haben: es ist recht! Die jungen
Leute lieben einander; und kann sie nicht mit ihm
glücklich seyn, wenn sie ihn liebt?

„Nun, könnten die Menschen nicht gerade
das auch jetzt sagen?"

Das könnten sie freilich. Aber, liebe Tante,
gegen diese Verbindung ist nicht der Adel allein,
sondern alle Menschen von allen Ständen.

„Ja, das sind sie ohne Zweifel. Aber Käthe,
wenn du nun nicht anders hättest glücklich seyn
können, als mit Lissow, hätte ich mich dann an
das Urtheil des Adels kehren sollen?"

Nein, Tante; aber eine Mohrin. . .

„Ruhig, Liebe! Warum hätte ich mich an
das Urtheil des Adels nicht kehren dürfen?"

Weil

Weil es ungerecht gewesen wäre.

„Nun, worin denn ungerecht?"

Ei, Liebe und Glück gehen vor Rang und Geburt.

„Aber mich dünkt, auch vor Farbe. Ist die Forderung aller Menschen, mein Sohn soll ein Mädchen, das er liebt, das ihn liebt, nicht heirathen, weil das Mädchen eine schwarze Haut hat — ist die nicht eben so ungerecht, als die Forderung: er soll kein Mädchen heirathen, das nicht von Adel ist?"

Das ist wohl wahr, liebe Tante; aber ich fühle doch einen Unterschied. Darin, daß er eine Mohrin heirathet, liegt etwas, wodurch es weit unangenehmer wird.

„Nichts, mein Kind, außer, daß alle Menschen zusammen genommen ihre Vorurtheile so gut haben, wie der Adel, nur daß keiner sein Vorurtheil für das will gelten lassen, was es ist. Du würdest deinem Sohn ohne Zweifel erlauben, eine edle Bürgerliche zu heirathen. Aber eine Mohrin . . ."

Ja, damit sollte er mir kommen! Ich wollte ihn . . .

„Und du könntest doch wahrhaftig gerade nur antworten, wie mein seliger Mann dir, wenn du Lissows Frau hättest werden wollen. Er ist edel,

Flaming IV.   K

Onkel, würdest du gesagt haben; er ist gut, und verständig; er liebt mich, und wird mich glücklich machen; ihm fehlt nichts als das Wörtchen: Von. Und dein Sohn könnte von der Mohrin sagen: sie ist edel, Mutter, gut und verständig; sie liebt mich, und wird mich glücklich machen; ihr fehlt nichts als eine weiße Haut. Was könntest du ihm antworten? Gewiß, wenn alles so wäre, nichts Kluges. Du siehst, liebe Käthe, daß alle Menschen ihre Vorurtheile haben, so gut wie der Adel. Der Bürger schilt auf unsern Stolz, und auch er hat den seinigen, den er mit eben so vieler Hitze vertheidigt."

Aber, Tante, woher kommt es denn, daß man etwas gegen die schwarze Farbe hat? Da sollte man ja beinahe auf des Vetters System von Menschen-Racen fallen.

„Man hält den Adel für etwas Gutes; darum wollen die Adeligen keine Mißheirathen. Man hält die Schönheit, wozu nach unsren Begriffen die weiße Farbe gehört, für etwas Gutes; und darum will der Europäer keine Verbindung mit einer Schwarzen gelten lassen. Tugend und Geist, liebes Kind, sind nur Kleinigkeiten, um die man sich höchstens nach der Trauung bekümmert."

Ach, ja! das sehe ich nun wohl.

„Jeder Stand hat seine Mißheirathen. Tau-

send Bürgerliche aus den besseren Ständen, die
auf unsern Stolz schelten, und ihn unmenschlich
nennen, würden Himmel und Erde bewegen, ehe
sie ihrem Sohne erlaubten, die Tochter eines
Handwerkers, oder eine Magd, zu heirathen.‟

Ja, da ist doch aber die Bildung zu ungleich.

„Das ist ihr Vorwand. Aber laß das Mädchen gebildet seyn; — und was fehlt denn einer
Magd, die in guten Häusern gedient hat, an der
gewöhnlichen Bildung? Nichts als die Kleider
ihrer Frau, ein Bedienter, und eine Equipage —
laß eine Dienstmagd gebildet seyn; und sie werden
dennoch Nein sagen.‟

Liebe Tante, halten Sie es denn für billig,
daß der Adel sich so absondert bei den Verbindungen seiner Kinder?

„Schlägt der Adelige seinem Sohne ein Mädchen ab, das edel, liebenswerth ist, das ihn glücklich machen würde, und dem nichts fehlt als das
Wörtchen Von: so ist er ein Unmensch, ein
Thor. Doch der Bürger, der so handelt, ist
das ebenfalls.‟

Aber, Tante, mit dem Adel muß es doch auffallender seyn; denn uns wirft man ja hauptsächlich diesen Stolz vor.

„Natürlich. Die meisten Schriftsteller sind
Bürgerliche: sie sehen nur unser Vorurtheil,

weil es sie beleidigt; und so wird es in Schau-
spielen, Romanen und Satiren verspottet. Vertheidigen läßt sich dieser Stolz des Adels nicht;
darum müssen wir schweigen, wenn es auch
Schriftsteller unter uns giebt. Den Bürger über
seinen Stolz wieder zu geißeln, fällt keinem
Adeligen ein, weil dieser Stolz nicht ihm fühl-
bar wird, sondern der Klasse, die unter ihm
steht. Diese Klasse hat keine Schriftsteller; hätte
sie die, so solltest du sehen, wie sie den Stolz der
bessern Stände unter den Bürgerlichen geißeln
würden. . . . Man wird es unnatürlich, rasend,
abscheulich nennen, daß mein Sohn eine Mohrin heirathet, so edel, so treu, so erhaben das
Mädchen auch ist. Ja, glaube mir, liebe Käthe,
man fände eine solche Heirath sogar in einem Romane unnatürlich; doch, niemand würde sagen
können, warum. Tadelt der Philosoph die Thorheit eines Standes, so ruft Alles, nur diesen Stand ausgenommen: o schön! Greift er
aber die Thorheit der Menschen an, so hat er
Alles gegen sich.”

Nun, liebe Tante, ich will Iglou recht herzlich, recht wie eine Schwester lieben. Aber —
Sie konnten es ja mit dem Vetter Quinctius so
machen, wie damals mit mir und Lissow. Durch

Trennung würde auch diese Liebe wohl vergangen seyn.

„Diese Liebe wohl schwerlich so leicht, wie
eure damalige kindische. Freilich würde sie am
Ende vergehen, so fest und stark sie auch ist.
Allein, liebe Käthe, glaubst du nicht, daß mein
Sohn einmal eine Heirath schließen könnte, bei
der vielleicht die Stadt nicht lachen, aber mein
Mutterherz bluten würde? Willst du nicht lieber
Iglou deine Cousine nennen, als jene liederliche.
Julie? Mein Sohn ist nun einmal gewohnt,
alles höchst seltsam anzugreifen; und ich danke
Gott, daß er ihm ein Herz für diese Mohrin ge-
geben hat.”

Das alles sah Käthe ein, und dennoch blieb
es ihr unerklärbar, wie Flaming eine Mohrin
lieben konnte. Sie begriff es nicht eher, als bis
sie einige Wochen mit Iglou umgegangen war,
und nun das treue, edle Mädchen selbst mit Innigkeit liebte. Jetzt sagte sie wieder: wie war es
möglich, Vetter, daß Sie so lange kalt gegen
die edle Iglou bleiben konnten! — Die Baronin
fühlte sich, als sie Iglou's Herz erst ganz kennen
lernte, unaussprechlich glücklich. O, meine
Tochter, sagte sie oft; in deine Hände wollte ich
kühn das Glück einer Welt legen; dein Herz wäre
groß genug dafür. Jetzt trieb sie selbst Iglou

an, den Hochzeitstag zu beschleunigen. Iglou
zögerte noch immer mit banger Furchtsamkeit.
O Gott! sagte sie, als die Mutter aufs neue in
sie drang: wenn er aufhörte, mich zu lieben! —
Iglou, erwiederten Käthe und die Mutter;
hörte er auf dich zu lieben, welches Mädchen
könnte dann einem Manne seine Hand geben,
ohne zu zittern?

Iglou bestimmte endlich den Tag. Die
Trauung wurde in der Stille vorgenommen und
sonst niemand dazu eingeladen, als der Oberst
Brensen, der gerade in Geschäften nach Berlin
gekommen war. „Ist es möglich?" sagte der
Baron, nach der Trauung. „Wer hätte denken sollen, daß eine Mohrin meine Frau werden
würde! Aber dennoch bin ich so glücklich, so se-
lig!" Er faßte Iglou mit einer Hand, den Obersten Brensen mit der andern, führte Beide an
den Kamin, und holte nun einen Stoß Papiere,
die sein System der Menschen-Racen enthielten,
und die er aus dem Brande seines Schlosses
mit Mühe und Noth gerettet hatte. „Sieh,
Iglou," sagte er, und drückte sie mit Innigkeit
an sein Herz; „du hast mein System gestürzt."
(Er warf die Papiere mit großem Muth in die
Flamme.) „Mache ich es so recht, lieber
Oberst?" Recht so, lieber Flaming! Und wer

das abscheuliche, Menschen trennende System
wieder aus der Flamme hervorholt, dem gebe der
Himmel zur Strafe eine Frau, die so blond ist,
wie ein Blaffard, und inwendig so schwarz wie
der Teufel! Aber in das Feuer auch mit Ihren
übrigen Systemen! Sie sind alle nichts Besseres
werth, Ihr System von den Schönheitslinien
im Gemüth, vom Generalbasse, dem Lateinler-
nen, und was des Plunders mehr ist, den Sie
erfunden haben.

„Nur nicht allzu rasch, lieber Oberst! Selbst
in dem System, das dort brennt, war viel Gutes, viel Gedachtes. Und mein System von der
Liebe — das hat Iglou e r w i e s e n. Seitdem
ich sie liebe, entdecke ich alle die Schönheitsformen
und Linien an ihr, die ich ehemals an Emilien
fand. Wie sollte das anders zugehen, als daß diese
Form in meinem Gemüthe ist, und daß ich sie jetzt
nur an Iglou übeetrage? Denn — setzen Sie
Sich doch, lieber Oberst — denn die äußere Erscheinung, oder das, was Iglou eigentlich an
sich ist . . .”

Iglou, Herzens-Iglou‘, unterbrach ihn der
Oberst; ich bitte dich, mach, daß du mit ihm
weg kommst! Der Mensch erfindet sonst heute
Abend noch ein System, nach welchem er dir be-
weist, was du eigentlich und uneigentlich bist.

Eigentlich bist du seine Frau; aber wenn er erst in das Systemmachen kommt, so kannst du morgen noch etwas sehr Uneigentliches seyn: weder Frau noch Mädchen! — Er ließ die beiden Liebenden allein. Der Baron vergaß in Iglou's Armen seine Systeme wieder, und der Morgen begrüßte ein glückliches Paar Eheleute.

Die Stadt erfuhr diese Heirath, und erstaunte. „Eine Mohrin!" Man sagte aber dabei: „der Baron hat in diesem Kriege sein Vermögen verloren, und die Mohrin ist eine reiche Erbin aus Amerika. Er wird sich schon schadlos halten. Sie muß doch ungeheuer reich seyn! Wie viel mag sie wohl haben?" — Man forschte, und erfuhr, daß sie arm war. Nun wunderte man sich erst recht. Eine Menge Leute drängten sich zu Graßheims, die junge schwarze Frau von Flaming zu sehen. Man sah, man sprach sie. Nun erklärte man den Baron hinter seinem Rükken für einen Narren, und seine Mutter für toll. Dabei blieb man auch, troß dem, was einige Vernünftige von dem Charakter und dem Geiste der Mohrin rühmten.

Zuweilen machte man der Frau von Flaming auch ins Gesicht Vorwürfe darüber, daß sie die Verheirathung ihres Sohnes mit dieser häßlichen Mohrin zugegeben hätte, und prophezeite dar-

aus großes Unglück. Dann aber holte sie ganz
ruhig den la Bruyere, und las die Stelle vor;
Si une laide se fait aimer, ce ne peut être
qu'éperduement: car il faut que se soit par
de plus secrets et de plus invincibles char-
mes que ceux de la beauté *). „Wie viel
Geist," sagte sie, „wie viel Güte des Herzens,
wie viele Reitze des Charakters und der Seele
muß meine Schwiegertochter haben, daß sie meines Sohnes Augen gegen ihre Gestalt hat ver-
blenden können! Wie stark muß eine Liebe nicht
seyn, die solche Wunder thun konnte!" Frau
von Flaming hatte Recht. Der Baron liebte
seine Gattin mit jedem Tage zärtlicher; Liebe für
sie wurde sein ganzes Wesen, sein ganzer Charakter: er war glücklich, und Iglou war es
mit ihm.

Jetzt fiel ihm keine seiner gewöhnlichen Grillen ein. Er dachte und lebte wie ein anderer
Mensch; das Einzige, was ihn auszeichnete, war
seine zufriedne Ruhe, und die Einsamkeit, die
Iglou ihm zu einem Genuße von tausend Freuden machte. Endlich aber verschaffte sich doch

---

*) Wenn eine Häßliche Liebe erregt, so kann diese Liebe
nicht anders als äußerst stark seyn; denn man muß
verborgnere, unwiderstehlichere Reitze, als die Schönheit, an ihr lieben.

auch die Mutter mit ihrer Sorgsamkeit Gehör;
sie machte ihren Sohn auf den Zustand seiner
Güter aufmerksam. Freilich konnte er jetzt nichts
thun, da die Ruſſen schon wieder anfingen sich
zu nähern; indeß rieth ihm die Mutter, er sollte
sich schon im voraus das Wohlwollen der Minister zu erwerben suchen. Man hatte in Berlin
einen so großen Begriff von der Gelehrsamkeit
des Barons, daß ein gewiſſer Minister, ein Bekannter des Graßheimischen Hauſes, der Mutter
zu verstehen gab: ihr Sohn würde wohl daran
thun, wenn er irgend ein Amt annähme; bei
seinen Kenntniſſen müßte er bald vorwärts
kommen.

Die Mutter sprach mit dem Baron darüber,
und dieſe ganz neue Idee gefiel ihm. Er konnte
nicht begreifen, wie er selbst nicht schon lange den
Gedanken gehabt hatte, seinem Vaterlande zu
dienen. Jetzt ließ er sich mit großem Enthusiasmus darauf ein, und sah schon im Geiste, wie
er als Staatsminister das Ruder der Regierung
führte, und die Bürger glücklich machte. Diese
edle Idee lockte Freudenthränen in seine Augen.
Er suchte jetzt mehr als Einen Minister auf,
machte sich Verbindungen, und nichts ging ihm
schnell genug. Graßheims Freund, der Minister,
versprach ihm, seinen Einfluß für ihn zu verwen-

den, und hielt Wort. Doch nun kam man zu bestimmteren Ideen und Fragen.

Auf welches Fach, Herr Baron, fragte der Minister, haben Sie Sich denn besonders gelegt? auf Finanzsachen, Kameralia, oder das juristische? — Der Baron wußte nicht recht, was er antworten sollte, und bat sich Bedenkzeit aus. Ich wünschte, sagte der Minister gütig, Sie wählten das Justizfach. Dann könnte ich Ihnen unmittelbar nützen; und gerade darin fehlt es an philosophischen Köpfen, die das barbarische Dunkel nach und nach erhellen. Geben Sie mir weitere Nachricht von Ihrem Entschlusse.

Der Baron käuete, als er wieder zu Hause kam, an den Nägeln, und untersuchte, in welchem Fache er am thätigsten für das Wohl der Menschen arbeiten könnte. „Der Minister hat Recht," sagte er nach einigem Ueberlegen; „das Fach der Justiz! Welche barbarische, willkührliche Gesetze!" Er nahm Feder und Papier, machte einen Entwurf zu einer philosophischen Gesetzgebung, ließ sich den Montesquieu, den Xenophon holen, machte Auszüge, und vergaß über diese Arbeiten beinahe seine Iglou. In Kurzem hatte er sein System einer ganz neuen Gesetzgebung vollendet, welche Preußen zu einem philo-

sophischen Staate machen und auf die höchste
Stufe des Glückes erheben sollte. Nun eilte er
mit seinen Papieren zu dem Minister, und legte
sie ihm triumphirend vor. Der Minister schüttelte den Kopf. Lieber Herr Baron, sagte er
sanft: Ihre Meinung mag recht gut seyn; aber
das alles sind unausführbare Plane, zu denen
Sie Sich erst eine eigene Erde und eigene Menschen schaffen müßten. Auch ich habe die Cyro-
pädie gelesen; doch eine solche Erziehung ist in
unsern monarchischen Staaten nie auszuführen,
wenigstens in den nächsten Jahrhunderten nicht.
Glauben Sie mir, so etwas ist leichter gesagt,
als gethan. Ich will Sie nicht ansetzen, daß
Sie dem Staate eine andere Form geben, sondern, daß sie in ihm, so wie er nun einmal ist,
dazu beitragen sollen, Menschen zu beglücken.
Anstatt ihres ganzen Systems machen Sie eine
Relation, in der Sie zeigen, daß Sie die Landesgesetze kennen.

„Die Landesgesetze, Ew. Excellenz? Ich muß
aufrichtig gestehen, daß ich mich damit nie ab-
gegeben habe." Der Minister wunderte sich.
Nicht? sagte er; das bedaure ich sehr: denn glauben Sie mir, um nur die kleinste Verbesserung
in einem Staate mit gutem Erfolge zu unternehmen, muß man die unbedeutendsten Landes- und

Provinzialgeſetze, ja ſelbſt die Privilegien einzel-
ner Perſonen kennen. Freilich ſoll der Diener
des Staats immer ein Ideal vor ſich ſehen, nach
welchem er handelt; aber es ſogleich ausführen
wollen, heißt den Staat umſtürzen, nicht, ihn
verbeſſern. Montesquieu, Plato und Xenophon
haben wohl daran gethan, daß ſie ihre Ideale
zeichneten; aber der thut nicht wohl, der ſich
einbildet, dieſes Ideal könne, wie durch den
Schlag einer Zauberruthe, zur Wirklichkeit gebracht werden. Vielleicht vergehen noch Jahr-
tauſende, ehe unſre gewöhnlichen Staatsdiener
Ihren Plato für etwas Andres als einen Raſen-
den halten. Ihr Herren auf den Stubierzim-
mern habt gut Staaten bauen! Doch unſer einer zittert und bebt, wenn er auch nur den unſinnigſten Mißbrauch abſchaffen will. Alles iſt einem dann entgegen. Nein, Herr Baron, ſtudieren Sie Landesgeſetze, den Gang unſrer Juſtiz.
Glauben Sie mir, unſere jungen Herren prahlen
mit der Philoſophie gewöhnlich nur, um ihre
Unwiſſenheit und Trägheit dadurch zu verſtecken.
Freilich iſt es ganz bequem, an der Staatsma-
ſchine, die Zufall, Krieg und mehrere Geſetzge-
bungen gebauet haben, Fehler aufzuſuchen; aber
dieſe Maſchine ſo fortzutreiben, daß ſie ſo wenig
Menſchen als möglich verletzt, hier den Gang an-

zuhalten, dort ihn zu beschleunigen, hin und wie=
der, ohne Aufsehen, ganz in der Stille, etwas
auszubessern: das ist mühsamer, doch auch ver=
dienstlicher, als einen neuen Staat auf Papier
zu zeichnen. — Ich hoffe Sie anzusetzen, sobald
Sie mir werden gesagt haben, welches Fach Sie
am besten kennen, aber nicht in Platons oder Xe=
nophons Staate, sondern in dem Preußischen.

Der Baron kam ziemlich abgekühlt zu Hause.
Er fing eine genaue Untersuchung mit sich an,
und fand zu seinem Erstaunen, daß er, wenn
der Minister es so nehmen wollte, nicht in Ein
Staatsfach ganz paßte. Indeß war ihm doch die
Idee schmeichelhaft, seinen Mitbürgern Dienste
zu leisten; er nahm daher ein Fach nach dem an=
dern vor, und fand überall in seinem Kopfe Lük=
ken. „Das Alles, weiß ich nicht," rief er am
Ende verdrießlich, und warf die Bücher zurück:
„nicht ein Wort weiß ich davon. Aber eben des=
wegen, weil ich so unwissend darin bin, tauge ich
ganz zum Reformator. Gerade diese Unwissen=
heit giebt mir einen höheren Charakter; sie macht
mich zu einem Bürger der Welt, des ganzen
menschlichen Geschlechtes. Der Minister ist wun=
derlich, daß er Werth auf Kenntnisse legt, die
eine Meile jenseits der Preußischen Besitzungen
nichts sind, und mit denen ich in Asien für einen

Wahnsinnigen gelten würde. Nein, ich gehöre
dem ganzen menschlichen Geschlechte, und von
nun an will ich nur im Großen arbeiten, das
Ideal eines philosophischen Staates zeichnen."

Aber, troß diesen stolzen Vorsätzen fühlte er
doch eine kleine Scham, da er sich gestehen mußte,
daß er auch das Fach, auf welches er sich berief,
die Philosophie, nicht gründlich kannte. Selbst
Platons Schriften hatte er nie studiert. Es giebt
ja viele Philosophen von seinem Schlage, die
gar nichts gelesen haben als ein Paar politische
Romane und die Zeitungen, und die sich dennoch
zu Reformatoren des menschlichen Geschlechtes
aufwerfen!

Der Baron fing nun sogleich mit großem
Eifer an den Plato zu lesen, und sahe freilich
wohl, daß Sokrates nur zum Wohl seiner Mitbürger philosophirt hat. Indeß fand er in dem
Theätetus eine Stelle, die ein rechter Triumph
für ihn war. Er eilte mit glühendem Gesichte zu
seiner Mutter in das Zimmer. „Hier, liebe
Mutter," sagte er; „hier ist eine Stelle, aus
der Sie sehen werden, wie sehr Unrecht der Minister und auch Sie haben, wenn Sie fordern,
daß ich die Landesgesetze wissen soll." (Er hatte
seiner Mutter die Unterredung mit dem Minister

erzählt, und sie war der Meinung gewesen, daß dieser nicht Unrecht hätte.)

Der Baron legte einen Folianten auf den Tisch, und hob mit lauter Stimme an: „Sie kennen den Sokrates, Mutter, und lieben ihn als den edelsten, weisesten Menschen. Nun hören Sie, was er von dem Philosophen sagt, wie er ihn beschreibt, den wahren, den erhabensten Philosophen. Hören Sie!" „Der erhabenste Philosoph kennt von Jugend auf nicht einmal den Weg zum Gerichtshofe; er weiß nicht, wo das Justiz-Kollegium, wo das Rathhaus, wo das Kammergericht in der Stadt ist. Von den Landesgesetzen, von den Edikten hört er so wenig, als er sie liest. Sich Konnexionen zu machen, damit er zu einem Amte gelange, deshalb Feten zu geben, dazu etwa die Vorsprache hübscher Mädchen zu brauchen: das fällt ihm nicht im Traume ein. Der ehemalige Zustand des Staates, ob er gut oder übel war, ob seine Vorfahren daran Theil genommen oder nicht, hat eben so wenig Interesse für ihn, als den Sand des Meeres zu zählen. Es fällt dem Philosophen nicht einmal ein, daß man so etwas wissen könne." — „Sehen Sie, liebe Mutter, auch ich wußte wahrhaftig nicht einmal, daß ich die Landesgesetze nicht kenne, als bis es der Minister mir sagte. Doch hören Sie

Sie weiter!" — „Und es ist nicht etwa Prah-
lerei, daß er sich um das Alles nicht bekümmert.
Nein! Er ist nur mit seinem Körper in dem
Staate zugegen; sein Geist aber, der das alles
für kleinlich, für zu niedrig hält, schwebt immer
über der ganzen Erde, untersucht nur die Natur
des ganzen Universums, und dessen was dazu
gehört, nicht aber die Kleinigkeiten, die um ihn
her vorgehen."

Steht das da, mein Sohn? fragte die Mutter, ein wenig ungläubig.

„Soll ich es Ihnen Griechisch vorlesen?
Ουτοι δε που . . ."

Ich verstehe kein Griechisch. Aber es muß
nothwendig in einer andern Bedeutung da stehen,
als du es gelesen hast; sonst würde ich meine Meinung von Sokrates zurücknehmen.

„Ich versichere Ihnen, es steht hier so. Er
vergleicht den Philosophen mit dem Juristen.
Und nun sehen Sie, liebe Mutter, wie das so
ganz auf mich paßt. Ich habe studiert, und bin
fleißig gewesen; aber nichts, gar nichts, weiß ich
von den so genannten nützlichen Wissenschaften.
Alles weiß ich, doch nur das ganz Allgemeine der
Dinge. Es ist mir, wie hier Sokrates sagt,
nicht einmal eingefallen, daß man etwas Anderes
wissen könne; und eben dadurch gehöre ich der

Welt, den Menschen: nicht Einem Lande, Einem Volke. Sie waren ängstlich, und nun sehen Sie doch, daß wenigstens Sokrates und Plato meiner Meinung sind."

Ich kann die Stelle nicht lesen; aber steht sie so da, und ist sie eine Vergleichung des Philosophen mit dem Juristen, so wollte ich wetten, daß sie anders gemeint seyn muß. Es ist sicher von den Rabulisten die Rede, nicht von den Juristen, welche das Wohl, das Eigenthum, die Ehre und das Leben ihrer Mitbürger vertheidigen. Wenigstens würde hieraus folgen, daß nicht alle Menschen Philosophen seyn können, wie du immer behauptest. Denn wenn niemand sich um die Landesgesetze bekümmerte, so würde . . .

„Es würde nichts weiter folgen, liebe Mutter, als daß bei einer Welt voll Philosophen die Gesetze unnütz wären. Und dahin muß es kommen! Der Zweck des Staates ist, den Staat unnütz zu machen. So widersprechend das Ihnen auch scheinen mag, so ist es dennoch wahr; und ehe noch ein halbes Jahrhundert vergeht, wird man das von den Dächern predigen."

Ich weiß nicht, Quinctius, ob ich mich über dich betrüben, oder über dich lächeln soll. Wann wirst du doch endlich die Mittelstraße halten lernen!

Der Baron blieb aber, troß dem Allen, dabei, es sey thöricht, etwas zu wissen, das auf die
Landesverfassung Beziehung habe. So wurde,
wie man leicht denken kann, der Umgang mit dem
Minister abgebrochen, und der Baron wußte von
jetzt an nicht, wo die Kammer, das Kammergericht und das Rathhaus in Berlin waren.
„Wer kann das wissen!” sagte er; „solche Kleinigkeiten!”

Der Minister hatte ihn indessen zu einer
Stelle empfohlen, die weniger positive Kenntnisse, als gesunden Menschenverstand forderte.
Da Flaming sich nicht wieder meldete, so redete
der Minister ihn an, als er ihn einmal bei Graßheim sah. „In der That, Ew. Excellenz,” sagte
Flaming lächelnd; „ich fühle mich vollkommen
unfähig, dem Staate in irgend einer Stelle zu
dienen. Diese feste Ueberzeugung allein hat mich
abgehalten, Ihnen beschwerlich zu fallen.”

Herr Baron, erwiederte der Minister, und
ergriff mit Wärme seine Hand: dieses Selbstge-
ständniß ist mir so viel werth, als die beste Relation, die Sie hätten machen können. Bei dieser
Ihrer Bescheidenheit kann ich hoffen, daß Sie
sehr bald ein andres Urtheil über sich fällen werden, und ich habe schon für eine Stelle ...

„Ew. Excellenz sind sehr gütig,” sagte der

L 2

Baron; „ich bedaure nur, daß ich von dieser Güte keinen Gebrauch machen kann. Kleinliche Angelegenheiten, wie die Umstände meiner Mitbürger, würden mich nie interessiren. Die Juristen, die Staatsbedienten überhaupt, sind Sklaven gegen den Philosophen. Sie müssen thun, was der Staat will; ich thue, was ich will. Ihr Dichten und Trachten betrifft immer nur Geld, Eigenthum, Leben. So werden sie kleinlich, schlechtdenkend, eigennützig, kriechend. Ihr Geist wird erdrückt, und nun erlauben sie sich Ränke, Betriegereien, Ungerechtigkeiten. So sinkt endlich ihr Charakter, ihre ganze Seele in die niedrigste Sklaverei.‟

Welch ein seltsames Bild zeichnen Sie da! sagte der Minister empfindlich.

„Ich zeichne es nicht eigentlich. Sokrates hat es entworfen; und leider! sind die Züge nur allzu ähnlich, man betrachte, wen man will.‟

Aber fühlen Sie nicht, Herr Baron, daß solche Sätze Sie lächerlich machen werden?

„Was wollte ich nicht! Sokrates sagt: „wenn der Philosoph eigene oder Staatsgeschäfte treiben soll, so dient er gewiß allen Menschen zum Gelächter. Man wird ihn für blödsinnig halten. Er versteht nichts von dem, was die meisten Menschen verstehen. Er kann nicht ein-

mal wieder ſchimpfen, ohne Gelächter zu erregen; denn er weiß von niemanden etwas Böſes,
das er ihm vorwerfen könnte. Er wird ihn alſo
mit etwas ſchimpfen, das die Menge nicht für
ſchimpflich hält." Leſen Ew. Excellenz die ganze
Stelle; ſie ſteht beim Plato im Theätetus. Sie
werden dann ſehen, warum ich mich unfähig
fühle, je ein Amt anzunehmen, das mich um
den menſchlichen Charakter bringen müßte."

In der That ein albernes Geſchwätz von
Plato, wenn er es geſagt hat, erwiederte der
Miniſter lächelnd. Doch vielleicht ſagte er es,
als er aus Sicilien verbannt worden war. Man
muß dergleichen einem verabſchiedeten Günſtlinge
zu gut halten. Es iſt die Sprache des Neides.

„Sein Prognoſtikon hat er ſich ſelbſt geſtellt,
Ew. Excellenz. Er ſagt am Ende dieſer Betrach-
tung von den Juriſten: „dieſe Menſchen bilden
ſich Wunder ein, wie wichtig ſie ſind, und halten die Lehren des Philoſophen für albernes Geſchwätz, für Raſerei." Natürlich kann ich kein
beſſeres Geſchick verlangen, als Plato."

Der Miniſter drehete ſich mit einer leicht ſpot-
tenden Miene, mit einer kleinen Verbeugung, von
dem Baron ab, weil das Geſchwätz ihn ver-
droſſen hatte. Der Baron handelte gerade, wie
der Philoſoph, den Plato beſchreibt. Er belei-

digte den Minister, ohne es zu wissen, ohne es einmal zu ahnen. Er meinte, der Minister sollte ihn bewundern; und dieser sagte vor sich: der Mensch ist ein ausgemachter Narr! Der Minister war nicht rachsüchtig, aber doch ein Mensch. Bei Gelegenheit sprach die Baronin mit ihm über das ganz von den Russen zerstörte Gut ihres Sohnes. Gnädige Frau, antwortete er lächelnd; der Staat soll und wird helfen, sobald Hülfe möglich ist: nach Endigung des Krieges; aber dann erlauben Sie, daß man bei den Unglücklichen und Verdienten anfängt. — „Mein Sohn . . .” — bedarf nach seinem eigenen Geständnisse keiner Hülfe. Sein Gut gehört zu den Dingen, über die er sehr weit erhaben ist. Und überdies — wer dem Vaterlande nicht dienen will, darf auch auf keine Gegendienste rechnen.

Frau von Flaming fragte nicht einmal nach dem Zusammenhange, um den Minister nicht noch mehr zu erbittern. Sie machte ihrem Sohne einige sanfte Vorstellungen. Er lächelte, und fragte: „welcher Minister? . . . Ah! ist der Minister? das habe ich ganz vergessen. Liebe Mutter, was kümmern mich solche Dinge! Wenn nur der Krieg erst zu Ende ist, das Geld zum Bau wird sich finden. Was soll ich um diese Kleinigkeit besorgt seyn!” — Kleinigkeit?

erwiederte die Mutter. Ich glaube, du träumst.
Vielleicht wird der Bau allein mehr als zwanzig
tausend Thaler kosten.

Iglou zog lächelnd eine Brieftasche hervor,
und sagte: in der That eine Kleinigkeit, liebe
Mutter. Hier ist ein Wechsel auf die Summe,
die Sie eben nannten; und mit umgehender Post
kann ich noch einmal so viel haben. — Frau von
Flaming wunderte sich; der Baron fragte ruhig:
„woher?” — Von Hilberts, antwortete Iglou
eben so ruhig. Ich schrieb ihnen deinen Verlust,
ohne ihn genau zu bestimmen. Da schickte mir
Hilbert diesen Wechsel für die ersten Verlegenhei-
ten. — „So?” fragte der Baron kalt . . . . .
„Aber,” fragte er dann sogleich mit voller Wärme, was machen denn unsre guten Hilberts?”
Iglou erzählte, und von der Geldsumme wurde
nicht ein Wort mehr gesprochen. Frau von Flaming fand freilich die Ruhe ihres Sohnes, da er
solche Freunde hatte, ganz natürlich. Sie erkundigte sich näher nach der Summe; doch Iglou
wußte ihr nicht viel mehr zu sagen, als daß sie da
war. Auch in Emiliens Briefe, den sie von Iglou
zu lesen bekam, war zu ihrem Erstaunen von dem
Wechsel nur beiläufig, als von einem leichten Opfer
der Freundschaft und Dankbarkeit, die Rede.

Mehrere Male hatte der Baron nach Königsberg geſchrieben, mehrere Male einige Artikel für Liſſow in die Zeitungen rücken laſſen; aber nie bekam er Antwort, und war nun über das Geſchick ſeiner Freunde ſehr unruhig. Doch endlich erhielt er unvermuthet Briefe durch einen Preußiſchen Kaufmann, der eine Zeitlang mit der kleinen Kolonie von Flüchtigen ihr Geſchick getheilt hatte. Sie wären geplündert worden, und dem Hunger, der Verzweiflung ausgeſetzt geweſen. „Ach, lieber Flaming!“ ſchrieb Liſſow; „ich habe Tage erlebt, Grauſamkeiten geſehen, bei denen ich der Vorſehung danke, daß Jakobine und meine Kinder ſchon dahin ſind. Iſt es nicht ſchrecklich, daß Rachſucht und Wuth den Menſchen dahin bringen können, die Todten zu beneiden! Laß dir von dem Ueberbringer unſre Begebenheiten erzählen. Er iſt in der erſten Zeit der treue Gefährte unſrer Unglücksfälle geweſen; und kannſt du helfen, ſo nimm dich ſeiner an, da wir ihm Freundſchaft und Liebe ſchuldig ſind. Doch, ich Unglücklicher! Vielleicht ſchreibe ich vergebens. Vielleicht biſt du ſchon bei meiner Gattin, bei meinen Kindern! Und ich Verlaſſener bin noch allein auf dieſem großen Leichenfelde, ſehe, wie das Elend um mich her wüthet, wie die Verzweiflung jammert, und wie der einzige Freund des Menſchen, der Tod, endlich langſam folgt, aber dennoch grauſam, wie

alles, was menschlich heißt, erst ein junges, blü-
hendes Weib, unschuldige Kinder wegreißt, ehe
er mitleidig dem Leben des Tröstlosen ein Ende
macht."

„Mein alter Vater allein ist größer als unser
Geschick. Er tröstet uns lächelnd, wenn wir jam-
mernd die Hände ringen, oder uns schweigend in
das bleiche Angesicht sehen. Ach, sein Lebensfaden
ist durch das Alter schon so schwach, daß es nur
eines Hauches bedarf, ihn zu zerreißen. Darauf
verläßt er sich. Er ist im Hafen, und spricht nun
den Unglücklichen, die noch mit der stürmenden
Welle treiben, Muth zu. Sein Ohr vernimmt
schon die Friedensgesänge des Himmels; doch das
meinige trifft, selbst im Schlafe, der Jammer
einer zerstörten Welt, und dazwischen das Angstge-
schrei meiner unglücklichen Kinder, wie die schreckliche Flamme — — ach, Gott! könnte ich nur
dies Einzige ungeschehen machen; gern wollte ich
alle meine Hoffnungen dafür hingeben! — —
wie die schreckliche Flamme sie in der Ferne
umringt, wie sie die unschuldigen Hände gen
Himmel aufheben, dann von der Flamme ergriffen werden; wie sie nun brennen, noch immer
um Hülfe schreien, und langsam unter Höllenqualen sterben!"

„O Flaming, da sitze ich, zittre, und frage:

wozu wurde ich geboren! Hat die ewige Güte den dunkeln Plan meines Lebens entworfen? oder gab sie mich allein dahin, ein Spiel des Zufalls, oder eines bösen Wesens zu seyn? Ich freue mich, daß ich nun ganz nackend in meinem Elende da stehe, und daß mir nichts mehr geraubt werden kann, als das Leben. Das Leben? O, schon längst ist mein Geist in jenen stillen Gefilden der Ruhe, des Grabes. Nur mein Körper athmet noch hier unter dem Geschrei des Todes. Wollte Gott, meine letzte Stunde hätte geschlagen! Mein Vater hält diesen Wunsch für unrecht, für unmenschlich. Aber soll denn der Mensch nicht einmal hoffen? darf er sich nicht aus dem Sturme, aus dem Schiffbruche an das Land sehnen? soll er den Giftbecher des Geschickes mit Blumen kränzen?"

„Ach, du solltest einmal deine Blicke auf den Kreis deiner unglücklichen Freunde werfen! Ich lächle, daß sie so viel für die Erhaltung eines Jammers thun, den sie Leben nennen; daß Karoline und ihr Bruder so fleißig an dem Wollrade spinnen, um ihren Athem zu Klagen, zu Seufzern zu fristen. Auch mein Vater braucht den letzten Rest seiner matten Kraft, den schwachen Faden seines Lebens zu erhalten. Ich spinne mit, um sie nicht zu betrüben. Sie freuen sich,

wenn sie am Abend ihre Arbeit verkauft haben,
und zählen die wenige Kupfermünze, ihren Ge-
winn, als ob sie der Bürge eines besseren Schick-
sals wäre; aber eine Stunde darauf ist sie ver-
zehrt, und wir fangen aufs neue unser Tage-
werk an."

„Ich verberge meine Thränen, verhülle die
Wunden meines Herzens, und scheine mich mit
ihnen zu freuen; denn auch die besten Menschen —
und das sind sie — können den Schmerz eines
Andern nicht immer ahnen. Neulich fand mein
alter Vater in dem Gurte seiner Beinkleider
noch ein Goldstück, das den raubsüchtigen Menschen, die uns plünderten, entgangen war. Alle
traten zu dem elenden Stücke Metall hin, und
betrachteten es, wie ein Unglücklicher die Hoffnungen des Himmels. Karoline kaufte ein besseres Gericht Essen ein, und machte dadurch Alle,
nur mich nicht, heiter. Sie sagte: nun noch
Iglou's sanfte Lautentöne; was fehlte uns dann?
Ach! dachte ich; können ihre Lautentöne die Todten erwecken? Sieh, Flaming! das ist es; ach!
das ist es, weshalb ich mich weg wünsche von diesem Schauplatze des Jammers. Ein Vater sitzt
zwischen ihnen, dessen Kinder die Flamme ver-
zehrt hat; und sie denken nicht daran. Sie ahnen nicht einmal, daß die Flamme, die meine

Kinder tödtete, noch immer verzehrend in meiner Brust brennt. Vielleicht bist auch du glücklich, wenn diese Klagen vor deine Augen kommen; und dann wird ein Seufzer, ein Achselzucken, alles seyn, was du für deinen Freund noch hast. Es ist nicht deine Schuld, es ist die Schuld der Natur; sie gab ja den Menschen ein Herz, das nichts als sich selbst fühlt."

„Sie verweisen mich auf morgen, und dann wieder auf den folgenden Tag. Ach, sie bedenken nicht, daß mein Schmerz der Punkt ist, um den meine Zeit sich unveränderlich drehet. Sie wollen nicht begreifen, daß mich unmöglich etwas trösten, daß selbst die Allmacht des Himmels mich nicht anders retten kann, als in das Grab. Ich soll mich überreden lassen, das Grab könne seine Todten zurückgeben. Sie stellen ein Vielleicht dahin, an das sie selbst nicht glauben, und schmähen, daß mein Schmerz vor diesem Trugbilde nicht weichen will. Das ist unser Zustand. Sie spinnen ihre Wolle, ihre Hoffnungen, ihr Leben ab; ich nähre meinen Schmerz mit blutender Seele, bis der Tod endlich rufen wird: es ist genug, du Armer! — Lebe wohl, Flaming: Ach du hattest wohl Recht, als du sagtest: man sollte nichts als unglücklich seyn; denn ist das Leben etwas Anderes als Unglück?"

Der Baron las die Briefe mit naſſen Augen, ließ ſich dann von dem Kaufmanne die Begebenheiten ſeiner Freunde erzählen, und hörte mit klopfendem Herzen. Er unterſtützte den Kaufmann edelmüthig. Aber nun wollte er auch für ſeine Freunde thätig ſeyn, und wußte doch nicht wie, da die Verbindung zwiſchen Preußen und der Mark völlig wieder aufgehoben war. Er lief in Berlin umher, und fragte alle ſeine Bekannten um Rath, wie man Gelder nach Königsberg ſchaffen könnte; aber niemand wußte ihm ein ſichres Mittel anzugeben.

Als er einige Tage geforſcht hatte, entſchloß er ſich, ſelbſt nach Königsberg zu reiſen und ſeinen Freunden Hülfe zu bringen. Seine Mutter bat ihn, ſich nicht ſolcher Gefahr auszuſetzen; er blieb aber feſt bei ſeinem Entſchluſſe. Nun forderte ſie von Iglou, daß ſie ihn davon abhalten ſollte. Iglou's Augen ſtanden voll Thränen; aber zur Erfüllung dieſes Verlangens war ſie nicht zu bringen. Jetzt erhob ſich ein neuer Streit. Der Baron ſprach mit Iglou darüber, wie ſie während ſeiner Abweſenheit leben ſollte. Sie ſah ihn ſtarr an, und ſagte: ich? während deiner Abweſenheit? Flaming, du glaubſt, ich würde dich in einem Augenblicke deines Lebens verlaſſen? Ich gehe mit dir!

„Du bleibst, Iglou! Bedenke doch die Gefahren dieser Reise!"

Eben die will ich mit dir theilen. Wäre die
Reise sicher, so möchtest du sie ohne mich machen;
aber jetzt? Ich reise mit dir.

„Iglou, liebe Iglou, in deinen Umständen!
Du trägst ein Kind unter deinem Herzen. Ich
bitte dich!"

Angst um dich würde mich hier tödten; aber
in deinen Armen, an deiner Seite, ist alles,
Schmerz und Tod, ein Glück für mich. Ich
reise mit dir.

Iglou war nicht von ihrem Entschlusse abzu-
bringen, und der Baron schwankte nun zwischen
Liebe und Freundschaft. Jetzt fand sich ein
Mann von bekannter Redlichkeit, der von dem
Russischen Befehlshaber einen Paß zu einer Reise
nach Danzig zu erhalten gewußt hatte, und dem
man ohne Bedenken Geld anvertrauen konnte.
Der Baron gab ihm eine beträchtliche Summe
für seine Freunde mit, und sagte zugleich dem unglücklichen Lissow in einem Briefe, daß seine
Kinder wohl noch leben könnten. Aber nach
einigen Wochen brachte die Familie des Kauf-
manns mit lautem Jammer dem Baron die
Nachricht, daß er unterweges von umherstreifen-
den Räubern geplündert und ermordet worden

sey. Nun war die vorige Verlegenheit wieder
da. Der Baron konnte sich jetzt noch weniger
entschließen, die Reise mit Iglou zu unternehmen, da ihre Entbindung immer näher herankam. Er schickte nun mit allen Gelegenheiten,
die er finden konnte, kleinere Summen ab, und
hoffte, daß wenigstens Eine an seine Freunde
kommen würde. Eben so sehr wie diese, beun-
ruhigte ihn jetzt auch Iglou, an deren Herzen
ein stiller Kummer zu nagen schien. Er drang
in sie; und sie sagte ihm endlich: ach, wir sind
undankbar! Lissow hat Recht. Wir sind glücklich, und denken nicht einmal an die Menschen,
die uns so nahe angehen. Können nicht deine
Unterthanen vielleicht eben so unglücklich seyn,
wie deine Freunde in Königsberg? und haben
sie nicht auf Hülfe eben das Recht, wie diese?
Flaming, könnte ich alle die Familien vergessen,
mit denen wir ehedem lebten! O, ich bin undankbar gegen die Vorsehung gewesen, die mich
so hoch erhob, und so reich machte!

Der Baron forderte nun sogleich durch die
öffentlichen Blätter seine Unterthanen auf: sie
sollten sich an ihn wenden, weil er im Stande
sey, sie wenigstens vor drückendem Mangel zu
schützen. Nach und nach meldeten sie sich auch
größten Theils, und der Baron unterstützte sie

sehr freigebig.   Niemand hatte dagegen etwas,
ausgenommen Graßheim.

 Der Frau von Flaming war es mit ihrem kleinen Landsitze in Schlesien nicht viel besser gegangen, als dem Baron mit seinem Gute. Sie floh
zu Käthen; und diese schätzte sich glücklich, daß
sie ihrer Erzieherin nun einmal ihre Dankbarkeit
zeigen konnte.   Endlich kamen auch der Baron
und Iglou zu ihr. Herr von Graßheim äußerte
gleich Anfangs zuweilen einige Unzufriedenheit
darüber, daß Käthe sich bei so schweren Zeiten mit
einer ganzen Familie belastete.   Käthe tröstete,
bat, maulte ein wenig, und wollte die Bedenk-
lichkeiten ihres Mannes nicht einmal anhören.
Nun bekam der Baron den Wechsel von Hilbert,
und bestritt seine Haushaltung selbst. Als er aber
seinen Freunden schickte, und dann gar auch seine
Unterthanen aufforderte, sich an ihn zu wenden:
da hielt Graßheim es für nöthig, ihm einige Klugheitsregeln über seine Verschwendung zu geben.
Wissen Sie denn, fragte er, wie lange der Krieg
noch dauern wird? Ich bin nicht karg, lieber
Vetter; aber wegzugeben, was man selbst brauchen könnte, das fordert die Moral nicht. Die
Moral will, man soll zuerst an sich denken,
dann . . .

 „Erst an sich denken?" fuhr der Baron auf;
„das

„das forderte die Moral? Graßheim, das ist die Moral der Hölle, der ärgsten Bösewichter, des Egoismus! Welch ein Grundsatz! Ich bitte Sie, wie kann der je eine Regel werden, eine allgemeine Regel für das menschliche Geschlecht? Wahrhaftig, Graßheim, Sie wissen offenbar nicht, welche Eigenschaften das Princip einer Wissenschaft haben muß!"

Ich rede hier nicht davon, ob sich das erweisen läßt. Aber es ist eine Regel, die jeder vernünftige Mensch anerkennt.

„Nun denn, rief der Baron mit leuchtenden Augen; so behüte mich Gott vor der Vernunft! Für sich sorgen! auf sich denken!"

Ich kenne ja Ihre Uebertreibungen, lieber Vetter. Aber fragen Sie nur Ihre Frau; sie wird meiner Meinung seyn.

Iglou stand auf. Nein, Herr von Graßheim. Gott behüte mich, daß ich je in einer Stunde meines Lebens Ihrer Meinung seyn könnte! Wenn diese Regel allgemein angenommen wäre, so hörte die Tugend, so hörte das Glück auf. Welche Mutter würde neun Monathe Schwäche und Hülflosigkeit ertragen, und die Gefahr, den Schmerz der Geburt übernehmen, wenn Ihre Regel wahr wäre! Nein, die Mutter vergißt sich und ihre Schmerzen, um an

das Kind zu denken, das sie der Welt geben soll.
Wer würde die gedrückte Tugend beschützen, wenn
er immer nur an sein Wohlseyn dächte! O, guter
Gott! die Zukunft und mein Geschick sind dein;
aber mein ist die gegenwärtige Minute. Laß mich
bei dem Anblicke eines Unglücklichen immer vergessen, daß ich noch eine Stunde zu leben habe!
Laß mich nicht denken, daß ich noch etwas andres
zu meiner Freude brauche, als eine edle, auf-
opfernde That!

Ich habe nichts dagegen, — sagte Graßheim,
ein wenig empfindlich, aber doch lächelnd —
wenn Sie Beide so denken; allein dann müßten
Sie Sich auch auf Sich selbst verlassen können:
denn wenn Sie Sich endlich arm gegeben haben,
so erwarten Sie natürlicher Weise Hülfe von Andren. Ich sage das nicht etwa, um . . .

„Hülfe von Andren?" sagte der Baron:
„das hieße seine Handlungen auf Wucher verlei-
hen. Ich gebe, weil Unglückliche es bedürfen.
Was kümmert es mich, wie der Erfolg für mich
seyn wird! Das wäre eine sehr engherzige Groß-
muth, eine sehr eigennützige Tugend!"

Aber, lieber Vetter, — mißdeuten Sie meine
Worte nicht — wenn der Krieg nun länger
dauert, und Sie arm sind, wer soll Sie dann

ernähren? Sie geben jetzt ohnedies nur auf fremde
Kosten; und eben darum meine ich . . .

Wer uns ernähren soll? Diese Arme! sagte
Iglou.

Graßheim lächelte ein wenig spöttisch. Nun,
wenn Sie das meinen, so muß ich nachgeben.
Aber Sie würden ganz gewiß fühlen, daß es
leichter ist, so etwas zu sagen, als zu thun.
Diese Arme sind wohl gewohnt die Laute zu
halten; doch . . .

Was meine Arme vermögen werden, weiß ich
nicht; wohl aber, daß der Vogel, der an Ihrem
Hause nistet, ohne Arme ernährt wird.

Graßheim schwieg. Der Baron dachte über
sein Princip der Moral, und auch Iglou versank
in ein tiefes Nachdenken. Sie fühlte, daß Herr
von Graßheim nicht ganz Unrecht hatte, und daß,
bei ihrer Art Haus zu halten und zu geben, die
Zeit bald kommen würde, wo sie entweder auf
Hilberts oder Graßheims Hülfe rechnen müßten.
Als sie dem Baron ihre Gedanken sagte, erwiederte er: „Nun, wer hat denn nun Recht?
Sagte ich nicht immer: diese Weichlichkeit, dieser
Luxus, diese Feste, mit Einem Worte, das Glück,
hindert die Tugend? Da mußte ich aber Unrecht
haben!"

Werden wir nicht glücklich seyn, liebster

Mann, wenn wir Ein Zimmer bewohnen, Ein
Gericht essen, und die Kleider völlig auftragen?

„Wir werden nicht an das Glück denken,
liebe Iglou, und nichts als tugendhaft seyn.‟

Der Baron ging mit seiner gewöhnlichen Lebhaftigkeit an die Ausführung des neuen Planes.
Jetzt fand er von Graßheim Widerspruch, und
sogar seine Mutter hielt seinen Entschluß für ein
wenig allzu großmüthig. „Zu großmüthig, liebe
Mutter?‟ sagte der Baron mit seiner gerührten
und dann so schönen Stimme: — „zu großmüthig,
wenn ich mich einschränke, damit hundert Menschen nicht vom Hunger gequält werden, und nicht
ihr Lager mit Thränen benetzen dürfen?‟

Seine Mutter lächelte, und hatte nichts mehr
zu sagen. Der Baron bezog nun mit Iglou ein
kleines Zimmer, und strich alles, was nicht noth-
wendiges Bedürfniß war, aus dem Plane seiner
Haushaltung weg; und Iglou konnte bei ihrer
Denkart das leicht ertragen. Beide lebten in der
That von sehr Wenigem, und gaben der Stadt
ein Beispiel von Tugend, das, weil es so außer-
ordentlich war, nicht ganz ohne Nutzen blieb.
Es fand, wenn nicht Nachahmer, doch Bewun-
derer; ja, manche Familie unterließ eine Gasterei,
und gab wenigstens einen Theil des Geldes, die
sie gekostet haben würde, den Unglücklichen, deren

damals in Berlin so viele waren. Selbst Graßheim that, als er sah, wie einfach und dennoch
heiter der Baron und Iglou lebten, seiner Gattin den Vorschlag, eine Schüssel weniger zu essen
und das dadurch Ersparte unter Arme zu ver-
theilen.

Des Barons Wohlthätigkeit wurde zu bekannt,
als daß nicht Betrieger, oder Unverschämte, sie
sollten gemißbraucht haben. Er ahnete keinen Betrug, und gab reichlich. Es war ein Glück, daß
er Iglou zur Almosenpflegerin machte. Sie lernte
bald den Betrieger von dem Unglücklichen unterscheiden, und erhielt nun einen Theil der Summe,
die der Baron, weil er nur zu geben verstand, in
Kurzem verschwendet haben würde. In diesem
Feldzuge näherten sich die Russen Berlin. Man
zitterte vor ihren Grausamkeiten, und floh. Graßheim ging mit Käthen zu einem Verwandten in
dem Herzogthume Magdeburg. Die Baronin
fand es unschicklich, ihn dahin zu begleiten, und
entschloß sich, mit ihrem Sohne und Iglou an-
derswohin zu gehen. In Berlin wollte der Baron nicht bleiben, weil Iglou's Entbindung ganz
nahe war, und er sie itzt um so weniger einem
Schrecken vor Feinden aussetzen mochte. Er reiste
nun mit ihr und seiner Mutter nach einem Städtchen in der Altmark, nahe an der Hanöverischen

Gränze. Hier fing die Familie sogleich ihre einfache Lebensart wieder an. Ihr Geld hatte sehr
abgenommen; und dennoch verfloß ihr Leben unter
Wohlthun und dem Genuße der reinsten häuslichen Freuden.

Iglou gebar mitten in diesem ruhigen Genuße
einen gesunden Knaben. Obgleich das Kind schon
nach einigen Tagen schwärzlich gelb wurde, so
konnte der Baron doch nicht müde werden, es an
seine Brust zu drücken, und ließ sich durch die
Farbe nicht in seiner Vaterfreude stören. Jetzt
schlang sich ein neues und heiligeres Band, elter-
liche Liebe, um des Barons und Iglou's Herzen.
Iglou war, wie jede Schwarze, nach einigen Tagen wieder hergestellt, und konnte nach einem Augenblicke von Unruhe sogleich wieder Hausfrau,
und auch Mutter seyn. Ihr ohnehin ernst erhabe-
ner Charakter erhielt nun durch ihren Sohn etwas
Heiliges. Wenn sie das Kind an ihren keuschen
Busen legte, schien sie ein Engel, der eine Welt
beherrscht und segnet. Das Glück in des Barons
Hause erreichte nun den höchsten Grad. Niemand
von dessen Bewohnern konnte angeben, warum
er sich für so glücklich hielt; jeder wußte nur, daß
er zufrieden lebte, und daß Iglou die Quelle dieser Zufriedenheit war. Jetzt fiel der Baron zum
ersten Male auf den Gedanken, daß er nichts zu

dem Glücke seiner Familie beitrüge, und mit allem
seinem Studieren wohl überhaupt noch nie etwas
Nützliches gethan hätte. „Was haben meine Systeme gewirkt?" fragte er sich selbst; „was her-
vorgebracht? In der That eigentlich nichts." Er
fühlte, wie sehr Iglou's, und auch seiner Mutter Leben gegen das seinige abstach. Iglou stand
mit der Sonne auf, und besorgte die Haushaltung. Dann arbeitete sie den Tag über mit un-
unterbrochenem Fleiße; bisweilen nahm sie auch
wohl auf eine Viertelstunde die Laute, und sang
sich Muth zu für ihre mütterlichen Sorgen, oder
pries ihr stilles Glück, die hohen Freuden anspruch-
loser Wohlthätigkeit. Nun ging sie wieder neu-
gestärkt an ihre Arbeit. Sie machte alles selbst:
die Kleider für ihren Sohn, für ihren Mann,
seine Mutter und sich. Für Alles wußte sie Hülfe;
für Alles reichte ihr Geist und ihre Geschicklichkeit
hin. Sie verfertigte Stickereien, die jedermann
bewunderte, ließ sie verkaufen, und nannte das
Geld, das sie dafür bekam, ihre Armenkasse. Am
Abend las sie, oder schrieb, sang, erzählte; doch
alles nur, um die Zufriedenheit ihrer Familie zu
vermehren.

Frau von Flaming blieb wenigstens nicht ganz
hinter ihr zurück, und arbeitete mit ihr um die
Wette. Aber wer konnte Iglou gleich kommen!

Alle Geschäfte, alle Sorgen übernahm diese allein;
und alle Freuden, alle Bequemlichkeiten schienen
nur der Mutter und ihrem Manne zu gehören.
Die Baronin gewann ihre Tochter unaussprechlich lieb, und drückte sie oft voll Freude an ihr
Herz. Sie suchte Iglou liebevoll zu helfen, ihr
alles zu erleichtern; aber wenn sie etwas thun
wollte, so war es längst geschehen. Flaming sagte:
„welch ein Weib ist meine Iglou!” und die Mutter: Gott! welch eine Tochter habe ich gefunden!
Flaming sah den nützlichen Fleiß seiner Gattin und
seiner Mutter, und schämte sich, daß er so gar
nichts wirkte. Er fühlte jetzt, daß man, um ein
Mensch zu seyn, mehr thun müsse, als spekuli-
ren, und nährte den geheimen Wunsch, in das
bürgerliche Leben einzutreten. Jetzt fehlte ihm die
Gelegenheit dazu; indeß er that, was er konnte.
Bald zeichnete er für Iglou Muster zu Stickereien, was sie sonst selbst gethan hatte; bald las
er ihr und seiner Mutter während des Arbeitens
vor. Er wurde Vater im eigentlichen Sinne des
Wortes, hatte seinen Sohn auf den Knieen, während die Mutter nähete oder sonst etwas arbeitete,
und legte sogar in der Haushaltung mit Hand an.
So kleinlich diese Beschäftigungen auch waren, so
schienen sie ihm doch jetzt wichtiger, als seine ehemaligen Spekulationen; denn sie gaben seinem

Herzen stille Zufriedenheit. Ein Stickerei-Mu-
ster, das ihm gelungen war, und das Iglou mit
doppeltem Eifer ausführte, weil Er es gezeichnet
hatte, machte ihn heiterer, froher, als ehemals
alle seine Systeme.

Einige angesehene Häuser, die in dem Städtchen lebten, wurden aufmerksam auf diese glücklichen Menschen. So seltsam man Anfangs über
die Familie auch sprach, zu der eine Mohrin gehörte, so erhielt sie doch endlich allgemeine Achtung. Man ersuchte Iglou nun, einige junge
Mädchen aus den besten Häusern im Sticken zu
unterrichten. Sie that d a s, und noch viel m e h r.
In kurzer Zeit gewann sie die Liebe der Mädchen,
und hatte nun auch Gelegenheit, auf ihren Geist
und ihr Herz zu wirken.

Jetzt erhielt der Baron endlich wieder einen
Brief von Lissow. Dieser und seine Unglücksge-
fährten hatten von dem Gelde, das Flaming ihnen
geschickt, nur das wenigste bekommen. Ihr Elend
war durch eine Krankheit des Predigers und Karolinens auf den höchsten Grad gestiegen, und des
Barons Geschenke hatten nur so eben zugereicht,
sie nicht in der Noth untergehen zu lassen. An
eine Reise zu dem Baron, welche dieser den Unglücklichen angerathen, konnten sie gar nicht denken. Lissow bat den Baron, ihnen, wenn es ihm

M 5

möglich sey, zu helfen, damit sie nicht verzweifeln
dürften. Zugleich hatte er einen Zettel von einem
Dänischen Kaufmanne beigelegt, der sich erbot,
Briefe und Gelder richtig nach Königsberg zu
schaffen, und selbst für die Ueberlieferung zu stehen. Der Baron gab Iglou den Brief mit tiefem Schmerze über die Noth seiner Freunde. Sie
las ihn, und ihr Auge schwamm in Thränen.
Kaum hatte sie ihn gelesen, so sprang sie auf,
fiel dem Baron um den Hals, und rief: Gott
Lob! Gott Lob! wir können helfen! — Vor
Freude zitternd, packten Beide wieder eine große
Summe für die Unglücklichen ein. Nach den be-
trächtlichen Summen, die sie auch den Unterthanen des Barons schon gegeben hatten, blieb ihnen
in der That wenig von Hilberts Gelde übrig.
„Guter Gott!" sagte der Baron, und drückte
Iglou mit Innigkeit an seine Brust: „jetzt sehe
ich, was Fleiß und Arbeitsamkeit sind! Wie ruhig
kann ich diese Summe weggeben, da du mein bist,
Iglou! Was würde ich jetzt ohne dich anfangen!
Der Krieg wüthet am Main so gut, wie an der
Oder; und wer weiß, ob nicht Hilberts jetzt unsre Hülfe nöthig haben! Iglou, welche eine schöne
Seite des Lebens hast du mir gezeigt! Fleiß und
Arbeitsamkeit! O, wie unnütz ist mein Leben sonst
vergangen!"

Unnütz? sagte Iglou. Lieber Mann, setze dich nicht so tief herab. Deine Wohlthätigkeit, deine Liebe für die Menschen, deine reine Güte ...

„Was würden sie gewesen seyn, wenn ich nicht reich gewesen wäre! Was hat diese Hand, dieser Kopf bis dahin erworben? Nein Iglou, ich erröthe vor dir; denn ich bin, so lange ich reich war, nie ein Mensch gewesen. Jetzt sehe ich, der Mensch soll denken, aber auch arbeiten. Was wäre ich ohne dich, Iglou? Ein Verzweifelter, der sich nicht helfen könnte." Er küßte mit Entzücken und tiefer Ehrerbietung die wohlthätigen Hände seiner Gattin, und sie lag, vor Freude lächelnd und weinend, an seiner Brust.

Was er sagte, fühlte er wirklich, und fing nun sogleich an, Unterricht im Zeichnen zu geben. Jetzt vereinigte sich mit der Zufriedenheit, die sein Leben beglückte, der Genius, der sie erhält: das Gefühl, sie zu verdienen. Iglou gab auch Unterricht in der Musik; so vermehrten sich die Erwerbsquellen, und mit ihnen die Zufriedenheit dieser genügsamen Menschen. Der Baron und seine Familie erhielten die Achtung der ganzen Stadt, und ihre Wohlthätigkeit erwarb ihnen die Liebe und Dankbarkeit der Armen. Iglou war hier auf dem Schauplatze, wo ihre Tugenden wirksam seyn konnten. Sie kannte die Un-

glücklichen, denen sie gab, die Größe des Elendes, dem sie abhelfen wollte; und sie rettete hier
mit ihrem kleinen Ueberflusse in der That mehr
Menschen, als ehemals mit den großen Summen,
die ihr zu Gebote standen. Sie hatte sonst, so
wie der Baron selbst und die Frau von Flaming,
oft nur g e g e b e n; hier lernte sie w o h l t h u n,
und erhielt dafür das edelste Gefühl: Menschen
glücklich gemacht zu haben.

Der Baron war jetzt mit seinem Unterrichte,
den er auch in Sprachen gab, so beschäftigt, und
in der Anwendung seiner Kraft so glücklich, daß
es ihm an Zeit fehlte, n e u e n Grillen nachzuhan-
gen, wenn er auch Lust dazu gehabt hätte; indeß
seine a l t e n Systeme hatte er noch immer nicht
ganz vergessen.

Iglou erzog, wie natürlich, ihren Sohn,
und zwar, wie ebenfalls natürlich, auf eine ziemlich Abyssinische Weise. Der Knabe saß neben
ihr auf einer Decke im Zimmer, oder auf dem
Grase im Garten. Sie war der Meinung, man
müsse sich nicht viel mit den Kindern abgeben,
sondern ihnen nur Gelegenheit schaffen, ihre
Kräfte auszubilden. Dies hatte die Wirkung,
daß ihr Sohn fertig ging, als andre Kinder von
gleichem Alter noch getragen wurden. Der Baron erinnerte sich, als er seinen Jungen so früh

laufen sah, mit Schrecken aus seinem Systeme,
daß die unedleren Menschen-Racen alles Körper-
liche eher und besser lernen, als die edleren. Der
Knabe schrie nicht, wenn er fiel, und ließ sich
ganz ruhig behandeln, wenn er sich verwundet
hatte. „Ach," seufzte der Baron; „der Mohr,
der Neger, ist gegen den Schmerz unempfind-
lich!" Er bemerkte nicht, daß Iglou, wenn der
Knabe fiel, ihm gelassen zurief: nun, steh wieder
auf! ohne sich von der Stelle zu bewegen; daß
sie, wenn er sich verwundete, ruhig blieb, dann,
während sie ihn verband, von einem Vergnügen
sprach, das sie ihm machen wollte, und an die
Wunde gar nicht zu denken schien. — Der Knabe
lernte fertig und deutlich sprechen. Der Baron
rief: „Gott behüte! da ist auch die verdammte
Sprachfertigkeit!" Aber der Knabe mußte wohl
fertiger sprechen, als andere Kinder; denn Iglou
sagte ihm alle Wörter deutlich vor, zeigte ihm alle
sinnliche Gegenstände, wenn es möglich war, und
erfüllte nie sein Verlangen nach etwas, wenn er
bloß mit der Hand darauf hinwies, ohne es zu
nennen.

Nie haben wohl die Fertigkeiten, die Vollkom-
menheiten eines Kindes seinem Vater so viel Vergnügen gemacht, als dem Baron Unmuth und
Sorge. Rief Iglou: Friedrich! so ließ der Knabe

das angenehmste Spielzeug fallen, und eilte gehorsam zu ihr. „Ach!" seufzte Flaming dann;
„die sklavische Natur seines Stammes! Er kann
nur gehorchen!" Als der Knabe zum ersten Mal
ungehorsam war, funkelten des Barons Augen
vor Freude. „O, Gott Lob!" sagte er; „da
wirkt doch endlich einmal mein Blut." Er nahm
den Knaben gegen Iglou in Schutz, die ihm aber
seinen Ungehorsam nachher sehr scharf verwies.
Jetzt gehorchte der Knabe, wenn die Mutter nicht
zugegen war, seinem Vater sehr oft nicht, oder
widersprach ihm; und der Vater küßte ihn für
diese Beweise seiner Celtischen Natur. Nach und
nach äußerte der Knabe alle Celtischen Eigenschaften, doch nur, wenn er mit seinem Vater allein
war. Er gehorchte nicht, sprach nicht mehr deutlich; konnte nichts mehr selbst stellen, oder ohne
Hülfe machen, und fühlte den geringsten Stoß.
Sobald aber seine Mutter kam, war er wieder
der leibhafte Neger: gehorsam, körperlich geschickt, hart gegen Stöße und Wunden.

Der Baron wußte das nicht zu begreifen, und
beinahe wäre er mit einem neuen Systeme von der
Sympathie der Menschen unter einander zum
Vorschein gekommen. „Bin ich da," sagte er,
„so ist der Junge Celtisch, wie es nur einer seyn
kann; bei seiner Mutter aber wird er sogleich ein

wahrer Neger. Natürlich! der Junge ist aus
zwei Racen gemischt. Vielleicht wirken meine
Ausdünstungen auf seine Celtischen Fibern!" —
Unser späteres Manipulations-System war damals noch nicht bekannt; sonst hätte der Baron
gewiß geglaubt, seine Ausdünstungen manipulir-
ten das Kind, und brächten seine Celtische Natur
in Bewegung.

Iglou sagte zuweilen: du verziehst den Jungen, lieber Mann! Der Baron schwieg, weil
er seine Gattin zu herzlich liebte, um ihr zu erklären, woran es lag, daß sein Sohn nur ihm
nicht gehorchte. Aber zuweilen wurde ihm die
Celtische Natur des Knaben doch ein wenig zu
arg, und er mußte seine Zuflucht zu Iglou oder
zu der Ruthe nehmen, die von der Mutter schon
lange nicht mehr gebraucht wurde. Er und Iglou
geriethen hierüber in einen seltsamen Streit. Sie
hielt das Schlagen der Kinder für sklavisch, und
erlaubte es sich nur im höchsten Nothfalle, wenn
der Knabe ungehorsam war; er hingegen hielt
nichts für sklavischer, als den Gehorsam des Knaben. — Und doch mußt du ihn mit der Ruthe er-
zwingen! sagte Iglou. Der Baron konnte ihr
darauf nichts antworten; es war ihm zu viel
Räthselhaftes in diesem Phänomen. Noch größer
wurde seine Verlegenheit, als er in der Folge

einige Negeräußerungen bemerkte, die nur gegen
i h n ausbrachen.   Der Knabe gab, wenn der
Vater ihn unterrichten wollte, nicht Acht, und
antwortete verkehrt, kindisch, oder plauderte un-
aufhörlich dazwischen.   „Wahre Negernatur!"
seufzte der Baron.   Die Mutter nahm den Knaben vor; und nun war er aufmerksam, verständig, und faßte sehr schnell. „Wieder mein Blut!"
triumphirte der Baron.   Nur konnte er nicht begreifen, wie es zuging, daß der Knabe bei der
Mutter Celtisch, bei ihm aber negerartig war.
„Ei," sagte er endlich nach langem Sinnen mit
großer Freude: „meine körperliche Natur wirkt
auf seinen Körper: dann ist dieser, mit allem was
davon abhängt, Celtisch, und seine Seele nimmt
die Negernatur auf, die aus dem Körper weicht.
Bei der Mutter macht ihre Ausdünstung, oder
eine körperliche Sympathie, den Körper negerartig; und dann zieht seine Celtennatur in die
Seele.   Richtig! darum ist sein Körper bei mir
weichlich, ungelehrig, und seine Seele unverstän-
dig, ohne Nachdenken."

Iglou erklärte das alles ganz natürlich.   Der
Junge weiß, wie viel du ihm nachsiehst.   Er
spielt lieber als er lernt, und wagt es bei dir,
unaufmerksam, ungehorsam und trotzig zu seyn,
weil du es von ihm geduldet hast.   Bei mir
                                                    wagt

wagt er das nicht, weil ich ihm nie Ungehorsam oder andre Untugenden übersehen habe.
Nach diesen Aeußerungen sagte der Baron
nichts von seiner Erklärung, und auch in der
Folge schwieg er ganz davon. Der Knabe zeigte
so viel Geist, so viel Fähigkeit, und wurde durch
seine Mutter zugleich so gut und sanft, daß der
Baron ihr bald die Erziehung fast allein überließ,
und sich nur selten hinein mischte. Seine Achtung für Iglou stieg immer höher; und seine
Mutter konnte nicht aufhören zu sagen: mein
Sohn, du hast eine herrliche Frau.

Endlich, als bei Iglou's weiser Leitung des
Knaben Verstand und Herz sich immer vortheil-
hafter entwickelten, vergaß der Baron gänzlich,
daß Negerblut in seinen Adern floß. Er dachte,
wenn er Iglou oder seinen Sohn ansah, mit Be-
schämung an sein System der Menschen-Racen;
und nun, da er überzeugt war, daß er vor der
Negernatur seines Sohnes nicht mehr zu zittern
brauchte, nahm er wieder mit großem Eifer
Theil an seiner Erziehung. Jetzt suchte er Rousseau's Emile zum zweiten Male hervor. Er stu-
dierte die Erziehung seines Sohnes, und Iglou
erzog ihn. Sie lehrte ihn lesen, und er lernte
es ohne Schwierigkeit. Als er schon ziemlich fertig darin war, bemerkte der Baron es von unge-

Flaming IV.   N

fähr, und sagte: „um des Himmels willen, nicht lesen!" Er kann es, erwiederte Iglou. — Der Knabe lernte von seiner Mutter Lateinisch sprechen. Der Baron meinte, es wäre besser, wenn er anstatt dessen zimmern oder tischern lernte. Iglou hob die Arme des Knaben auf, und sagte: sobald die können, auch das. Keine Idee von Rousseau gefiel dem Baron besser, als daß jeder Knabe ein nützliches Handwerk lernen soll. Er selbst hatte zu sehr gefühlt, wie gut es ist, etwas zu wissen, womit man sich im Nothfall ernähren kann. „Erst muß man dafür sorgen," sagte er, „daß man unabhängig vom Unglück ist. Wenn ich dich nicht hätte, Iglou, und nicht zeichnen könnte, ich, ehemals ein reicher Baron, müßte jetzt umher laufen, und mein Brot vor den Thüren suchen." Er sah nicht, daß Iglou schon längst dafür sorgte, des Knaben Hände an alle Arten von Arbeiten zu gewöhnen.

Sie ließ ihn aus Brot Blumen machen, und übte dadurch seine Augen, so daß er früh ein Gefühl des Schicklichen, des Zusammenpassenden, erhielt. Der Baron rief, als er das bemerkte: „J'aime mieux qu'il pave les grands chemins que de faire des fleurs de porcelaine — oder von Brot, liebe Iglou!" Der Knabe mußte nun Leuchter, Tassen oder andre

Gefäße aus Brot machen, und der Baron war zufrieden. Faſt eben ſo ging es mit tauſend andern Dingen. — Der Baron wollte ſeiner Frau den Emile vorleſen. Sie verbat es ſich, weil ſie glaubte, es ſey beſſer, ein Kind nach einem fehlerhaften Plane zu erziehen, als nach zweien zugleich; aber dennoch machte ſie es, zu des Barons Erſtaunen, meiſten Theils gerade wie Rouſſeau mit Emile, und oft noch ſchicklicher. Iglou dachte und handelte nach ihren Einſichten. Sie war ſelbſt zu gut gebildet, um große Fehler begehen zu können; kleinere bemerkte ſie bald, und verbeſſerte ſie ſogleich. Ihr Herz und ihr Verſtand waren einfach; die Sitten der großen Welt hatten ihr nicht den Kleinigkeitsgeiſt gegeben, und ſie liebte ihren Sohn: kein Wunder alſo, daß ihr ſeine Erziehung gerieth.

Der Baron fing nun an, den Locke zu ſtudieren, und erſtaunte, daß auch dieſer Engliſche Philoſoph eben der Meinung war, wie ſeine Frau. Bei Allem, was dieſe unternahm, zog er ſeine Bücher zu Rathe; und wenn ihr Verfahren denen widerſprach, ſo mußte ſie, trotz dem beſten Erfolg, Unrecht haben. Er hatte große Luſt, ſobald der Knabe nur ein wenig denken konnte, ihn in alle Geheimniſſe der ſpekulativen Philoſophie einzuweihen. Iglou ſtörte ihn eine Zeitlang

nicht. Doch alsdann überzeugte sie ihn durch die
Erfahrung, daß Spekulation nicht für den Geist
der Kinder gehört, und daß bei ihrer Bildung
weit weniger darauf ankommt, wie viel sie wissen,
als darauf, daß alle ihre Seelenkräfte, Gedächtniß, Phantasie, Dichtungs- und Urtheilskraft,
mit der Vernunft harmonisch ausgebildet werden.

Flaming machte Plane zur Erziehung; und
Iglou erzog. Sie lächelte bei allen seinen Planen, hörte sie aber geduldig vorlesen. Er hatte
eine Kritik der alten historischen Schriftsteller auf-
gesetzt, die, wie er wünschte, sein Sohn bald
lesen sollte. Mit keinem von allen war er zufrieden. „Es giebt,“ sagte er am Ende mit Unruhe, „für die christliche Jugend einen christli-
chen Virgil; wann wird doch endlich die Zeit kommen, da man einen Livius, einen Tacitus für die
Jugend bearbeitet! Sag mir, welchen Historiker willst du mit unserm Kleinen lesen, wenn er
zehn Jahre alt seyn wird?“

Keinen, antwortete Iglou. Der Historiker
schreibt für Männer, nicht für Kinder. Das Kind
bedarf aus der Geschichte nur einige Blätter, und
die muß ihm der Lehrer vortragen. Unser Sohn
soll den Livius nicht früher lesen, als bis er
Geist genug hat, ihn zu verstehen; aber er soll

einzelne Stücke daraus kennen lernen, der Sprache wegen.

So ging es oft. Iglou wußte indeß immer Mittel, ihre Meinung mit der seinigen verträglich zu machen. Der Knabe bewies durch seine Fortschritte, daß sie Recht hatte; früh aber suchte sie auch sein Herz zu bilden. Sie behauptete gegen ihren Mann: das Herz für die Tugend zu gewinnen, ist mehr, als den Verstand davon überzeugen. Das Herz muß die Tugend lieben, wie ein Glück, und das Laster hassen, wie ein Unglück. Die bloße Ueberzeugung des Verstandes von der Pflicht, die Tugend auszuüben, ist, wenn die Sinnlichkeit erwacht, ein Kind gegen einen Riesen. Ich ziehe den Riesen, die Sinnlichkeit, auf die Seite der Tugend, weil ich glaube, daß die ersten Tugenden der Kinder lauter Gefühle des Glückes seyn müssen; dann erst überzeuge ich den Verstand, und gebe der Tugend eine neue Kraft.

Der Knabe bedurfte kaum dieser vorsichtigen Bildung, da er die Beispiele seiner edlen Eltern stets vor Augen hatte. Es verging kein Tag, den Iglou oder Flaming nicht mit einer guten That bezeichneten. Iglou glaubte, man müsse, wo möglich, selbst mit Leidenden sprechen, und ihnen Hülfe bringen. Oft machte sie auch ihren Sohn zum Zeugen ihrer wohlthätigen Handlungen und ihrer Freude über das süße Glück, das sie gewähren.

Der Knabe war ungefähr vier Jahr alt, als Iglou's Tugend recht eigentlich geprüft wurde. Ein Frauenzimmer in Lumpen, bleich und matt, hatte in der Stadt gebettelt, und lag jetzt in einem Wirthshause krank und elend. Sie war, wie sie sagte, von den Russen geplündert, gemißhandelt worden, und endlich unter Noth und Elend bis hierher gekommen. Iglou hörte von dieser Unglücklichen, erkundigte sich in dem Wirthshause näher nach ihr, und erfuhr nun, was wir erzählt haben. Ein menschenfreundlicher Arzt des Ortes, der täglich in Flamings Hause war, besuchte die Kranke, und brachte Iglou dieselbe Nachricht, doch mit dem Zusatze, daß ihre Krankheit anhaltend seyn würde. Er wußte übrigens noch nicht einmal, was ihr fehlte. Daß dieses Frauenzimmer aus den so genannten besseren Ständen war, hatte er an ihrer gebildeteren Sprache bemerkt. Iglou machte sogleich Anstalt, dem armen Geschöpfe Pflege zu verschaffen. Sie ließ die Kranke noch an eben dem Tage auf ein kleines Stübchen in ihrem Hinterhause bringen, und nun ging sie zu ihr, um von ihr selbst ihr Schicksal zu hören.

Als die Kranke nur einen Blick auf Iglou geworfen hatte, schrie sie laut, und suchte sich in ihrem Bette zu verbergen. Iglou, die den Schrei für Ausdruck des Schmerzes hielt, ging mitleidig dem Bette näher, und fragte, was ihr so weh thue. Die Kranke antwortete nicht. Iglou setzte sich zu ihr, drückte die dürre, schlaffe Hand, und versicherte ihr, daß sie Unterstützung und Freundschaft finden solle.

Die Kranke war ängstlich; sie sah Iglou nur mit einzelnen Blicken, wie verstohlen, an, und sprach nur mit dumpfer Stimme einige Worte. Erholen Sie Sich erst, sagte Iglou; wir sprechen weiter. Seyn Sie ohne Sorge; Sie sind bei Menschen, die Sie nicht verlassen werden. Gewiß nicht! — Gewiß nicht? wiederholte die Kranke mit einer Art von Heftigkeit. — Gewiß nicht! sagte Iglou noch einmal. Die Kranke schien nicht daran zu glauben; sie seufzte mit sichtbarer Unruhe.

Die Kranke konnte Iglou's Versicherung, daß sie nicht verlassen seyn sollte, in der That nicht leicht glauben; denn sie war — Julie Hedler, durch ihren Leichtsinn nach und nach bis zur Bettlerin herabgesunken. Sie verschwendete als Mätresse des Russischen Generals ungeheure Summen, so sehr ihr Bruder sie auch bat, an die

Zukunft zu denken. Das konnte sie nicht, ja
nicht einmal sich gegen den General mit Klugheit
betragen.

Unter der Schwadron des Generals war ein
junger, schön gebildeter Husar, von Geburt ein
Deutscher, der, um seiner Sprache willen, natürlicher Weise viel mit dem General zu thun
hatte. Er wurde zu allem gebraucht, weil man
sich auf ihn verlassen konnte. Julie sah den hübschen jungen Menschen täglich, und er gefiel ihr,
da seine Figur edel, groß, und sein Gesicht ju-
gendlich schön war. Er wagte es einige Male,
Julien für Unglückliche, die er retten wollte, zu
bitten, und sie, die von Natur Gutherzigkeit
hatte, erfüllte sein Verlangen durch ihr vielgel-
tendes Vorwort. Juliens Bekanntschaft mit
dem jungen Husaren war nun gemacht; er begegnete ihr indeß immer mit tiefer Ehrerbietung, und
wagte es kaum, das reizende Geschöpf anzu-
blicken. Damit er Muth bekäme, lächelte sie ihm
zu, wenn er etwas bei ihr zu bestellen hatte; er
blieb aber immer in der ehrerbietigsten Entfernung, obgleich die freundlichen Blicke des reizenden Mädchens sein Blut in Wallung brachten.
Julie konnte dabei nicht stehen bleiben; dazu war
der junge Mensch zu hübsch. Ihr Lächeln, ihre
Blicke wurden bedeutender, und sie ließ sich seine

Geschichte von ihm erzählen. Er war von guter
Herkunft; aber sein feuriges Temperament hatte
ihn zu Unvorsichtigkeiten, und endlich unter die
Husaren gebracht. Julie sah ihn mit einem lockenden Blick an, sagte: ich will für dein Glück sorgen! und legte ihre Hand auf seinen Arm, der
sogleich anfing zu zittern.

Sie gestand ihrem Bruder ihre Neigung un-
verhohlen, und er verwendete sich für den Husaren, weil sie es bei ihrem Leichtsinne sonst selbst
gethan und dadurch Argwohn bei dem General
erregt haben würde. Frick — so hieß der junge
Mann — wurde Quartiermeister der Schwadron, und blieb nun ganz im Gefolge des alten
Generals. Er hatte wirklich vielen Edelmuth;
allein er war ein Mensch ohne Grundsätze, ohne
Tugend. Juliens Blicke lockten ihn; er konnte
ihrem zauberischen Lächeln nicht widerstehen, und
seine Augen fingen an ihre Blicke zu beantworten.
Nach und nach wurde er dreister, aber nur wie
ein Neuling in der Liebe. Ein ernster Blick von
Julien schreckte ihn wieder sehr weit von ihr zurück. Sie sah, wie das Verlangen nach ihr in
seinen Augen blitzte; wie ängstlich, wie sehnsuchts-
voll seine Brust in ihrer Gegenwart schlug; in
welche reizende Verwirrung er gerieth, wenn sie
mit ihm allein war; wie er mit sich selbst kämpfte,

N 5

ob er sich ihr zu Füßen werfen, oder ehrerbietig
schweigen sollte. Dies Schauspiel machte ihr
großes Vergnügen, und erinnerte sie an die süßen
Stunden in den Armen des jungen Franzosen,
den sie vielleicht allein geliebt hatte.

Was sollte Julien abhalten, den jungen, heiß
liebenden Menschen glücklich zu machen! Eines
Tages, als er allein bei ihr war, faßte sie seine
Hand, drückte sie, ohne zu sprechen, sah ihn
schmachtend, lächelnd, halb spottend an, legte
ihre kleine, weiße Hand auf sein Herz, und sagte
scherzend: o, wie das schlägt! Hast du mich denn
so lieb? — Der Jüngling zitterte, und wußte
nicht, was er antworten sollte. Sie näherte ihre
frischen, rothen Lippen seinem Munde; und seine
Augen blitzten von heftigen Flammen. Noch immer wußte er nicht, ob das Spott oder Liebe
war. Sie legte endlich ihre Lippen an die seinigen; und nun warf er seine zitternden Arme mit
unbeschreiblichem Feuer um ihren Leib, küßte sie,
und fühlte ihre Küsse auf seinen Lippen brennen.
Sie erstaunte über die heftige Leidenschaft des
jungen Menschen, der ihr dabei zugleich die größte
Ehrerbietung erwies. Mit zärtlichem Hingeben
umarmte sie ihn nun, und sagte ihm unter Küssen, daß sie ihn liebe. Er sank vor ihr nieder,
und weinte auf ihre schönen Hände. Sie hob

ihn wieder auf an ihren Busen; und er blieb, so leidenschaftlich er auch war, dennoch in den Gränzen der reineren Zärtlichkeit.

Julie empfand freilich nichts als Wolluft; aber dennoch wirkte zu ihrem Befremden die Bescheidenheit des jungen Menschen sonderbar auf sie. Sie fühlte sich durch seine Schüchternheit geehrt, und konnte sich nicht überwinden, ihn ihre Wünsche merken zu lassen. Ihre Neigung zu ihm wuchs gerade dadurch, daß er so bescheiden war; ihre eigenen Begierden wurden ruhiger, und sie fühlte nun in ihrem Herzen einen feineren Genuß der Liebe, den sie vorher nicht kannte.

Frick gehörte zu jenen Feuerseelen, die das Schicksal zu hohen Tugenden, zu den edelsten Gefühlen bestimmt hat; aber zu seinem Unglück blieb sein Geist ungebildet. Er war unbesonnen gewesen, doch niemals niedrig. Das Feuer seiner hohen Seele trieb ihn, anstatt zu Tugenden, in Gefahren. Sein Herz schwankte beständig zwischen dem feurigen Antriebe zu allem Edeln, und zwischen seinen Schicksalen, und den Menschen, die ihn zu Vergehungen zogen. Die Kraft seiner Seele ging in seine Leidenschaften über; doch nie schwieg die laute Stimme der Tugend in seiner Seele. Kurz, er war einer von denen Menschen, die mit Leidenschaften anfangen und mit Verbre-

chen endigen, weil sie das Wesen der Tugend nicht
kennen lernten.

Jetzt liebte Frick zum erſten Male, und mit
glühender Leidenſchaft; er würde aber auch mit
edler Reinheit geliebt haben, wenn er an ein tugendhaftes Mädchen gerathen wäre. Julie ent-
zündete Liebe und Wolluſt zugleich in ſeiner Bruſt;
doch ſeine Liebe bekam den edleren Charakter, weil
er noch nie geliebt und nie ausſchweifend gelebt
hatte. Nur der Umſtand, daß Julie des Generals Mätreſſe war, bewirkte Regungen der Wolluſt bei ihm; doch die Liebe war viel ſtärker, als
dieſe. Selbſt bei der Mätreſſe Julie wagte er
es nicht, mehr zu fordern, als ihr Herz; aber es
ließ ſich voraus ſehen, daß die Sinnlichkeit in Kurzem das Uebergewicht bekommen würde.

Julie ſelbſt verlangte das. Sie öffnete dem
Jünglinge die wollüſtigen Arme, und er ſank hinein; doch mitten in dem Genuſſe der Freuden forderte er noch immer ihre Liebe. Er hing mit voller
Seele an ihr; aber er war durch Eiferſucht auch
ihr Tyrann, in ſeiner Liebe fürchterlich. Mit
Thränen der Wuth, der Verzweiflung, mit ſchrecklichen Drohungen, forderte er von Julien, ſie
ſollte den General verlaſſen. Julie ſuchte ihn zu
überzeugen, daß es beſſer ſey, den General ſo
fort zu betriegen, und bot ihm Koſtbarkeiten, Gold

an. Verachtend stieß er Ringe, Uhren und Gold
zurück, und sagte mit blitzenden Augen: Julie,
d i ch will ich! d i ch! Im Elende wollte ich mit
dir vergehen, in Verzweiflung umkommen, und,
wenn du mir gehörtest, nur mir, dennoch glücklich seyn. Er fiel ihr zu Füßen, und rang die
Hände vor Wuth und Eifersucht. Du liebst mich
nicht! rief er; es ist nicht wahr, du liebst mich
nicht! Denn wie könntest du sonst noch etwas
außer mir wünschenswerth finden? Julie, ich beschwöre dich, sey mein! O, ich will dich unendlich,
unaussprechlich lieben; für dich arbeiten, daß mir
die Sehnen springen! Bringe mich nur nicht zu
der rasendsten Verzweiflung.

Eine solche heftige Liebe war Julien noch nicht
vorgekommen. Was sie that, ihn zu beruhigen,
die zärtlichsten Liebkosungen, die sorgfältigste Auf-
merksamkeit, die Ueberwindung aller ihrer Lau-
nen — nichts konnte diesen Menschen zu dem machen, wozu sie schon so manchen gemacht hatte:
zu ihrem Sklaven. Sie fühlte, daß sie inniger
als je geliebt war, und freuete sich darüber, ob sie
gleich auch fühlte, daß Frick sie gewaltsam be-
herrschte. Er zwang sie, an die Wahrheit seiner
Empfindungen zu glauben; noch mehr! er zwang
sie zu ähnlichen Empfindungen, und brachte einige
Funken von seinem Feuer in ihre Seele. Die

Wolluſt, die ſie geben konnte, war nicht das Ziel, nach welchem er ſtrebte; nein, es war ihre Liebe, ſie ſelbſt. Er wollte nicht ihrer genießen, ſondern ſie beſitzen. Wenn ſie die ſchönen Arme um ihn ſchlang, ihre heiße Wange an der ſeinigen lag, und er ſich nun mit ihr in die Zukunft hin träumte, wie ſie einander Alles, ewig Alles, ſeyn wollten: das war der Augenblick, wo ſein Auge ſich mit Thränen, ſeine Bruſt mit Entzücken füllte; der Augenblick, wo er betheuerte: er ſey glücklicher, als eine Sprache es ſagen könne.

Anfangs hatte er genoſſen, war aber nicht glücklich geweſen, und am Morgen mit finſtern, mißtrauiſchen Blicken von ihr weggegangen. Erſt als ſie das Fremde für ihn verloren hatte; als der Gedanke, ſie iſt die Mätreſſe des Generals, ein prächtig gekleidetes Frauenzimmer, nicht mehr auf ſeine Phantaſie wirkte; als er ſie Julie und Du nannte: erſt da wurde er glücklich, aber auch eiferſüchtig. Jetzt wollte er mit ihr entfliehen. Wo können wir hin? ſagte Julie. Und denk an die Rache des Generals, wenn wir eingeholt würden! Wir wären Beide verloren! — Er rang die Hände, und knirſchte mit den Zähnen. Aber was konnte er erwiedern? Er fügte ſich in die Nothwendigkeit.

„O Julie,” ſagte er einſt, und betrachtete ſie

mit verschlingenden Blicken; „ich liebe dich! Der Gedanke, ob auch du mich liebst, nagt wie ein Geier an meinem Herzen."

Aber, antwortete sie lächelnd, wie soll ich dich Ungläubigen überzeugen, daß ich dich liebe?

Er legte die Faust an die Stirn, und rief grimmig: „das ist es, das ist es! Sieh, wenn ich dich in einem Bettlerkleide, in Noth und Elend gefunden hätte, und die Welt wäre mein gewesen — ach, Julie, Alles würde ich für dein Herz dahin gegeben haben. Barmherziger Gott, daß ich dich so, so finden, so lieben mußte!"

Lieber Frick, wer hat versprochen, mir meine ehemaligen Begebenheiten nicht mehr vorzuwerfen? Sie sind geschehen. Aber habe ich dir nicht gesagt, daß ich dich, dich allein, liebe, wie noch keinen Mann?

Er schüttelte den Kopf, und betrachtete sie mit finstern Blicken. „Was du sagst, kann wahr seyn; aber das ist ja eben das Unglück, das Schreckliche bei der Lebensart, die du geführt hast, daß dir kein Mann trauen darf! O Julie! könnte ich dein Leben bis zu dem Augenblicke, da du verführt wurdest, zurückkaufen — sieh! hier im Schnee wollte ich Jahre lang knieen, von Wurzeln, von Wasser leben; ich würde es lächelnd ertragen, und für dich beten. Nein, Julie, du kannſt mich nie ganz glücklich machen! Ach, alle deine Reitze gäbe ich für deine Unſchuld!"

Ihr Männer ſeyd doch ſeltſam! erwiederte Julie, und ſuchte ihre Empfindlichkeit durch einen leichten Spott zu verbergen. Da ſpricht der Menſch von Unſchuld; und ich wollte nur den Lärm ſehen, den er machen würde, wenn ich ihm mein Schlafzimmer verſchlöſſe! Du, Frick, biſt um nichts beſſer, als die übrigen Männer.

„Ja, ich bin mit dir gefallen; aber eben, daß ich darauf rechnen konnte, iſt das Gift, das an meiner Seele nagt. Wenn du unſchuldig geweſen wärſt, Julie, . . . ſo . . ."

Hätteſt du mich dann mehr geliebt?

„Nein, das nicht. Ich liebe dich bis zum Wahnſinn; aber die Liebe hätte mich dann zu einem guten Geiſte gemacht, zu einem Glücklichen: und jetzt macht ſie mich zu einem Teufel, zu einem Verzweifelten. Julie, ich könnte morden, wenn du meiner überdrüßig würdeſt, einen Andern an dich locfteſt, und mich verſtießeſt. Wenn du das thäteſt — lächle nicht! — wenn du das je thäteſt, ſo . . . Ich mag nicht daran denken, daß es möglich iſt! Du würdeſt ſehen, was Liebe kann!

So waren ihre Geſpräche faſt immer; und Julie, die wirklich alle die Liebe, deren ihr leeres

Herz

Herz fähig war, für den jungen Mann empfand,
fing endlich an zu begreifen, daß Unschuld, Keusch-
heit, doch nicht etwas ganz Gleichgültiges seyn
müsse. Frick lehrte sie eine Liebe kennen, die nicht
bloßer sinnlicher Genuß ist, und erwarb sich zugleich durch Uneigennützigkeit ihre entschiedene Achtung. Er nahm nie Geschenke von ihr, so viel,
so oft sie ihm auch etwas anbot. „Das ist nicht
dein!" sagte er mit Stolz und Unwillen: „Geld,
an dem mein Elend, meine Verzweiflung hängt.
Ich wünschte, du ständest nackend da, frei von
dem Prunke, den ich mit meiner Ruhe bezahlen
muß! Dann würde ich dich mit meinen Kleidern
bedecken, und dieser Säbel sollte dir alle die
Nichtswürdigkeiten erfechten, ohne die du nicht
leben, nicht glücklich seyn zu können glaubst!"
Als sie einmal in Ernst böse wurde, daß er einen
simpeln goldnen Ring nicht nahm, den sie ihm
anbot, um seine Zweifel an ihrer Liebe zu besiegen: da schnitt er ihr mit einer Scheere eine Locke
von ihrem blonden Haare. „Das ist dein,"
sagte er, „meine geliebte Julie! Dieses Haar
schenke mir!" Er band die Locke zusammen, und
trug sie nun auf seinem Herzen. •

Julie lachte über diese empfindsamen Tände-
leien, diese Kleinigkeiten, denen ein volles Herz
so hohen Werth giebt; doch es währte nicht lange,

Flaming IV.   O

so legte sie, zu ihrer Verwunderung, selbst Werth
darauf. Sie steckte einen goldnen Ring, den er
ihr schenkte, lieber an, als einen brillantenen,
und trug ebenfalls Haar von ihm auf ihrem Herzen. Mit Unmuth, mit sichtlichem Widerwillen
erduldete sie die Liebkosungen des alten Generals,
und machte tausend Erfindungen, um mit seinen
Besuchen verschont zu bleiben. Sie hängte sich
mit einer Art von Schwärmerei an ihren Geliebten; und wenn Frick reich gewesen wäre, so
würde sie den General gewiß verlassen haben.

Jetzt theilte sie wirklich mit ihrem Geliebten
alle Gefühle, und wünschte sogar, noch unschuldig zu seyn, um ihn ganz glücklich machen zu können. Stunden lang hörte sie seine Träumereien
von der Zukunft mit innigem Vergnügen an;
ja, in manchem Augenblicke ihrer Schwärmerei
versprach sie ihm mit vollem Herzen, ihn zu
heirathen.

Eines Tages stand der General mit einem
Theile seines Regiments auf den Vorposten. Da
er jetzt vor einem Angriffe sicher zu seyn glaubte,
so ließ er Julien, die bei der Bagage in einem
entfernteren Dorfe war, bitten, zu ihm zu kommen. Frick und ein Paar Husaren begleiteten sie
bis zu dem Dorfe, in welchem der General sein
Quartier hatte. Gegen Abend entstand Lärm,

und Alles gerieth in Verwirrung. Die Preußischen Vorposten waren durch einen Wald gegangen, um den Russen in den Rücken zu kommen.
Julie mußte sich nun sogleich wieder in den Wagen setzen, den eine kleine Bedeckung von Husaren, unter Fricks Anführung, begleitete. Am
folgenden Morgen, als eben die Sonne aufging,
hörte man in dem Walde ein Pferdegetrappel,
und es sprengten einzelne Husaren heran. Der
General war genöthigt, sich zurückzuziehen, und
ließ Frick sagen: er sollte Julien sogleich links
fahren lassen, weil rechts der Feind stände. Kaum
war Frick wieder aufgebrochen, so kam auch der
Feind schon zum Vorschein. Julie schrie vor
Angst. Frick sprengte an den Wagen, und sagte
in Eil: „Julie, so lange ich lebe, wird kein
Feind an den Wagen kommen!" Er befahl dem
Kutscher, langsam und vorsichtig zu fahren;
dann sprengte er zu seinem kleinen Trupp.

Sobald die Preußischen Husaren den Wagen
sahen, stürzten sie hinzu, um Beute zu machen.
Frick sprengte ihnen mit gezucktem Säbel entgegen, und sein Muth begeisterte seine Kameraden.
Sie wehrten die Preußen ab, und eilten dann
wieder zu dem Wagen. Die Feinde stürzten aufs
neue heran, und Frick ihnen sogleich wieder entgegen. Hier fiel einer, dort einer. Vier Russen

lagen schon und auch fünf Preußen, von denen
Frick viere niedergehauen hatte. Nur er und ein
Russe waren noch am Leben, aber Beide leicht
verwundet; sie hatten vier unverletzte Preußische
Husaren, einen Officier unter ihnen, gegen sich.

Der Officier bewunderte die Tapferkeit des
einzigen Mannes, und rief ihm auf Russisch zu:
er.möchte sich ergeben. Frick antwortete Deutsch:
„ich bin kein Russe! Lebendig bekommt ihr mich
nicht!" Nun erhob sich ein wüthendes Gefecht,
worin Frick Wunder der Tapferkeit that. Die
Preußen riefen ihm bei jedem Hiebe zu: Bruder
Deutscher, Pardon! Jetzt fiel Fricken ein Gedanke ein. „Halt!" rief er; „ein Wort!" —
Aber der Wagen fährt nicht weiter! rief der
Preußische Officier; und er hielt auf Fricks Zu-
ruf. Frick sagte nun: „ich bin ein Unglücklicher,
der jetzt Leben und alles verlieren, oder alles gewinnen muß. Ist euch mehr an mir oder an dem
Wagen gelegen? Laßt den Wagen fahren, und
ich bin euer Bruder, ein Preuße. Wollt ihr
das nicht, so muß der Säbel entscheiden. Ich
bin entschlossen zu sterben. So lange dieser Arm
noch nicht abgehauen ist," — bei diesen Worten
fuhr sein Säbel schrecklich pfeifend durch die
Luft — „so lange berührt niemand den Wagen!" — Aber, fragte der Officier lächelnd:

was haſt du mit dem Wagen, braver Kamerad?
Willſt du unſer ſeyn, ſo nimm ihn dazu. Du
ſollſt dich mit meinem Burſchen in die Beute theilen. Sag, was haſt du mit dem Wagen?

„Er gehört meinem General, der ihn mir
anvertrauet hat. Das Mädchen darin iſt meine
Geliebte. Wollen Sie, Herr Lieutenant, ſo hole
ich das Mädchen, der Wagen fährt, und ich bin
der Ihrige.” — Kamerad, ſo nimm doch den
Wagen mit! Er ſoll dein ſeyn. Auf Ehre,
ganz dein!

„Herr Lieutenant, ich will das Mädchen,
weiter nichts; das Uebrige muß wieder zu der
Ruſſiſchen Armee. Wenn es ſeyn könnte, näh-
me ich das Mädchen lieber nackt. Dieſer Säbel ſollte ihr wohl Brot und Kleider ſchaffen!
Wollen Sie?” — Wohl, ich will. Laß den Wagen zum Teufel fahren! — „Herr Lieutenant,
machen Sie, daß ich zu Ihrer Schwadron
komme. Sie ſchenken mir den Himmel; und
mein Leben, mein Blut, gehört von heute an
Ihnen.” Er ſprengte an den Wagen, und rief
glühend: „Julie, ich habe dich und mich gerettet! Willſt du nun mein Weib ſeyn?” Julie
ſprang auf. Gott, lieber Frick, du bluteſt! —
„Mit dieſem Blute,” ſagte er lächelnd, „habe
ich deine Hand erkauft. Willſt du mit mir zu

den Preußen übergehen?" — O ja, lieber Frick,
hier ist meine Hand. — „So steig aus. Wirf
deine Ringe, deine Uhren hin. Steig aus, und
folge mir!" — Frick, laß uns den Wagen mit-
nehmen! — „Der Wagen gehört dem General,"
sagte Frick finster; „steig aus und folge mir!"

Julie begriff nichts. Frick erklärte es ihr.
„Ich gehe zu den Preußen über, weil ich ein
Deutscher bin, weil ich dich retten will; aber der
Wagen wurde mir anvertrauet, und soll wieder
in die Hände des Generals kommen. Wenn du
mich liebst, Julie, so wirf ihm die Ringe, die
Uhren, das Gold hin; und, bei meinem Leben!
dafür will ich vergessen, was du gewesen bist."
Julie überlegte einen Augenblick. Arm sollte sie
mit ihm gehen? das Weib, das schlechtgekleidete
Weib eines Husaren? Sie fing an zu weinen.
Da riß Frick die Mütze ab, zeigte ihr den Hieb auf
der Stirn, und sagte: „sieh! Blut war mir für
dich nicht zu theuer; und du?" Er riß eine Pistole aus dem Halfter, und setzte sie, mit einem
verachtenden Blicke auf Julien, an die Stirn.

„Nein!" rief er dann; „ich habe ja erst dein
Gold zu retten!" Er steckte die Pistole wieder ein,
zog den Säbel, und sprengte gegen die Preußen.
„Herr Lieutenant!" rief er; „nichts als Tod!
Ich bin Ihr Feind! Sie fechten mit einem Ver-

zweifelten, der ſterben will, ſterben muß, der ſchändlich betrogen iſt. Aber der Wagen muß fahren, ſo lange mein Arm den Säbel noch heben kann!" — Halt! rief der Lieutenant ſeinen Huſaren zu, weil er ſah, daß Frick bleich wurde. Laß den Wagen fahren, ſo weit er kommen kann, Kamerad. Er iſt ja doch unſer; du kannſt ja kaum mehr auf dem Gaule ſitzen. — „Ich?" rief Frick wüthend, ſpornte ſein Pferd, und hob mit der letzten Kraft den Säbel. „Sterben will ich! ſterben!"

Der Officier ſprengte auf ihn zu, und ſchlug ihm den Säbel aus der Hand. Nun wurde Frick vom Pferde geriſſen, und der andere Huſar ſprengte in den Wald. Man hielt den Wagen an, und wendete ihn um. Julie ſchrie laut auf, als ein Preuße ihr die Piſtole vorhielt. Deſerteur! rief der Officier, und gab Fricken den Säbel wieder; der Wagen iſt ſein! — „Gefangener!" ſagte Frick. „Kameraden, der Wagen iſt euer!" Der Officier ſprengte zu dem Wagen hin, erſtaunte über Juliens Schönheit, verſicherte ſie ſeines Schutzes, und ſagte ihr freundlich: ſie möchte ruhig ſeyn. Als der Wagen an den Platz kam, wo Frick auf der Erde lag, und eben von einem Preußen verbunden wurde, ſprang Julie lautſchreiend heraus, ſtürzte ſich neben ihn hin,

nahm seinen Kopf auf den Schooß, benetzte sein
Gesicht mit Thränen, und gab ihm alle Beweise
einer zärtlichen Liebe. Frick lächelte, und reichte
ihr die Hand. Der Officier rief noch einmal:
Deserteur, Kamerad! Ich bitte dich, sag Deserteur! Das Mädchen ist dein!

„Deserteur!" stammelte Frick. „Julie,"
setzte er hinzu; „du hast nicht gewollt, daß ich
glücklich würde. Dein Gold ist dir mehr werth,
als ich. Laß mich sterben, und sey du nur glücklich!" Dieser Edelmuth überwältigte Julien; sie
sprang auf, machte den Husaren große Geschenke
und rief: Wagen und Pferde sind euer! alles,
was ihr findet, ist euer! Aber vorsichtig verbarg
sie eine kleine Schatulle, die ihre Kostbarkeiten
und eine Summe Geld enthielt. Frick, den man
bald wieder auf sein Pferd gebracht hatte, erzählte
nun dem Officier auf dessen Verlangen. So sehr
er auch die eigentlichen Umstände im Dunkeln ließ,
so errieth der Officier dennoch den Zusammenhang.
Er ließ lächelnd anhalten, und sagte: Mamsell,
alles was im Wagen ist, sogar die Kleider, die
Sie tragen, sind unser, und Sie selbst unsre Gefangene. Steigen Sie aus! Zitternd und bleich
trat Julie aus dem Wagen. Der Officier bemächtigte sich ihrer Schatulle, und sagte dann zu Frick:
du bist mein Rekrut, braver, edler Mensch! Ich

bin dir Handgeld schuldig. Hier! du bekommst
meine Gefangene, und dieses Kästchen. Bist du
nun zufrieden?

Julie reichte ihrem Geliebten die Hand zu;
und er sah den Officier mit dankbaren Blicken an.
Sie hielt ihm auch die Schatulle hin; aber die
schlug er lächelnd aus. „Ich mag sie nicht; sie
ist dein, Julie: das Geschenk eines edlen Mannes. Jetzt ruhet ein anderer Geist darauf." Er
wurde nun gelassener, und man kam Mittags bei
der Preußischen Avantgarde an.

Natürlicher Weise machte diese kleine Begebenheit Aufsehen. Jeder wollte den jungen, tap-
fern, edlen Husaren und seine Geliebte kennen
lernen, die man denn unbeschreiblich schön fand.
Julie verließ, so lange Frick noch krank lag, sein
Bett nicht. Sobald er gesund war, wurde er
eingestellt. Er genoß allgemeine Achtung in dem
Regimente; und da er bei verschiedenen Gelegenheiten eben die Tapferkeit zeigte, wie in jenem
Scharmützel, so wurde er bald Wachtmeister, und
es war kein Geheimniß, daß der General nur auf
Gelegenheit wartete, ihn dem Könige zum Officier
vorzuschlagen. Jetzt zog auch die Ehre Julien
an ihn. Sie liebte den Mann, der sich allgemeine Achtung erwarb, und er mußte nun aus
Gefälligkeit für sie einen Aufwand machen, wie

ihn nur der Rang, den er hoffte, entschuldigen konnte. Sie selbst trug jetzt Amazonenkleider, und blieb immer an der Seite ihres Geliebten.

Der junge Officier, der Fricken zum Gefangenen gemacht hatte, war sogleich sein Freund, und Beide wurden das noch mehr in einem Vorpostengefechte. Der Officier hätte sich zu weit gewagt. Auf einmal sprengten aus einem Gebüsche mehrere Husaren hervor, die ihm den Rückweg abschnitten. Er war umringt, und sah seinen Tod vor Augen; denn die Erbitterung der Russen, welche durch eben dieses Husarenregiment einige Male sehr gelitten hatten, war zu groß, als daß er hätte hoffen können, Pardon zu erhalten. Er wehrte sich, so gut er konnte; auf einmal hörte er ein heftiges Geschrei, und zugleich wendete sich ein Theil der Russen von ihm ab. Nur Ein Preußischer Husar schlug sich mit unbeschreiblicher Wuth herum. Das gab ihm selbst Muth, und seine Hiebe verdoppelten sich. Jetzt sprengte der Husar — es war Frick — herbei, und sein Säbel schmetterte wie ein Blitz zwischen den Feinden. Er drang bis zu seinem Officier, und griff nun mit einer Kälte und Besonnenheit an, daß die Feinde den Muth verlohren, und sich zurück zogen. Bald eilten mehrere Preußen herbei, trieben die Feinde in die Flucht, und der Officier war befreiet.

Du haft mir das Leben gerettet, Frick! sagte
der Officier, und schloß den blutenden Frick an
seine Bruſt. „Ich habe mein Wort gelöſt!”
erwiederte dieser. Sie sprengten zurück, und der
Officier trank sogleich mit seinem Retter auf ewige
unveränderliche Freundschaft im Leben und Tode.
Von diesem Tage an waren sie unzertrennlich.
Jetzt erst erzählte Frick dem Officier seine Begebenheit mit Julien offenherzig. Sein Freund
wagte es kaum, gegen seine Liebe, oder vielmehr
gegen seine Abſicht, Julien zu heirathen, einige
Erinnerungen zu machen; denn er sah, wie heftig
Fricks Leidenschaft für das schöne und reißende
Mädchen war.

Julie selbſt wendete allerlei dagegen ein, als
Frick den Wunsch äußerte, sich sogleich mit ihr
trauen zu lassen. Sie verlangte, er sollte warten,
bis er Officier wäre; und da auch sein Freund
hierzu rieth, so mußte Frick seinen Wunsch wohl
aufgeben.

Der Feldzug ging zu Ende, ohne daß Frick
Lieutenant geworden war. Die Officiere fingen
nun an in den Winterquartieren sich von den Beschwerlichkeiten des Sommers zu erholen. Man
tanzte, spielte, machte Musik, und stellte Gastereien an. Die schöne, heitre, angenehme Julie
wurde zu allen Luſtbarkeiten eingeladen, und ver-

säumte keine. Frick spottete Anfangs über ihren Hang zu solchen Vergnügungen; doch bald wurde er ernsthafter. Julie sagte: ich bin dir treu; aber warum soll ich des Lebens nicht genießen? Und wirklich blieb sie ihm treu, so lustig sie auch bisweilen werden konnte, und so unbesonnen sie an manchem Abentheuer der Officier Theil nahm.

Frick konnte der Subordination wegen nicht in allen den Gesellschaften seyn, zu denen Julie gezogen wurde. Er bat sie dringend, da weg zu bleiben, wo er selbst nicht hinkommen dürfte. Aber, lieber Frick, sagte sie lachend; so laß mich doch heiter leben! Ich bleibe dir ja treu. — Frick schwieg, und verbarg seinen Verdruß. Er bat nun seinen Freund, Julien überall zu begleiten, wo er selbst nicht seyn könnte; und sein Freund versprach es. Julie spielte, verschwendete, stellte ebenfalls Gastereien an; denn sie glaubte, wie immer, ihr Geld würde kein Ende nehmen. Dazu sagte nun Frick gar nichts, weil er von allem ihrem Gelde nie etwas angerührt hatte, und auch nichts davon anrühren wollte. Er lebte sehr einfach; sein Sold reichte für seine und Juliens Bedürfnisse, die Beute, die er machte, zu Juliens Vergnügen. — „Julie," sagte er nur: „du gewöhnst dich an Dinge, die ich dir nicht werde geben können; und dann wirst du aufhören mich zu

lieben!" Julie lachte. Bin ich je eigennützig gewesen, lieber Frick? Will ich nicht gern alles mit
dir theilen? Laß es gehen! Ist mein Geld, das
du ohnehin hassest, ausgegeben, so esse ich mit
dir, wenn es seyn muß, Kommißbrot. — Sie
verschwendete fort, und hatte von ihrem Gelde
bald nichts mehr übrig.

Fricks Freund, der Lieutenant, war immer
ihr Begleiter, und, wenn sie zu Hause blieb, ihr
Gesellschafter. Er kam meistens schon Morgens
früh, und sah die schöne Julie, — Fricks enges
Stübchen litt es nicht anders — wenn sie kaum
aufgestanden war, in ihrem leichten, reizenden
Nachtanzuge. So saß sie, wenn Frick im Dienste
seyn mußte, ganze Morgen mit ihm allein, und
plauderte, oder sang ihm vor. Er blieb, wenn
Frick die Wache hatte, bis spät Abends bei ihr,
weil sein Freund ihn darum gebeten hatte.

In der That eine gefährliche Lage für einen
jungen Husarenofficier, der kein Held in der Tugend war und von Julien wohl keinen großen Widerstand befürchten durfte. Anfangs ging Alles
recht gut; er ehrte seines Freundes Liebe und Eifersucht, weil er wußte, wie viel Julie ihm war,
und daß auch diese ihren Frick liebte. Aber nun
hatte Julie ihr Geld verschwendet, und mußte
ihre Ringe, ihre Uhren verkaufen. Mit Freuden

legte Frick ihr seine aufgesparte Beute in den Schooß. — O, wie gut bist du, lieber Frick! sagte Julie. „Ich bin es,” erwiederte er bedeutend; „aber sey du es nur auch!” Julie wurde wirklich etwas sparsamer; doch lange reichte auch sein Geschenk nicht.

„Nun Julie, sagte Frick; „nun sind wir, wo du sagtest. Jetzt theile ich mit dir, was ich habe.” Er schrieb jetzt ab, that Wachen für Andre, und nahm, was er so ungern that, von seinem sehr reichen Freunde kleine Geschenke, um Julien mehr als seinen Sold geben, und sie zuweilen mit irgend etwas überraschen zu können. Aber, was war das alles für die verschwenderische, leichtsinnige Julie! Die Officiere wollten ihr ehemals Geschenke machen, und sie schlug alles aus. Jetzt nahm sie, was man ihr anbot, und nahm es heimlich. Frick merkte das, und sprach sehr ernsthaft mit ihr darüber. Julie unterließ es dennoch nicht, und es gab einige Male Scenen, bei denen sie vor Unmuth und Reue Thränen vergoß.

Frick war von jetzt an übel gelaunt. Er fühlte, daß er für Julien alles zu thun im Stande war; und sie that so gar nichts für seine Ruhe. Voll Verdruß über ihren Leichtsinn machte er ihr Vorwürfe, und versöhnte sich wieder mit ihr, weil

er sie, trotz allen ihren Fehlern, mit heißer Leidenschaft liebte. Julie aber? die befand sich
nicht mehr wohl bei ihm, weil er ihr die Freuden
des Lebens nicht gönnte.

Schon längst hatte sie an des Lieutenants
Blicken bemerkt, daß sie ihm nicht gleichgültig
war. Noch dachte sie nicht daran, ihrem Geliebten untreu zu werden; aber — sie wollte nach
ihrer Weise leben. Der Lieutenant machte ihr
mehr als Eine sehr theure Galanterie, und es lag
ihr daran, den freigebigen Mann zu behalten.
Schon sonst war sie in ihrem Betragen frei gewesen, und der Umgang mit dem sehr sinnlichen
und oft sehr ungesitteten Generale hatte sie noch
mehr dazu gemacht. Sie wurde gegen den Lieutenant freundlicher, als jemals, drückte ihm die
Hände, und zog ihn dadurch immer stärker an
sich. Nun fing sie an zu bemerken, daß der Lieutenant ein junger, schöner Mann war, und, was
noch mehr sagen wollte, heiter, jovialisch, nicht
halb so ernst wie Frick. Sie wurde nun immer
vertraulicher und lockender. Der junge Officier
kämpfte, so schwer es ihm auch wurde, lange gegen diese Zauberin, und nahm sich sogar vor, weg
zu bleiben; allein selbst Frick bat ihn angelegent-
lich, seine Besuche fortzusetzen. Er kam wieder,
taumelte von Schritt zu Schritt, erkaufte jeden

Genuß mit den bitterſten Vorwürfen ſeines Herzens, und gieng dennoch den Weg des Laſters
fort. — Er hat dir das Leben gerettet! ſagte ſein
Gewiſſen. Und du, ſagte die böſe Luſt, retteſt
ihn vielleicht von einer Frau, die über kurz oder
lang ſein Unglück machen muß. — Er vertrauet
dir ſeine Geliebte! ſagte die Ehre. Braucht er
zu wiſſen, daß ſie ihm nicht treu iſt? liſpelte die
Begierde. — Sie wird ihn mit einem Andern betriegen, und dann wird man noch obendrein ſeiner ſpotten! ſetzte die Heuchelei hinzu. — Auch iſt
es ja ſo weit noch nicht! fliſterte die Falſchheit.

Der junge Mann kämpfte und wurde nach
jedem Siege, den er erkämpft zu haben glaubte,
immer ſchwächer. Eines Abends, als Frick auf
Kommando nach Fourage gemußt hatte, war der
Lieutenant wieder bei Julien, und dieſe ſehr lok-
kend gekleidet. Er ſaß neben ihr, und hatte den
Arm um den ſchlanken, weichen Leib geſchlungen,
während daß ſie mit ſüßer, ſchmachtender Stimme
Liebeslieder ſang. Der Lieutenant ſchneuzte zitternd das Licht, und es erloſch. Der unglückliche
Frick! Das Verbrechen an Liebe und Freundſchaft wurde begangen.

Die Furie folgte dem Verbrechen auf der
Ferſe. Julie war nie bei einer Untreue ſo unru-
hig geweſen, wie bei dieſer. Sie rieb ſich die
Stirn

Stirn wohl hundertmal glatt; doch die Falten
kamen immer wieder. Nun, sagte sie endlich lachend, was habe ich denn Großes gethan! Ist es
doch, als ob ich jemanden ermordet hätte! Aber
das Lachen wollte gar nicht gelingen. Auch der
Lieutenant ging finster und unruhig umher. Er
mochte sich entschuldigen, wie er wollte, die Vorwürfe, die auf seinem Herzen lagen, blieben
gleich drückend. Er nahm, als Frick wieder gekommen war, auf einige Tage Urlaub, weil er
dessen Anblick nicht aushalten konnte. Gern hätte
er auch dem Andenken an die Freuden, die Julie
ihm gegeben hatte, entfliehen mögen.

Die erste lasterhafte That ist wirklich schwarz;
die zweite hat schon eine hellere Farbe. Der Lieutenant sah Julien wieder; man blickte sich an,
erröthete, vermied einander, suchte sich dann, be-
sprach sich über die Einwürfe, welche das Gewissen gemacht hatte, und der arme Frick wurde
aufs neue betrogen. Frick merkte nichts. Seine
Treuherzigkeit machte beide dreister, und sie gingen jetzt bei ihrem Betruge planmäßiger zu Werke.
Julie war gegen den betrogenen Mann zärtlicher,
und der Lieutenant freundschaftlicher als je. Sie
wurde sogar eingezogener, um einige Officier zu
vermeiden, die ihre Untreue an Frick vermutheten,
und sich nun Freiheiten bei ihr erlaubten, die zu

Flaming IV.   P

dulden sie doch nicht tief genug gesunken war.
Frick sah ihre größere Eingezogenheit, und freuete
sich darüber. In der heitersten Stimmung ging
er Geschäfte halber zu einem Rittmeister, der gerade ein Glas zu viel getrunken hatte. Lieber
Frick, sagte dieser nach einigen Neckereien; ich
will Ihnen ein Räthsel vorlegen: welchem Thiere
wachsen die Hörner erst, wenn es alt ist? (Frick
wußte es nicht.) Nun, ich will es Ihnen sagen,
mein Schatz. Einem Hahnrei: so einem Thiere,
wie Sie und wir Alle werden. — „Wie ich?
Herr Rittmeister!" — Mein Schatz, wie S i e,
sage ich. Alles in der Welt greift doch in einander!
Sie retten dem Lieutenant, Ihrem Busenfreunde,
das Leben, und er schenkt Ihnen dafür — zwar
kein Königreich, das hat er nicht, aber eine Krone
auf die Stirn. — „Herr Rittmeister, der Lieutenant ist mein Freund!" — Ja, ja, mein
Schatz, auf Ehre! das ist er: besonders wenn
Sie nach Brot oder Fourage reiten; dann schläft
er bei dem Allerwelts-Mädchen. Aber Geduld!
sie wird auch d e n krönen, dann den Dritten, und
so weiter. Auf Ehre, mein Schatz, wenn es so
fortgeht, so kann noch das ganze Officier-Corps
an die Reihe kommen; und dann wird man unser
Regiment mit Recht die Kronhusaren nennen.

Frick wurde bleich. Sie werden ja so blaß,

mein Schatz! fuhr der Rittmeister mit gelähmter
Zunge fort. Je nun, eine Hand wäscht die
andre. Sie wuschen die Hand Ihres alten Generals; der Lieutenant wäscht die Ihrige, und so
wird es fortgehen. Auf Ehre! so wird es! Geben Sie Acht.

Frick ging mit zerbrochenem Herzen. Noch
immer hing er an Julien mit unbeschreiblicher Innigkeit, und lebte nur für sie. Er hatte ihr alles
aufgeopfert, hatte dem Lieutenant das Leben gerettet; und eben diese beiden Menschen betrogen
ihn schändlich. Ihre höllische Undankbarkeit, die
aber bei ihren Charakteren ganz natürlich war,
erfüllte sein Herz mit kaltem Grimme und Men-
schenfeindschaft. Erst wollte er sich von seinem
Unglücke überzeugen. Und was dann? — Rache,
Blut! Seine Seele war ein Raub der wüthend-
sten Verzweiflung. Doch zuweilen glaubte er
wieder einen Augenblick an die Treue Juliens und
seines Freundes; darum wollte und mußte er
Ueberzeugung haben.

Unverzüglich ging er zu dem General, und
erbat sich auf zwei Tage Urlaub. Er erhielt ihn,
und zwar in Gegenwart seines Freundes, der
nun Arm in Arm mit ihm nach Hause ging.
Frick sattelte, umfaßte Julien, drückte seinen

Freund an sein Herz, und sprengte mit Thränen in den Augen fort.

Er ritt nach dem nächsten Dorfe, blieb da bis des Abends spät, gab sein Pferd der dort stehenden Wache in Verwahrung, ließ sich eine Laterne geben, und ging so, mit den beiden geladenen Pistolen in der Hand, wieder nach Hause. Erst schlich er auf den Hof, und horchte; alles war still. Nun öffnete er leise die Thür seines Zimmers, und trat mit der Laterne an das Bett. Da lag Julie schlafend in den Armen seines Freundes.

Man denke sich die Empfindung des so fürchterlich betrogenen Unglücklichen! Er sank in einen Stuhl am Bette, setzte die Laterne auf den Tisch, und blieb einige Minuten in der starrsten Verzweiflung sitzen. Mit aufgehobenen Händen rief er dann das einzige Wort: Gott! — Davon erwachten Julie und ihr Buhler.

Um Gottes willen! riefen sie Beide mit Schrekken, als sie sahen, daß Frick vor ihnen stand. Der Lieutenant machte eine Bewegung, als ob er aus dem Bette wollte. — Bleib! rief Frick, und hielt ihm die Pistole entgegen. Der Lieutenant murmelte zitternd einige Worte. Nur das Leben schenke mir, lieber Frick! jammerte Julie mit gefalteten Händen. Frick schien nichts zu sehen und zu hören. Endlich wendete er sich von ihnen ab, blickte gen Himmel, und sagte schmerzlich: „ach Gott! mit Beiden habe ich mein Herz getheilt! und sie konnten mich betriegen! . . . Elende!" rief er mit fürchterlicher Stimme, mit rollenden Augen, und hob die Pistole auf. Julie und der Lieutenant sprangen aus dem Bette, und sanken zitternd ihm zu Füßen. Nur das Leben! rief Julie. „Leben?" sagte Frick; „unter Teufeln leben? Fort!" Schnell setzte er die Pistole an seine Stirn, drückte ab, und sein Gehirn flog, mit Blut vermischt, umher. Julie sank in Ohnmacht, und auch der Lieutenant lag betäubt da, ohne zu wissen, wie ihm geschehen, und wer getroffen war.

Auf den Schuß kamen Menschen herbei, und drangen in das Zimmer. Man rief nach Licht, weil Frick im Fallen den Tisch mit der Laterne umgerissen hatte. Der Lieutenant kam unterdessen wieder zu sich, und schwankte halb nackend aus dem Hause, ohne daß ihn jemand bemerkte. Als endlich Licht gebracht wurde, öffnete auch Julie die Augen wieder. Fricks Leichnam lag mit der zerschmetterten Stirn auf ihrer offnen Brust, die sein Gehirn und sein Blut befleckten. Man sah sogleich, daß Hülfe hier unmöglich war, da der Schuß das ganze Gehirn zerschmettert hatte. Julie richtete ſich bleich und zitternd auf, und konnte kaum ſtehen. Jetzt erblickte ſie das blutige Gehirn an ihrer Bruſt, ſchrie laut, und ſank zum zweiten Male in Ohnmacht. Man brachte ſie auf das Bett, und wiſchte ihr die Bruſt ab.

Noch wußte niemand, was vorgefallen war. Julie ſprach irre, als ſie wieder zu ſich kam. Der Auditeur des Regiments wurde geholt. Aus Juliens einzelnen Worten — Verwünſchungen gegen ſich und den Lieutenant — begriff er ſehr bald den Zuſammenhang der ſchrecklichen Begebenheit, und ging nun zu dem Lieutenant. Dieſer war todtenbleich, ganz von Blut bedeckt, und erzählte mit heftigen Vorwürfen gegen ſich ſelbſt die Geſchichte, und den Antheil, den er daran hatte.

Der General mußte die Familie des Lieutenants ſchonen; die Sache wurde daher unterdrückt, obgleich jedermann ſie wußte. Man deutete Julien an, daß ſie das Kantonnirungsquartier verlaſſen ſollte. Sie war außer Stande, etwas zu verſtehen, und noch viel weniger konnte ſie reiſen. Bleich und zitternd ſaß ſie unbeweglich da, betrachtete mit Schauder die Stelle ihres Buſens, welche Fricks Gehirn bedeckt hatte, und rief in dieſem fürchterlichen Zuſtande den Nahmen: Frick! tauſendmal mit tiefem Schmerze. Der General drang darauf, daß ſie weg ſollte. Ein

Officier setzte sich nun mit ihren Sachen in einen
Wagen, und brachte sie einige Meilen rückwärts
in ein Städtchen. Hier schenkte er ihr noch eine
Börse mit Geld, die der Lieutenant ihm für sie
gegeben hatte, empfahl sie dem Gastwirthe, bei
dem er abgetreten war, und fuhr dann wieder
nach seinem Kantonnirungsquartiere.

Fricks treuloser Freund ging stumm, träumend
umher, und war mit seltsamen Vorstellungen beschäftigt. Ueberall glaubte er seinem ermordeten
Freunde zu begegnen. Einige Wochen nachher
rückte das Regiment gegen den Feind, und gerieth an die Russischen Husaren, bei denen Frick
gestanden hatte. Als der Lieutenant bei einem
Vorpostengefechte diese sah, weckte ihre Uniform
Fricks Bild doppelt lebhaft in seiner empörten
Phantasie. Ha! rief er laut: Frick! Frick! kommst
du? Er sprengte wild zwischen die Feinde, und
wurde niedergehauen. Das letzte Wort, das er
sprach, war: Frick!

Die unglückliche Julie lag in dem Wirthshause
fast ohne Verstand. Sie konnte nichts denken,
als den schauderhaften Anblick des Unglücklichen,
der mit zerschmettertem Gehirn auf ihrer Brust
gelegen hatte. War sie nur einen Augenblick allein,
so schrie sie fürchterlich auf, weil sie zu sehen
glaubte, wie ihr betrogener Freund sich aufs neue

blutig über sie hinstürzte. Das Leben, und alles, was es erhalten konnte, war ihr nichts mehr. Ohne Bewußtseyn gab sie ein Goldstück, wo sie eine Kleinigkeit zu geben brauchte; aber dennoch wollte der Wirth sie nicht länger behalten, weil er befürchtete, daß sie sich das Leben nehmen möchte. Sie mußte das Haus verlassen, und irrte nun ein Jahr lang, etwa zwanzig Meilen weit in die Runde, umher. Die Zeit linderte endlich ihren Schmerz, ihre Verzweiflung; als sie aber nun wieder zur Besonnenheit kam, war ihr Geld ausgegeben, ihre Gesundheit zerstört, ihre Schönheit verblühet.

Sie hatte keinen Zufluchtsort, und wagte es nicht, ihr Auge zum Himmel aufzuheben. So irrte sie, in Lumpen gehüllt, umher, von inneren Vorwürfen gemartert, von den Menschen verstoßen. Tausendmal wünschte sie sich den Tod; aber nur mit Zittern: denn jenseits des Grabes stand der blutende Frick. So trieb die rächende Furie sie endlich bis in die Altmark; und hier fand sie bei Iglou und Flaming Hülfe.

Das Unglück hatte die leichtsinnige Julie so verwandelt, daß sie Gott ernstlich dankte, als endlich ein Mensch sich ihrer annahm. Aber sie fürchtete, von Iglou erkannt und dann wieder in ihr Elend gestoßen zu werden; darum sprach fie fo wenig als möglich, und gab, als Iglou wegen ihrer Begebenheiten in fie drang, fich einen falfchen Nahmen, um nur, fo lange die Lüge dauern würde, der Pflege zu genießen. Iglou erkannte fie wirklich nicht; denn Elend und Verzweiflung hatten alle Spuren von Schönheit an Juliens Körper vertilgt. Das helle, blaue Auge ftarrte jetzt erloschen in feiner Höhle; die feine Nafe war fpitz und knöchern geworden; die ehemals fo frifchen Lippen hingen blaßblau um die gelben, langen Zähne, die fonft klein und weiß, wie eine Reihe Perlen, da ftanden. Die Haut war trocken, unrein und gefpannt; die Röthe der Wangen verfchwunden; die Arme eckig, hager; die Geftalt lang und dürftig.

Selbft der Kummer in Juliens Geficht entftellte fie. Es war nicht der freundliche Gram, der um Hülfe flehet und Geduld fcheint, fondern ein finfteres, mißtrauifches, in fich verhülltes Wefen. Auch ihre Sprache hatte fich verändert. Es war nicht mehr jene wohltönende, fichere, fondern ein ängftliches, fcheues Hervorftoßen der Worte aus der Kehle. Woran hätte Iglou nun die Unglückliche erkennen follen?

Sobald Julie merkte, daß man fie nicht erkannte, verminderte fich ihre Aengftlichkeit. Sie fing an mehr zu fprechen, und erzählte, anftatt

P 5

ihrer Geschichte, einen kleinen Roman, den aber Iglou nicht glaubte, weil offenbare Widersprüche darin lagen. Die scharffichtige Iglou sagte von ihr: sie ist ein zweideutiges Geschöpf, das ein Verbrechen auf der Seele hat; doch — sie ist unglücklich. Vielleicht lernt sie von uns den Frieden der Tugend kennen und lieben.

Julie erholte sich einigermaßen; aber ihr scheues, mißtrauisches Wesen verlor sich nicht. Der Arzt erklärte sie für körperlich gesund. Ihre Krankheit, mein Kind, sagte er zu Julien, liegt in der Seele; und für die ist kein Arzt auf Erden. Aber guten Rath könnte ich Ihnen geben, wenn Sie Zutrauen zu mir hätten. (Julie erröthete und zitterte.) Sie haben etwas auf Ihrem Gewissen! — Julie wurde bleich. Sie wollte leugnen; aber der Arzt faßte ihre Hand, ging mit ihr an das Fenster, sah ihr starr ins Auge, und sagte mit majestätischem Ernste: da sehen Sie hinaus an den Himmel! Ich bin ein Mensch; mir brauchen Sie nichts zu gestehen. Aber dort wohnt Ihr Richter und Retter, wenn Sie ihm trauen. — Juliens Hände flogen vor Zittern; ihre Zähne stießen zusammen, und ihre Blässe nahm zu. Sie sah mit wilden Augen gen Himmel, und stieß leise heraus: mein Richter! — Ihr Retter! sagte der Arzt. Sie schüttelte ängstlich den Kopf. Iglou faßte ihre zitternden Hände, legte das sanfte, mitleidige Gesicht an ihre Brust, und wiederholte versichernd: „dein Retter, liebe Unglückliche! gewiß dein Retter!"

Julie war tief erschüttert. Ach, rief sie; nein, nein! dies Blut wäscht keine Thräne ab. Sie legte die Hand auf ihren Busen, der von Fricks Blute befleckt gewesen war. — „Reue, liebes Mädchen," sagte Iglou, „trocknet Ströme von Blut auf. Du wirst noch glücklich werden!" Iglou bestand nicht länger darauf, Juliens Begebenheiten zu erfahren. Sie glaubte, sich an dieses verwahrlosete Herz näher anschließen zu müssen, daß sie es mit dem Geiste ihrer Ruhe füllen könnte; aber es gelang ihr nicht. Julie konnte nur über ihr Unglück verzweifeln, doch nicht ihre Verbrechen bereuen. Iglou gab die Hoffnung nicht auf, dieses Herz, wie das Herz des Ritters Rheinfelden, der Tugend wieder zu gewinnen, und bestürmte daher Julien mit Liebe und Mitleiden; aber die gute Iglou wußte nicht, daß man einmal die Tugend gekannt haben muß, um sie aufs neue zu lieben.

Julie fühlte sich wirklich von Iglou's Tugend besiegt. Sie sah die Zufriedenheit der glücklichen Familie, und sie, die ehemals so reitzende Julie, war gezwungen, die häßliche Schwarze um ihr

Loos zu beneiden, von dem sie freilich zu gleicher Zeit empfand, daß es ihre Wünsche nicht befriedigen könnte. Julie mußte endlich an den häuslichen Beschäftigungen Theil nehmen, ob sie gleich nicht an Arbeit gewöhnt war; denn sie fühlte, daß man sie, wenn sie müßig ginge, nicht länger im Hause behalten, und daß sie dann ganz verstoßen seyn würde. Sie konnte sich nicht zu der Tugend dieser Menschen erheben — nur ihre Tugend beneiden; und dabei zitterte sie noch immer, daß man entdecken möchte, wer sie wäre.

In einer solchen Stunde voll innerer Pein trat sie einmal aus Zerstreuung an das Klavier, das sie hier noch nicht berührt hatte, und machte einige höchst traurige Gänge. Iglou hörte mit Erstaunen zu, und fragte dann: „du spielst das Klavier, Louise?" (So nannte Julie sich.) Diese erschrak. Iglou bat sie, fortzufahren; und sie mußte, da keine Ausflucht möglich war. Julie sah bald, daß auch ihr Klavierspielen sie nicht verrieth, und es war ihr lieb, daß sie ihr Talent jetzt nicht mehr zu verbergen brauchte. Sie fühlte, was sie vorher noch nicht gewußt hatte, daß Musik der Trost eines gebrochenen Herzens ist, ja, daß sie sogar das Leiden des Verbrechers mildert. Jetzt saß sie stundenlang am Klaviere, und phantasierte. Der Baron sagte:

„ihr Verbrechen kann nicht groß seyn, Iglou;
wenigstens ist sie nicht liederlich gewesen, wie du
vermuthest. Höre nur die richtige Harmonie in
ihrem Spiele!”

Endlich entdeckte man von ungefähr auch, daß
Julie schön und fertig sang. „Und mit diesen
Talenten, Louise,” sagte Iglou, „verzweifelst
du an deinem Fortkommen?” Julie mußte Iglou
in ihrem Musik-Unterrichte ablösen, sobald sie
die Kunst zu lehren einigermaßen gelernt hatte.
Es fehlte ihr nicht an Verstand, aber schlechterdings an aller Anwendung desselben auf den Unterricht. Jede Stunde wurde ihr eben so schwer,
wie der Schülerin. Doch um so größer war auch
ihr Triumph, als es erst nur ein wenig ging; sie
hatte ja nun zum ersten Male das Bewußtseyn,
durch Arbeit sich selbst ernähren zu können.

Iglou war fast immer zugegen bei dem Unterrichte, weil Julie sonst anfing mit ihrer Schülerin zu plaudern. Sie saß eines Tages vor sich
in Gedanken, als Julie am Klaviere sang. Auf
einmal kam ihr die Stimme sehr bekannt vor,
und fast in demselben Augenblicke stand auch das
Bild der reizenden Julie vor ihrer Seele. Sie
horchte, und es dünkte sie immer mehr, als ob
sie Juliens Stimme hörte. Nun stand sie auf,
setzte sich so, daß sie Louisens Profil sehen konnte;

und — auch Juliens Züge waren in dem Gesichte. Jetzt erinnerte sich Iglou an alle die Sonderbar= keiten, die Julie Anfangs gezeigt hatte, an ihre Bemühungen, sich zu verbergen; und diese blie= ben ihr nicht mehr unerklärbar. Sie dachte nun auch wieder an einige Worte, die Julien entfallen waren, und die ebenfalls bewiesen, daß diese sie länger kannte.

Iglou wollte Gewißheit haben. Sie hatte ehedem in Berlin mit Julien oft ein Duett gesun= gen, daß diese jedes Mal mit einer auffallenden Cadence endigte. Am Abend, als sie mit Julien allein war, brachte sie das Duett zum Vorschein, und bat sie, es mit ihr zu singen. Julie sang, und schloß gerade so, wie ehemals. Nun konnte Iglou nicht mehr zweifeln. Sie faßte Juliens Hand, und sagte: du bist Julie Hedler; nicht Louise! Julie wurde blaß, gerieth in Verwir= rung, stammelte einige Worte, und fing an zu weinen. Iglou verließ das Zimmer, und Julie blieb allein mit ihrem bösen Gewissen, und mit der Furcht, daß man sie aufs neue verstoßen würde.

Die Thür öffnete sich, und der Baron trat mit Iglou herein. „Julie," sagte er, nicht in einem zornigen Tone; „ist es möglich? Sie sind es?" — Iglou bot Julien mit einer Art von

Zärtlichkeit die Hand, und sagte: wie froh bin ich, Julie, daß dein Geschick dich zu uns geführt hat! Liebes, unglückliches Mädchen, du sollst noch glücklich werden! — So viele Güte überraschte Julien; sie zerfloß in Thränen, wagte es nicht, das Auge aufzuschlagen, und schwieg, weil sie sich zum ersten Male aufrichtig ihres Lebens schämte. Iglou drückte sie an ihre Brust, und der Baron betrachtete sie mit gutherzigen Blicken. Es war, als hätte man eine geliebte Wohlthäterin, eine theure Freundin, wiedergefunden.

Julie fing an sich über die Zerstörung von Zaringen zu entschuldigen. Iglou nahm Flamings Hand, und sagte: das Unglück, das du anrichtetest, gab mir diese Hand. Du hast uns glücklich gemacht. Vielleicht wäre ich nie die Gattin dieses edlen Mannes geworden, wenn du uns nicht in die Verlassenheit, in den Wald, hinaus gestoßen hättest. Unser Unglück wurde unser Glück, und wenn du willst, so soll es auch das deinige werden.

Julie schüttelte ungläubig den Kopf. Wäre es nur das! sagte sie; ach! wäre es nur das! Sie vergeben mir wohl; aber .... — Sie konnte vor Thränen nicht weiter sprechen. Zuletzt drang Iglou mit voller Stärke in sie, und es gelang ihr, Julien das schreckliche Geheimniß zu entreißen.

Man kann leicht denken, wie fürchterlich die Unterredung für Beide war. Iglou zitterte eben so sehr, wie Julie, und sah nun, als diese ihr Herz aufdeckte, den Geier, der mit ewigen Martern daran nagte; aber zugleich bemerkte sie auch mit Kummer, daß Julie ihr Verbrechen eigentlich nicht bereuete, sondern daß nur das Bild des blutenden Frick sie quälte. Julie klagte mehr den Himmel an, als sich selbst. Sie hielt es für ungerecht, daß der Himmel sie mit diesem wilden Menschen zusammen geführt hatte, der über kurz oder lang, selbst wenn sie treu gewesen wäre, sich dennoch würde ermordet haben. Diese Begebenheit war in ihren Augen nur ein Unglück, und doch lag es so schwer auf ihrem Herzen.

Iglou gab sich alle Mühe, sie zu überzeugen, daß ihre Untreue an Frick ein Verbrechen gewesen sey. Julie schwieg; aber sie dachte: nur bei diesem wilden, heftigen Frick konnte sie solche Folgen haben; bei allen andern Männern hätte sie nichts als höchstens einen Zank und einen Bruch der Freundschaft nach sich gezogen. War es meine Schuld, daß er sich sogleich ermordete? — Iglou gab zu, daß Julie nicht unmittelbar an dem Tode ihres Geliebten Schuld gewesen sey; doch suchte sie ihr aufs neue zu beweisen, daß ihre Untreue an ihm immer ein Verbrechen bleibe.

Julie

Julie schwieg wieder; denn sie fühlte wohl, daß sie und Iglou nicht über die Liebe mit einander streiten konnten. Iglou forderte nun von ihr ein sehr tugendhaftes Leben, voll edler Thaten, voll Güte und Liebe zu allen Menschen, wenn sie ihr Gewissen wieder beruhigen wolle. Julie versprach das zwar; aber heimlich dachte sie: wie kann es die blutige Gestalt versöhnen, wenn ich Andern Gutes thue? wie wird mich das von dem Andenken an sie befreien?

Aus Angst vor dem Bilde des ermordeten Frick, das noch immer lebendig vor ihrer Seele stand, befolgte Julie Iglou's Rath, doch nur äußerlich. Sie fing an, wie Iglou — nicht zu denken, sondern zu sprechen, nahm Theil an den Wohlthaten, die Iglou Unglücklichen erwies, besuchte mit ihr Leidende und Kranke; kurz, sie that Alles, was Iglou that, aber ohne ihr Herz zu haben, und nur, um den fürchterlichen Richter zu versöhnen, der jenseits des Grabes ihr drohete. Bei allem ihrem Wohlthun ohne Liebe, wurde sie nur noch unruhiger, weil Iglou ihr Verbrechen nicht verkleinerte, sondern es ihr in seiner ganzen Abscheulichkeit vorstellte. Sie beklagte sich über diese größere Unruhe, und Iglou sah nun wohl, woran es Julien fehlte: an richtigen Begriffen von Tugend und Laster, von Recht und Unrecht.

Flaming IV.   Q

Iglou suchte vergebens ihr diese Begriffe beizu-
bringen; sie sah mit Bedauern, daß Versäumung
in der Jugend unersetzlich ist. Julie verwechselte
immer Tugend mit Abbüßung; ihr Verstand war
nicht zu überzeugen, und ihr Herz todt für das
Gute.

Iglou mußte sie zuletzt ihrem Geschick überlassen; sie freuete sich indeß, daß Julie sich jetzt
wenigstens an Arbeit, an manche Tugenden gewöhnte, und hoffte, daß die Zeit endlich ihre
Angst überwinden würde. Freilich erwartete sie
nicht, daß Julie noch tugendhaft, wohl aber, daß
sie unschädlich, vielleicht nützlich, werden sollte.
Auch darin irrte sich Iglou. Die stille, anhal-
tende Arbeitsamkeit, das ruhige, in Geschäften
hinfließende Leben wurde Julien immer mehr zur
Last. Es war ihr unmöglich, schon früh aufzuste-
hen, thätig zu seyn, zu unterrichten, und einem
herzlichen, nützlichen Gespräche, den Ergießungen
des Vertrauens und der Liebe, Geschmack abzu-
gewinnen. Zuverlässig gehört viel Geist und
Herz dazu, in der häuslichen Freude sein Glück
zu finden. Hätte Iglou Julien irgend eine große,
schwere That zur Buße aufgegeben: Julie würde
sie verrichtet haben; doch diese ununterbrochene
Beschäftigung mit dem Guten, diese kleinen, un-
bemerkten, fortgesetzten Tugenden, waren ihr zu

schwer. Eine solche einförmige Lebensart, solche Entfernung von allem rauschenden Vergnügen, von Prunk und Pracht, erregte ihr die drückendste lange Weile, unter der ihr festester Vorsatz erlag. Sie konnte das Haus nicht verlassen, weil sie nirgends hin wußte; aber sie war darin nicht glücklich, nicht ruhig, nicht zufrieden.

Ihr Herz wurde immer leerer. Sogar ihre Lebensart als Bettlerin war in ihren Augen glücklicher gewesen, als die jetzige, bei der sie eben so wenig Sorge als Vergnügen kannte, aber eben daher in vielen unausgefüllten Stunden ein Raub ihrer empörten Phantasie wurde. Religion mußte, wie sie wohl fühlte, für sie etwas Anderes seyn, als was Iglou sie lehrte. Sie selbst konnte sich ihr Verbrechen nicht vergeben; sie suchte daher einen Andern, der es könnte, und fand ihn.

Ein Geistlicher in der Stadt, ein heftiger Polterer, predigte einmal von dem Zustande eines Sünders, und Julie war, wie öfter, in der Kirche, weil sie sich nur bei dieser Gelegenheit mit Anstand putzen konnte. Der Prediger beschrieb Juliens Zustand ganz genau. Er sprach von der Angst des Sünders, von den Qualen der Einsamkeit, von den fürchterlichen Vorwürfen seines Gewissens, von den schrecklichen Bildern seiner Phantasie. Nein! rief er: hier hilft nichts, nicht der Trost der zärtlichsten Freunde, nicht Arbeit, nicht Beschäftigung, nicht Thränen der Reue, nicht Buße, selbst nicht gute Handlungen, so lange der Sünder nicht weiß, daß Gott versöhnt ist, und ihm vergeben hat! Julie war tief erschüttert; denn das war gerade ihr Zustand. Der Prediger forderte den Sünder auf, die Gnadenzeit nicht zu verscherzen. Er mahlte den Zustand derer, die den Weg der Welt gehen, sich durch Freuden von der rechten Buße, von dem Glauben, von Gott abwenden lassen; und bei dem Allen berief er sich auf die eigenen Gefühle der Sünder.

Julie kam mit größerer Angst nach Hause. Sie fragte Iglou: was heißt Gott versöhnen? Iglou antwortete: werden wie er, liebe Julie; segnen, wohlthun, tugendhaft seyn. Julie fühlte, daß der Prediger etwas Andres gemeint hatte. Er beschrieb in dem erschütternden Beschlusse seines Vortrages die Verzweiflung eines Sünders auf dem Sterbebette. Die Geister der Beleidigten, rief er, werden dann an eurer Seite stehen, euch martern, euer spotten, euch mit wilden Blicken das Unrecht vorwerfen, das ihr ihnen gethan habt. Julie zitterte vor der Erscheinung Fricks, und brachte die Nacht unter Höllenangst zu, weil sie seine Stimme zu hören glaubte. Sie

war am Morgen ganz außer sich. Ohne jemanden etwas zu sagen, zog sie sich an, und ging
zu dem Prediger.

Sie erklärte ihm weinend, welch eine Wirkung seine Predigt auf ihr Herz gethan hätte.
Der Prediger, ein bei allem seinem Eifer sehr
redlicher Mann, nahm sie mit Güte auf, und
sie erzählte ihm nun ihre Geschichte, sprach von
ihren jetzigen Gewissensbissen, und gestand ihre
Verzweiflung an Gottes Gnade. Er erschrak;
denn er hatte nicht einmal geglaubt, daß so viele
Laster möglich wären, und bei seiner Predigt bloß
die kleinen Unordnungen in seiner Gemeine vor
Augen gehabt. Anfangs wußte er selbst nicht,
was er sagen sollte; doch endlich verwies er Julien auf das Beispiel Magdalenens, und fuhr
dann fort: wenn sie ferner Buße thäte, so hoffte
er, daß Gottes Gnade größer seyn würde, als
ihre schweren Sünden. Unvermerkt gerieth er
wieder in seinen Eifer, betete mit großer Andacht
über Julien, hieß sie niederknieen, segnete sie zuletzt ein, und bat sie, bald wieder zu kommen.
Julie sagte ihm, was ihre Freundin ihr gerathen
habe, wenn sie ruhig werden wolle. — „Und
Sie haben keine Ruhe gefunden?" — Nein;
vielmehr bin ich noch unruhiger geworden. —
„Sehen Sie wohl? Gott muß erst versöhnt, die

Q 3

Sünde erst vergeben werden. Gebet, meine Tochter! Gebet!" Er gab Julien ein Gebetbuch für grobe Sünder, rieth ihr, das fleißig zu lesen, und ermahnte sie, ihr Vertrauen auf Gott zu setzen.

Julie ging getröstet von ihm, so wenig sie auch von dem allen, was er sagte, begriffen hatte. Ihr Verstand blieb leer, ihr Herz auch; nur ihre Phantasie wurde mit neuen Bildern gefüllt, gegen welche die älteren an Lebhaftigkeit verloren. Julie fing an zu lesen. Freilich verstand sie von den Gebeten wenig; aber doch so viel, daß jeder Sünder Gnade erlangen könne, wenn er sich vor Gott demüthige. Sie warf sich auf die Kniee, rang die Hände, weinte, und fühlte sich getröstet. Iglou schüttelte bedenklich den Kopf, als sie das bemerkte. Sie versuchte es sogar, Juliens dunkle Vorstellungen aufzuhellen; allein das war vergebens: Julie fühlte ja Trost in ihrer Seele, und glaubte nun gewiß, auf dem rechten Wege zu seyn.

Sie besuchte den Prediger wieder, und er füllte ihren Kopf mit dem frommen Unsinne von innerer Ergreifung Gottes durch das Gebet. Dieses fand sie tausendmal leichter, als das, was Iglou ihr vorgeschrieben hatte. Sie betete, rang die Hände, besuchte die Kirche, quälte sich selbst betrübt zu seyn, beschäftigte sich mit Bildern ihrer Phantasie; und ging endlich mit zum Abend- mahle. Der Prediger sprach sie im Nahmen Gottes feierlich von ihren Sünden los. Julie war nun in einem sehr exaltirten Zustande; sie vergoß Thränen des Entzückens, fühlte sich tau- sendmal leichter, als vorher, umarmte Iglou, und sagte ihr freudig: jetzt sey sie ihrer Sünde entledigt. Iglou selbst weinte und freuete sich mit, ob sie gleich die Art nicht billigte, wie Julie zu ihrer Ruhe gekommen war.

Jetzt wurde Julie weniger aufmerksam in der Erfüllung ihrer häuslichen Pflichten. Sie ver- säumte keine Kirche mehr, saß täglich einige Stun- den hinter dem Gebetbuche, und machte sogar die Bußpredigerin gegen den Baron und dessen Mut- ter, doch nicht gegen Iglou, bei der sie nicht den Muth dazu hatte. Nach und nach nahm sie alle ihre Fehler wieder an, nur in einem frommen Gewande. Sie wurde leichtsinnig, plauderhaft, hatte wieder allerlei seltsame Einfälle, und buhlte in der Kirche mit einem Gedankenbilde, da sie nicht mehr mit Menschen buhlen durfte. Alles Geld, das sie erhielt, verwendete sie darauf, ihre Gebetbücher recht zierlich einbinden zu lassen. Sie spottete jetzt über die gottlose Welt, wie vorher über die Tugend. Endlich kamen einige Züge ihrer

ehemaligen Schönheit zurück. Nun kleidete sie
sich wieder sehr nett, doch immer wie eine Heilige.
Ein feines Tuch ging ihr bis an das Kinn, um
Hals und Brust den Augen der Weltkinder zu
verbergen; aber bei dem allen sorgte sie dafür,
daß man ihren schönen Busen wenigstens errathen
konnte. Der Prediger empfahl sie einigen frommen Familien, und diese drangen nun darauf, daß
sie sich von Flamings Hause trennen sollte. Sie
weigerte sich; doch bald gab sie nach, da der Prediger es ihr zu einer Gewissenssache machte.

Die heilige Julie ging in des Predigers Hause
aus und ein. Ein alter Hagestolz, den seine
Sünden ebenfalls in den Schooß dieses ehrlichen
Mannes getrieben hatten, traf sie da oft, und
ihr andächtiges, weißes Gesichtchen reizte noch
einmal seine Sinnlichkeit. Er sagte dem Prediger seine Gedanken. Dieser war nicht dagegen,
und in kurzer Zeit hatte er die Freude, die Hände
der beiden bekehrten Sünder zusammen zu fügen.

Juliens Mann wollte nach einem Jahre verzweifeln: so quälte ihn seine andächtige Frau mit
ihrer Verschwendung, mit ihrer frommen Eitelkeit. Sie betete, zankte, sang ihn zum Hause
hinaus, und wurde die Geißel der Stadt, da
Niemand frömmer, aber auch verläumderischer
war, als sie. Julie gebar einen Sohn, und nach

ihrem Wochenbette verdoppelte sich ihre Andacht.
Der ehrliche Prediger schüttelte den Kopf, als sie
das erste Mal wieder gebeichtet hatte, und seufzte:
ach, der alte Adam sitzt, wo er sich erst eingenistet
hat, doch gar zu fest! Auch ihr Mann, der alte,
schwächliche Hagestolz, schüttelte den Kopf, so oft
er seinen Sohn sah. Julie dachte gar nicht mehr
an ihre schreckliche Begebenheit mit Frick, einmal
kurz vor ihrer Entbindung ausgenommen, wo sie
alles Schießgewehr durch den hübschen Bedienten,
den ihr Mann hielt, aus dem Hause bringen ließ.
Glaubte sie etwa, daß auch ihr Mann sich er-
schießen könnte? — Kurz, Julie war wieder die
vorige, nur in der Gestalt einer Betschwester;
doch als sie älter wurde, legte sie einen Fehler ab:
sie verschwendete nicht mehr, sondern wurde unbeschreiblich geizig. Sie sprach ihrem Manne
immer von dem Wunder vor, daß Gottes Gnade
größer sey als alle Sünden, die ein schwacher
Mensch täglich begehen könne, und hungerte ihn
dabei zu Tode. Ihr Sohn hätte sie in ihrem Alter durch seine Verschwendungen beinahe wieder
an den Bettelstab gebracht; sie verfluchte ihn, als
sie seine Schulden bezahlen mußte, und mitten in
dem Abzählen des Geldes wurde sie von einem
Schlagflusse getroffen, der sie in Kurzem tödtete.

Q 5

Iglou sagte, als sie ihre Entdeckung mit Julien gemacht hatte, zu ihrem Manne: ist dir der
Generalbaß noch der Gewährsmann der Tugend?
Der Baron wagte es nun doch nicht mehr, das
zu behaupten. „Höre, liebe Iglou,” sagte er:
„meinetwegen erziehe unsern Sohn, wie du willst;
denn Gott mag wissen, woher es kommt: mir geht
doch alles unglücklich. Es ist, als hätte sich die
ganze Welt verschworen, daß ich Unrecht haben
soll in Allem, was ich sage und thue. Sieh,
Iglou, was ich je behauptet habe, das behaupteten vor mir auch schon andere Menschen, und niemand focht sie an. Aber öffne ich nur den Mund,
so steht auch schon jemand da, der das Gegentheil
von dem, was ich vorbringe, sagen will. Hans
Jakob Rousseau behauptet: ein Dummkopf schreibt
lange Briefe. Die ganze Welt liest sein Buch, und
schweigt. Ich behaupte es nicht einmal, höre nur
auf zu schreiben; und mir kostet es meine Braut.
Doch das war nur das kleinste Unglück, da ich
dich dafür bekommen habe.”

Lieber Flaming, eben daß du nicht nur behauptest, sondern auch thust, erregt dir den
Verdruß.

„Aber, liebste Iglou, soll ich denn etwas behaupten, das ich nicht für wahr halte? Und sind
denn die Philosophen nicht Schurken, wenn sie

Dinge in die Welt hinein schreiben, die sie selbst nicht glauben?"

Nur eitle Menschen, lieber Flaming; keine Schurken. — Die Wahrheit ist so einfach, daß jeder spitze, ungewöhnliche Satz sogleich Zweifel an seiner Richtigkeit erregen sollte. Auch du, lieber Flaming, wolltest glänzen; aber du warst zu ehrlich, etwas zu sagen, das du nicht als wahr fühltest. Du überzeugtest dich immer zuerst von deinen Behauptungen, und handeltest dann darnach.

„Nun, Iglou, ich will einmal alles so einfach denken, und gerade eben so ansehen, wie jeder andre Mensch. Ja, das will ich; gerade so urtheilen, so handeln, wie der allereinfältigste Mann."

Sieh, lieber Flaming, nun bist du schon wieder auf einem andern Abwege. Man muß nicht wie der große Haufe denken, aber auch nicht allein stehen wollen. Die Mittelstraße ist die beste; i h r soll der Mensch folgen.

„Nein, Iglou, der W a h r h e i t !"

Nun, eben die liegt in der Mitte.

Der Baron mochte indeß sagen, was er wollte, er hatte nie so wenige Plane gemacht, als in diesem Zeitpunkte, und war eben deshalb glücklicher, ruhiger, als je. Faßte er auch einmal irgend einen auffallenden Gedanken bei einem Schriftsteller auf, so sagte er ihn doch zuerst Iglou, und sie hatte gewöhnlich das Glück, ihm zu zeigen, daß der Gedanke nichts weniger war, als was er schien, paradox, sondern eine ganz bekannte Wahrheit, nur seltsam ausgedrückt. So gingen alle Gelegenheiten, bei denen der Baron etwas Sonderbares hätte unternehmen können, glücklich vorüber. Daß er hundertmal den Einfall hatte, Soldat zu werden, um für den großen König zu kämpfen, weil es ihn schmerzte, an dessen bewunderten Thaten nicht Theil zu haben; daß er, so oft ein neues Buch Aufsehen machte, sogleich ein Gegenstück dazu schreiben wollte, Papier zusammen nähete, und den Titel sehr sauber auf das erste Blatt schrieb; daß er eine Zeitlang mit Wolf ganz in der Mathematik lebte; dann zehn Titel und zehn Plane zu Original-Lust- und Trauerspielen schrieb, um der Deutschen Bühne aufzuhelfen: das waren Einfälle, die er einen über den andern vergaß.

Endlich theilte ihm Iglou eine Idee mit, die er mit aller Begierde festhielt: nehmlich, sein eignes Leben zu beschreiben. Sie liebte ihn in der That zu sehr, um ihm seinen Fehler geradezu zu sagen. Doch sie glaubte, wenn er seine Blicke recht aufmerksam auf seinen inneren Zustand richtete, und sich mit den Bewegungsgründen seiner Handlungen bekannt machte, so müßte er nothwendig selbst darauf fallen, daß er bisher immer nur Gespenstern nachgelaufen sey. Eben diese Beschäftigung war ihr selbst äußerst nützlich gewesen. Sie hatte ihr eignes Leben ausführlich beschrieben; allein sie hielt es so geheim, daß auch ihr Mann nichts davon wußte. Die Selbstgeständnisse einiger berühmten Männer hatten sie auf diesen Gedanken gebracht, ob sie gleich von solchen Schriften behauptete, daß sie gewiß die Wahrheit nicht enthielten. Wer Selbstgeständnisse schreibt, sagte sie, und dabei nur die Ahnung hat, daß ein anderer Mensch sie zufälliger Weise sehen könne, sollte das auch erst tausend Jahre nach seinem Tode seyn: der schreibt für diesen Menschen und nicht für sich. Er kann die Wahrheit sagen, kann seine Fehler gestehen, sich sogar Niederträchtigkeiten Schuld geben; aber er wird, wenn er Muth genug dazu hat, doch diesen Niederträchtigkeiten wenigstens eine romantische Farbe leihen. Er schildert einen Teufel oder einen Engel, weil ein Teufel eben so interessant seyn kann, als ein Engel, und oft noch interessanter; aber nie sich. Der Mensch will interessiren, entweder durch hohe Tugenden, oder durch große Verbrechen. Es wird dem Selbstbiographen

keine Mühe machen, sogar seine Verbrechen zu
erzählen; er kann sie ja durch einen Zug von
Größe heben, durch einen Zug von Reue mildern, oder durch Erzählung der nachfolgenden
Strafe wieder auslöschen. Aber es ist dem Menschen, der sein Leben für irgend einen Leser beschreibt, wohl kaum möglich, zu sagen: ich war
(was er doch in den meisten Augenblicken gewesen
ist) ein thatenloses Wesen, das der Zufall leitete,
und dessen meiste Tugenden und Laster nicht aus
Entschlüssen und Vorsätzen, sondern zufälliger
Weise entstanden. Er wird alles von sich gestehen, nur nicht, daß er oft sich bloß leidend verhielt, erst hinterher dachte, sah, überlegte, was
er hätte thun können. Man will thätig gewesen seyn; das ist die Eitelkeit des Menschen. Die
Allermeisten sind es nicht; und gerade das ge-
steht Keiner.

Iglou hielt Selbstgeständnisse für das Nütz-
lichste, was ein Mensch schreiben könne, wenn er
sie bloß für sich aufsetze, aber für das Allerun-
nützeste, wenn er auch nur seinem vertrautesten
Freunde einen Blick hinein zu thun erlaube, oder
ihn wissen lasse, daß er daran schreibe. So gut
wie gute Romane, sagte sie, können Selbstgeständnisse nicht seyn, weil man ihnen die Farbe
des Wirklichen geben muß; es sind also immer

schlechte Bücher, die nur jemand lieſt, der wiſſen will, ob wohl auch ein anderer Menſch eben ſo kleinlich und armſelig iſt, wie er ſelbſt.

Iglou hatte an ihrer Geſchichte immer nur dann geſchrieben, wenn ſie zuverläſſig wußte, daß ſie vollkommen ungeſtört bleiben könnte. Auch würde niemand etwas davon erfahren haben, wenn ſie nicht einmal ſehr krank geworden wäre. Sobald ſie zu Bette liegen mußte, gab ſie ihrem Manne den Schlüſſel zu einem ganz geheimen Fache in ihrem Schranke, und bat ihn, ihr ein Buch zu bringen, das in einem Futterale ſteckte, aber es nicht heraus zu ziehen. Er holte es, und ſah, daß auf dem Futterale mit großen Buchſtaben ſtand: „ich beſchwöre meinen Mann, meine Kinder, meine Mutter, alle meine Freunde, je= den Menſchen, dem die Menſchlichkeit werth iſt, wenn er dieſes Buch findet, (und dies kann er nur, wenn ein ſchneller Tod mich überraſcht hat), ich beſchwöre jeden Menſchen, dieſes Buch ſo= gleich in das Feuer zu werfen, ohne es zu leſen. Es enthält nichts Merkwürdiges, kein Geheim= niß, das wichtig genug wäre, den letzten Wunſch eines Sterbenden, das Zutrauen eines Menſchen auf Menſchlichkeit, deshalb zu täuſchen.‟

Dieſe Worte drückten ſich tief in Flamings Gedächtniß. Er brachte Iglou das Buch, und

fie legte es unter ihr Kopfküffen, um es, wenn
der Arzt ihr das Leben abspräche, sogleich zu ver=
brennen. Als fie wieder gesund wurde, drang
ihr Mann in fie, nur ihm zu sagen, was es ent=
hielte. Sie antwortete ruhig: kleine Rechnungen
von Wohlthaten, die ich heimlich erwiesen habe,
und die ich, wie du weißt, nicht gern bekannt
werden lasse. Der Baron war mit dieser Ant=
wort zufrieden, und versprach ihr, wenn fie vor
ihm schnell sterben sollte, das Buch ungelesen zu
verbrennen.

Flaming ergriff die Idee, seinen Lebenslauf
aufzusetzen, wie gesagt, mit großem Eifer. So=
bald er den Eingang fertig hatte, las er ihn Iglou
vor, und fie hörte lächelnd zu. Er war allen
tugendhaften Menschen gewidmet. Iglou sagte
lächelnd: nun werden alle tugendhaften Menschen
schon wissen, was fie zu erwarten haben: den
Lebenslauf eines Tugendhaften! Und gewiß, lieb=
ster Flaming, tugendhaft bist du gewesen, dies
Papier mag nun enthalten, was es will. —
„Was es will? Du scheinst nicht zu glauben,
Iglou, daß ich die Wahrheit schreiben werde.
Ich will dir aber beweisen, daß ich es kann. In
diesem Buche heiße ich nicht Flaming, sondern
Richter; und so ist meine Eitelkeit ohne Stimme."
— Möchtest du dich wohl gern in einer Maske

lächerlich

lächerlich machen? möchteſt du wohl in einer
Stadt, wo man dich nicht kennte, etwas thun,
das dir Verachtung zuzöge? — Der Baron begriff nicht, was Iglou mit dieſen Fragen wollte.
Er ſchrieb weiter, und las ihr vor. Sie fand
überall Stellen, die er nicht deutlich genug ent-
wickelt hatte, und er ſah ſich nun in der Verlegenheit, ihr manches zu geſtehen, wie es war. Nun
rückte die Biographie nicht mehr ſo raſch fort,
wie es ſein Eifer anfänglich erwarten ließ.

Schon bei dem erſten Bogen kam der Baron
zu Selbſtgefühlen, zu einer Bekanntſchaft mit
ſeinem eignen Herzen, die er ehrlich genug war
für nützlich zu halten, die er aber doch ſeiner Frau
gern verborgen hätte. Entſtellen wollte er die
Begebenheiten um ſo weniger, da er ſeiner Mutter verſprochen hatte, auch ihr ſeine Geſchichte
vorzuleſen; und die Motive zu ſeinen Handlungen brachte Iglou gewöhnlich mit ihren vielen
Fragen bald heraus. Kurz, er dachte mit Widerwillen daran, ſeine Biographie, ſo wie er ſie
ſchreiben mußte, bekannt werden zu laſſen. Bald
hörte er ganz auf daran zu arbeiten, und ſagte zu
Iglou: „während daß ich ſchreibe, flieht die Zeit,
in der ich handeln könnte." Aber Iglou's Abſicht war erreicht. Der Baron hatte doch bei
dem Aufſetzen ſeiner Jugendgeſchichte, und durch

Flaming IV.   R

die Unterredungen darüber mit Iglou und feiner
Mutter, einſehen lernen, daß der Hauptbewe-
gungsgrund aller ſeiner Handlungen weiter nichts
geweſen war, als Eitelkeit, der Wunſch ein
großer Mann zu ſeyn. Er mochte ſich heraus zu
winden ſuchen, ſo viel er wollte, ſeine Mutter
und Iglou brachten ihn dennoch dahin, daß er,
wenn auch nicht geſtand, doch einſah, er habe
immer nur gehandelt, um für einen großen Mann
zu gelten. — Und worin, lieber Flaming, fragte
Iglou, beſtand die Größe, die du liebteſt, deren
Schein du haben wollteſt? Dieſe Frage veranlaßte neue Erörterungen, neue Fragen und neue
Unterſuchungen. Man brachte am Ende heraus,
daß er nicht die moraliſche Größe, ſondern die
Größe im Verſtande geſucht habe. In der
Tugend, behauptete Iglou mit Thränen in den
Augen und mit der innigſten Umarmung, iſt nie
ein größerer Mann auf Erden geweſen als du!

Man ließ ſich nun auf eine neue Unterſuchung
über den Unterſchied der moraliſchen und der
intellektuellen Größe ein, und es fand ſich,
daß faſt jede Erfindung, durch welche Menſchen
groß wurden, jede Revolution des Verſtandes,
der Art zu denken, zu philoſophiren, die man
einem großen Manne zuſchreibt, nichts als die
Wirkung von tauſend Zufällen geweſen iſt; daß

zu einer Revolution im Reiche des Denkens, die durch den Nahmen eines großen Mannes bezeich-net wird, schon Jahrhunderte vor ihm der Same ausgestreuet war, und daß dieser auch ohne ihn gekeimt und geblühet hätte. So fand man z. B. daß Luther, ohne seine zu der großen Revolution völlig reife Zeit, vielleicht ein unbekannter Mönch geblieben wäre, daß die Reformation ohne ihn, aber er nicht ohne die Reformation das hätte seyn können, was beide waren. Man fand, daß ein großer Mann wohl seiner Zeit bedürfe, aber nicht die Zeit gerade eben dieses Mannes. Der Begriff von Menschengröße wurde bei diesen Un-tersuchungen um vieles kleiner.

Der Baron erinnerte sich des Postillons, der ihn von Wittenberg nach Düben gefahren hatte. Er hörte jetzt von Iglou gerade eben das, was der, nur einfacher, sagte: daß alles Bemühen nach Größe das Leben gewöhnlich zu einer Reihe verunglückter Unternehmungen und vergeblicher Anstrengungen macht, daß die Eitelkeit, ein großer Mann seyn zu wollen, die gefährlichste von allen ist, weil ein Mensch, dem die Zeit nicht groß werden hilft, den Schein der Größe sucht, auf Paradoxen fällt, oder gar kein Ver-dienst neben sich leiden will, das Auffallendste be-

R 2

hauptet, und zuletzt zankſüchtig, neidiſch, into-
lerant wird.

Der Baron fand ſich durch jedes Wort getroffen, und verwünſchte den Einfall, ſeine Lebens-
beſchreibung aufzuſetzen, da man ihm bei dieſer
Gelegenheit einen ſo hellen Spiegel vorhielt, worin er ſeine Geſtalt ſo deutlich erblickte. Aber doch
kam er nun zu Betrachtungen, die in der That
ſehr heilſam für ihn waren; er fand endlich, daß
er ſein Leben, von dieſer Seite angeſehen,
ganz unnütz zugebracht hatte. Es ſchmerzte ihn,
daß auf einmal das ganze Gebäude ſeiner Größe
einſtürzen ſollte, und er gab ſich Mühe, we-
nigſtens etwas zu retten; doch — die grauſame
Iglou beleuchtete jede Trümmer deſſelben, und er
ſelbſt mußte geſtehen, daß gar nichts Feſtes darunter ſey.

Dies alles erforderte Zeit; aber deſto bleiben-
der war auch der Eindruck. In der erſten Hitze
wollte der Baron alle ſeine Bücher verbrennen;
er ſchwor: Plato ſey ein Narr, Seneca ein Raſender, Zeno ein Grillenfänger, Ariſtoteles ein
kalter Schwätzer, und Epikur ein Wollüſtling.
Den einzigen Diogenes nahm er aus, weil er
über die Philoſophen geſpottet hat. Aber warum biſt du ſo böſe auf dieſe Männer? fragte
Iglou lächelnd. Sie waren für ihre Zeiten Licht

und Sonne. Plato und alle Andren, die du ge-
nannt haſt, liebten und empfahlen die Reinheit
der Seele, die Tugend. Alle trieben die Menſchen zu dem letzten, großen Ziele, der moraliſchen
Vollkommenheit: zwar auf verſchiedenen Wegen;
aber doch zu Einem Ziele. Ihr Eifer für die Tugend, für die Vollkommenheit des menſchlichen
Geſchlechtes, ihr Herz, hebt ſie empor; ſie werden ewig die Achtung der Menſchen verdienen und
genießen. Sie waren groß, weil ſie Tugend liebten, und den Geiſt der Menſchen um ſie her nach
dem Maße ihres eigenen Lichtes, mit Gefahr des
Lebens, mit Aufopferung ihrer Genüſſe, erhellten. Und hätte auch Sokrates ſeinen Dämon
geſehen, mit ihm geſprochen, wäre er ein gemeiner Schwärmer geweſen: ſo laß ihn; ſein Dämon war von göttlicher Natur. Er trank ſeinen
Schierlingsbecher auf das Wohl der Menſchheit
aus. Wollte Gott, wir hätten noch viele der
großen Männer, die, gleich ihm, Weisheit nicht
bloß lehrten, ſondern auch hätten, die nicht bloß
weiſe ſprächen, ſondern auch ſo lebten! Willſt du
die Weisheit großer Männer darum verachten,
weil ſie nicht e w i g e Weisheit iſt; weil Irrthum,
Grille und Schwärmerei ſie, wie mit einem Nebel, umhüllen? Eben dieſer Nebel macht ihre
Weisheit menſchlich.

Der Baron schwieg nicht ganz zu allen diesen Vorstellungen; aber er konnte doch auch nicht recht viel Treffendes darauf erwiedern, und sie hatten wenigstens die Wirkung, daß er jetzt nicht mehr sogleich mit allen seinen Einfällen hervorrückte, sondern manche erst genauer beleuchtete. Er wurde mißtrauisch gegen sich selbst; und dadurch war bei einem Manne von seiner Art schon viel gewonnen. Noch immer hatte indeß eine Meinung, die jeder andren widersprach, oder etwas Spitzfindiges, etwas ganz Eigenes sagte, seinen entschiedenen Beifall; und diese Schwachheit verlor er nicht, so lange er lebte. Er hielt mit dergleichen nicht mehr so offen auf dem Kampfplatze, wie sonst; aber man sah doch an seinem Lächeln, welches Wohlgefallen er an einer solchen Meinung hatte. So würde ihn nichts dahin gebracht haben, die Perser von Aeschylus für ein Trauerspiel gelten zu lassen. Er bewies vielmehr mit den seltsamsten Gründen, sie wären eine Farce, durch welche Aeschylus die Athener habe zum Lachen bringen wollen. Gerade mit einer solchen seltsamen Behauptung hob er gewöhnlich an, wenn ein Fremder ihn besuchte.

Endlich kam der Tag, der Deutschland den ersehnten Frieden wiedergab. Nun machte der Baron sogleich Anstalten, nach seinen veröbeten

Gütern zu gehen, und schrieb an Lissow, daß er
und seine andren Freunde zurückkommen möchten.
In Zaringen traf er schon wieder einen Theil seiner Unterthanen an, die in elenden Hütten wohn-
ten und in der größten Armuth lebten, weil es
ihnen an allem mangelte. Der Baron ging gleich
nach seiner Ankunft in schweren Gedanken mit
Iglou und seinem Knaben auf den Brandstellen
umher, und tröstete seine Unterthanen mit Hoffnungen. Er hatte Hilbert gebeten, ihm dreißig
tausend Thaler zu leihen, und erhielt sie in Kurzem durch Wechsel. Jetzt wartete er, ehe er anfing bauen zu lassen, nur noch auf die Ankunft
des alten Grumbach, um mit dem zu überlegen;
doch ließ er in aller Geschwindigkeit eine Art von
Bude aufzimmern, um bis dahin eine Wohnung
für sich und seine Familie zu haben.

Endlich kamen Grumbach, Lissow, der Prediger und seine Schwester wieder. Der gegenseitige Empfang dieser guten Menschen war ein rührendes Schauspiel. So wie nur die Bauern die
freudige Nachricht brachten: unser alter guter
Vater kommt! eilten der Baron, seine Mutter,
Iglou und ihr Sohn den vier Unglücklichen entgegen, und warfen sich ihnen in die Arme. Lissow
hob den Sohn des Barons auf, der jetzt etwa
fünf Jahre alt war. „Mein Sohn!" sagte Fla-

ming. — Dein Sohn! erwiederte der unglückliche
Vater, und fing laut an zu weinen.

Grumbach stand lächelnd mitten unter seinen
guten Landleuten, und drückte ihnen der Reihe
nach die Hände. Sein Lächeln gab ihnen mehr
Hoffnung, als des Barons Güte und Verspre-
chungen. Iglou nahm Karolinen, die sehr ärmlich, wie eine Dienstmagd, gekleidet war, mit in
ihr Zimmer, und gab ihr anständige Kleidung.
Den Prediger und Lissowen führte der Baron in
seine Wohnung. Der Alte ging sogleich rings umher, und fand überall, selbst auf den wenigen be-
baueten Feldern, die sichtbarsten Spuren von
Elend. Die Bauern, die ihm folgten, beobachteten seine Mienen, weil sie in seinem Gesichte
lesen wollten, welche Hoffnungen sie fassen
dürften.

Er wendete sich zu ihnen, und sagte: Kinder,
sie haben uns den Boden gelassen; und wenn ihr
gut geblieben seyd, so habt ihr nichts verloren,
was nicht Fleiß, Nachdenken, gegenseitige Hülfe,
Ordnung und Sparsamkeit euch wieder verschaffen könnten. Ich hoffe, noch mit euch eben so
glücklich zu seyn, als wir es ehemals waren. —
Er ließ sich nun von Allen der Reihe nach erzählen, was für Schicksale sie gehabt, und wie sie
sich die Jahre hindurch fortgeholfen hatten. Ohne

seines eigenen Elendes zu erwähnen, ohne daran nur einmal zu denken, beklagte er das ihrige aufrichtig. Er brachte den ganzen Tag bald in dieser Hütte, bald in jener zu, und ging erst am Abend wieder zu seinen Freunden.

So wie er kam, führte der Baron ihn zu dem Gelde, das er auf Hilberts Wechsel gehoben und noch gar nicht angegriffen hatte. „Hier, lieber Grumbach," sagte er, „nehmen Sie. Wir alle sind unglücklich; und S i e wissen am besten, wie unserm Unglück abzuhelfen, wie unser Glück wieder herzustellen ist." Grumbach erwiederte lächelnd: es ist die Frage, Herr Baron, wozu Sie diese Summe bestimmen. Damit können S i e bald wieder in Ordnung kommen. Freilich werden Sie Anfangs keinen Pallast, aber doch ein bewohnbares Landhaus haben. Auch wird die Summe zureichen, I h r e n Viehstand, I h r e ganze Wirthschaft wieder einzurichten. Mit einem Worte: Sie haben nichts verloren, als die Zinsen dieser Summe.

„Sie? Sie? Wen verstehen Sie darunter? doch hoffentlich auch meine armen Unterthanen? Diese Summe, lieber Grumbach, ist Ihre, um den Einwohnern von Zaringen, den Baron von Flaming mit eingeschlossen, aufzuhelfen. Ich brauche eine Hütte, die mich und meine Freunde

R 5

aufnimmt; aber noch weit mehr den Anblick, daß meine Unterthanen glücklich sind."

Dem alten Grumbach stürzten Thränen aus den Augen. Er drückte den Baron an sein Herz, und sagte mit freudiger Rührung: edler, edler Mann! . . . Ja, nun, fuhr er heiter fort, muß die Rechnung anders werden! Also nicht bloß Sie, auch Ihre Unterthanen sollen glücklich seyn. O Gott, so gieb mir Einsicht, gut Haus zu halten! — Er bat den Baron, fürs erste den Bauern nichts davon zu sagen, daß er sie unterstützen wollte. Durch diese sechs Jahre Elend, sagte er, ist mancher verwildert, und ich möchte Ihnen gern als meine Erbschaft ein Dorf voll glücklicher Menschen hinterlassen, die es aber auch zu seyn verdienten. Der Baron versprach ihm, daß er in allen Stücken völlig freie Hand haben sollte.

Nach einigen Wochen kamen auch die übrigen Zaringer wieder: alle arm, alle durch das lange erlittene Elend muthlos, und manche dadurch auch niederträchtig geworden. Zuerst traf Grumbach Anstalten, die Menschen unterzubringen, und ließ hierzu bretterne Buden aufschlagen. Schon in der ersten Woche machte er sich mit dem Charakter jedes Einzelnen genau bekannt. Einige, die sehr verschlimmert waren, bewog er wegzuziehen, und kaufte ihnen ihre Güter zu einem Preise ab,

der alle ihre Erwartung überstieg. Nun wurden
Ackergeräthe angeschafft, und die Felder, so gut
es sich thun ließ, bestellt. Das Ackergeräth verlieh Grumbach nur; das Eigenthumsrecht behielt
der Baron. Er kaufte auch so viel Schafe und
andres Vieh, als er den Winter über ernähren
zu können glaubte, und lieh davon jedem Bauer
einige Stücke, wobei er den Leuten aber Hoffnung
machte, daß sie es vielleicht zu billigen Preisen behalten würden. Sommerkorn, und Nahrungs-
mittel für den Winter wurden ebenfalls angeschafft, und vertheilt, doch immer nur als ein
Darlehn. Die Zaringer wurden nun wieder heiterer; denn so ärmlich auch der Anfang war, so
konnten sie sich doch gegen andre Dörfer in ihrer
Nachbarschaft glücklich schätzen.

Bald wurde der Grund zu einem weitläufti-
gen, bequemen Wohnhause für den Baron gelegt,
aber nur der eine Flügel aufgeführt, und die Vollendung des Gebäudes bis zu besseren Zeiten ver-
schoben. Auch der Prediger und Karoline wohn-
ten bei dem Baron, da so viel gemeinschaftliches
Unglück alle diese Menschen zu Einer Familie gemacht hatte. Sie führten nur Eine Haushaltung,
und aßen zusammen an Einem Tische, wie natürlich sehr einfach. Alles war beschäftigt. Die
Bauern arbeiteten für einander, und mit dem

frohesten Muthe auch für den Baron, da sie sahen, daß er selbst Hand anlegte. Grumbach war der Werkmeister, alle Andern seine Gehülfen. Auch Lissow, der Prediger und Karoline waren immer thätig.

Nach einigen Monathen, die unter den stärksten Anstrengungen verflossen, sah man endlich einige Ordnung, anstatt der bisherigen Verwirrung. Es standen zwei Reihen Scheuern da, die einstweilen zu Wohnungen dienten; der Platz zu den Häusern war aber schon vor jeder Scheuer abgesteckt. Grumbach fing mit dem Nothwendigsten an; zu gleicher Zeit aber dachte er schon an künftige Bequemlichkeiten des Lebens. Er bauete nicht elende Hütten, um sie in besseren Zeiten wieder abreißen zu lassen, sondern nur fürs erste Scheuern, die immer stehen bleiben konnten. Auch von Hausgeräth wurde das Nöthigste angeschafft, und es war beinahe alles gemeines Gut, nicht einzelnes Eigenthum. Die Familien mußten sich nun sowohl zur Arbeit als zum Genusse mit einander verbinden, und lernten durch eine sehr auffallende Erfahrung, wie viel die Menschen vermögen, wenn sie gemeinschaftlich arbeiten, und wie wenig, wenn sie einzeln sind.

In den Stunden der Muße, deren sie bei ihrem wenigen Ackerbau und ihrem geringen Vieh-

ſtande genug hatten, fällten ſie Holz, zimmerten
Balken, räumten Schutt auf, trugen Steine zuſammen, und brennten Kalk. Der alte Grumbach wußte den Bauern deutliche Begriffe von den
Arbeiten zu geben, die ſie nicht kannten, und
brachte ihnen Neigung dazu bei. Recht gern zeigten die Maurer und Zimmerleute, welche des Barons Haus baueten, dieſen geſchäftigen Menſchen
die Handgriffe bei ihrer Arbeit; denn ſie liebten
den alten Grumbach, der ihnen das Leben leicht
machte. So war man den Tag über fleißig, und
den Abend verſammelten ſich Alle zum Tanze.
Der Baron dachte nicht mehr an ſeinen Grundſatz: ſey tugendhaft aus reinen Vernunft-Prin-
cipien; denn er ſah zu deutlich, daß die Hoffnung
auf den Abendtanz Allen in ſeinem Dorfe den Tag
über Kräfte gab.

An den Arbeiten nahm Liſſow Antheil, nur
nicht an den Freuden. Sobald Abends die Muſik
anhob, ging er heimlich weg, in die Gegend, wo
das Haus, in welchem ſeine Kinder verbrannt waren, geſtanden hatte. Hier ſetzte er ſich nieder,
und weinte Jakobinen und ſeinen Kindern Thränen des ſchmerzlichſten Grams. Des armen Liſſows
Hoffnung lag jenſeits des Grabes. Die vergäng-
lichen Töne irdiſcher Freude fanden in ſeinem Herzen nicht Einen Ton mehr, der ihnen antwortete.

Nur jene himmlischen Töne, die jenseits des Grabes her den Unglücklichen lieblich rufen, und den
kummervollen Blick mit sanfter Gewalt in ein
andres Leben führen: nur diese Töne brachten sein
Herz in eine wehmüthige frohe Bebung, was auch
Grumbach dazu sagen mochte.

Vater, ich helfe ja, sagte er, wenn Grumbach
ihm einmal Vorwürfe machte; — ich arbeite, als
sollte Zaringen meine Heimath für die Ewigkeit
werden. Aber soll es mir denn nicht erlaubt
seyn, meine Blicke in die Gegend zu werfen, die
mein Vaterland ist, die alles enthält, was ich
liebe? Soll der Sklav nicht seine Blicke sehn-
suchtsvoll über das Meer werfen, das ihn von
Weib und Kindern trennt? Wen beleidigt meine
Thräne?

„Wen? Jedes heitre Herz! . . . Sklav?
Welch ein vermessener, übermüthiger Vergleich,
Lissow! Darf der Arbeiter im Felde seinen Mit-
arbeiter muthlos machen, wenn er die Blicke immer auf seine Hütte wendet, immer auf die Sonne
sieht, ob sie noch nicht hinunter ist, und ob die
Feierstunde noch nicht kommt? Darfst du dir
Ruhe wünschen vor der Arbeit? Genuß, ehe du
ihn verdient hast? Lissow, Lissow! hat denn der
Himmel Alles, was du liebst? Hast du nicht noch
diesseits des Grabes deinen Vater, der deine Thrä-

nen mit seinem Kummer bezahlen muß? Haſt du
nicht Freunde, die Urſache haben, ſich zu beklagen, daß du ſo undankbar gegen ihre Liebe biſt?
Haſt du nicht hier im Leben noch immer die Güte
des Ewigen an deiner Seite, und ſind deine Thränen, deine Seufzer nicht Vorwürfe, die du der
Vorſehung machſt?"

Die Vorſehung machte mich unglücklich. Kann
ſie nun meine Thränen ungerecht finden?

„Die Vorſehung? Liſſow! Wenn Jakobine
noch gelebt hätte, als die Ruſſen Zaringen anzündeten; wenn ſie, dies reitzende Weib, ein Raub
jener wilden zügelloſen Menſchen geworden, wenn
ihre Kinder vor ihren Augen verbrannt wären —
was dann? Haſt du nicht ſelbſt oft geſtanden,
daß die Vorſehung es mit Jakobinen wohl gemacht habe?"

Ach! aber meine unſchuldigen Kinder!

„Kann die Vorſehung dir nach einigen Jahren nicht wieder zeigen, daß ſie es wohl machte
mit deinen Kindern? Und was würdeſt du dann
antworten?"

Ich würde ſagen: die Vorſehung konnte ſie
wegnehmen — aber auch retten.

„Wohl, das konnte ſie."

Sie that es nicht!

„Liſſow, ſie that es nicht? Kannſt du ſagen,

was Rettung heißt? Ich bitte dich, lästre den Himmel nicht! Wie undankbar bist du gegen den Himmel, der dir Jahre lang das allerhöchste Glück gab: ein Weib wie Jakobine, Kinder wie die deinigen! Kannst du mit dem Himmel rechten, daß er nichts unvergänglich machte? Selbst dein Gram ist es nicht, du Undankbarer; er ist vergänglich, wie dein Glück es war."

Lissow lächelte wehmüthig. Mein Gram? sagte er: ach, und wenn tausend Jahre über mich hin eilten, er würde noch immer derselbe seyn. Die Zeit macht ihn nur größer. Ich kann nicht wieder glücklich werden!

„Das sagtest du auch an Jakobinens Grabe; und dennoch wurdest du in den Armen deiner Kinder wieder glücklich."

Sie sind dahin, Vater! O, laß mich weinen, bis Gott sich meiner erbarmt, und mir den Tod sendet. Er allein kann mich glücklich machen. —

Der Mensch ist eben so thöricht im Schmerze, wie in der Freude. Lissow klagte die Vorsehung der Härte an; und eben winkte sie ihrem Engel, ihm den Becher des reinsten Entzückens zu bringen. Er glaubte, selbst die Allmacht könne sein Elend nicht mildern; und sie brauchte sein Glück nicht erst wieder herzustellen, nein, ihm nur Stärke zu geben, daß er es ertragen könnte.

An

An einem Tage waren der Baron und seine Freunde eben vom Tische aufgestanden, und saßen ruhig beisammen. Iglou hatte die Laute genommen, und sang ein Lied der stillen Freude. Da ging die Thür auf, und ein schöner Jüngling führte an seiner Hand ein eben so schönes Mädchen, dessen Gesicht blühend wie die Rose und voll Engelsunschuld war, mit dem edelsten Anstande in das Zimmer. So wie sie herein traten, wendeten Alle ihre Blicke auf das schöne Paar, und standen auf. Das holde Mädchen wurde blaß, der jugendliche Busen schlug vor Angst, und es drangen Thränen aus ihren großen blauen Augen. Das alles geschah in einem Augenblick; und in einem zweiten schwankte das Mädchen, wurde blässer, breitete die Arme aus, und rief in einem Tone, für den die Sprache kein Wort hat, und in welchem sich Schmerz mit Entzücken mischte: o Vater! Vater! Dabei sank sie mit ihrem Bruder vor Lissow auf die Kniee.

Es war als ob plötzlich der Himmel sich in die Gesellschaft herabsenkte. „O gnädiger, barmherziger Gott!" riefen Alle auf einmal, streckten die Arme aus, und wurden bleich; Iglou und Karoline sanken von ihrem Gefühle hingerissen, neben den Kindern nieder, und riefen ihnen nach: Vater! Vater! — Vater! Vater! riefen alle

Flaming IV.   S

Stimmen, und eilten auf Liſſow zu, der nach
einem Blicke auf ſeine Kinder anfing zu ſchwan-
ken, ſchnell und ängſtlich Athem ſchöpfte, die
Arme ausſtrecken wollte, und doch nicht Kraft
genug hatte, ſie zu heben. Er taumelte; Flaming und der Prediger faßten ihn auf. Aber
ſchon in demſelben Augenblicke erholte er ſich auch
wieder, ſank zu ſeinen Kindern auf die Kniee, und
blickte nun mit dankenden Thränen gen Himmel.
Auch ſeine Kinder waren von ihren Gefühlen
überwältigt, und lehnten ſich laugſam an ſeine
Bruſt. Eine rührende Scene voll von einer Seligkeit, für die das Herz der Menſchen von Staub
zu klein iſt! — Alle weinten vor Schmerz, der
Freude nicht fähig zu ſeyn, liefen unruhig zu einander, und ſuchten in einer Umarmung ihren ge-
preßten Herzen Luft zu machen, bis endlich ein
lautes allgemeines Weinen Linderung gewährte.

Vater und Kinder hielten ſich eng umfaßt,
Arm um Arm geſchlungen, und heiße Seufzer
brachen aus ihren übervollen Herzen. Grumbach
war der erſte, der wieder Beſinnung erhielt. Er
trat auf den Vater und die Kinder zu; es währte
aber lange, ehe er ſich Gehör verſchaffen konnte.
Endlich machte er Jakobinens Hand von ihres Vaters Halſe los, und rief mit rührender, noch immer vom Weinen unterdrückter Stimme: haſt du

denn nicht auch für den Vater deiner Mutter eine
Umarmung, Jakobine? Nun blickte sie auf, und
legte schwach ihr Gesicht an seine Brust. Grumbach trug sie schnell in einen Stuhl, und rief:
ich glaube, deine Tochter ist krank, Lissow! Das
wirkte. Lissow flog auf Jakobinen zu, die sich
nun, weil sie die Angst ihres Vaters sah, stark
machte und aufstand. Er zog sie wieder in seine
Arme. Endlich brachte er das erste Wort: Jakobine! hervor, und nun stürzten erleichternde
Thränen aus seinen Augen. Grumbach trat unterdessen zu seinem Enkel, und bat ihn zu sprechen, wenn sein Vater nicht vor Entzücken sterben sollte. Der Jüngling wendete sich nun mit
einer Frage über die andre an seinen Vater; und
so ging die erste verzehrende Freude bei diesem vorüber. Man kam nun immer mehr zur Ruhe,
und endlich that der Baron die sehr natürliche
Frage: aber, liebsten Kinder, wo seyd ihr denn
in den sechs unglücklichen Jahren gewesen?

Auf einmal fragten Alle: wer rettete euch aus
der Flamme? wer hat sich euer angenommen?
euch erzogen? euch so gekleidet? Die Kinder gaben immer nur die Eine Antwort: Rheinfelden? —
Rheinfelden? rief Lissow, und drang wieder mit
Heftigkeit vor. Wer rettete euch aus dem Feuer?
Vater, sagte der Sohn; unser Wohlthäter,

unser Lehrer, Rheinfelden. Wir standen mitten in den Flammen. Jakobine wollte nicht hinaus, weil ein Husar vor ihren Augen einen Menschen niedergehauen hatte. Unmöglich konnte ich sie allein zurücklassen. Auf einmal flog die Stuben= thür auf, und die Flamme schlug herein. Ein Mann, den wir im ersten Schrecken nicht kann= ten, nahm Jakobinen auf seinen Arm, mich bei der Hand, und eilte so mit uns durch die Gluth aus dem Hause. Hinter uns stürzte es ein. — „Und dieser Mann?” — War der edle Rhein= felden, Vater. — Der edelste, beste Mensch! setzte Jakobine hinzu. Lissow umarmte seine Kin= der aufs neue, als ob sie eben erst aus den Flam= men gerettet wären. Jetzt erhob sich wieder eine frohe Verwirrung, welcher die Fragen: nun, wie ging es euch weiter? wo bliebt ihr? ein Ende machten. Jakobine und ihr Bruder erzählten nun ihre Begebenheiten, und ihre Augen standen voll Freudenthränen, als sie von ihres Retters Liebe zu ihnen sprachen.

Rheinfelden war mit Lissows beiden Kindern auf seine Güter gegangen. Er erhielt da von Lissow so wenig Nachricht, wie von dem Baron. Seine Erkundigungen, die er sogleich, und in der Folge öfter, anstellte, liefen alle fruchtlos ab, weil er sich immer an Menschen wendete, die

nicht gern Mühe übernahmen. Er erfuhr nichts
durch sie; doch hoffte er, daß bald wieder Friede
seyn, und er dann Nachricht von Lissow erhalten
würde. Darüber gingen mehrere Jahre hin, die
er indeß zum Besten der beiden Kinder benutzte.

Sobald Rheinfelden auf seinen Gütern ange-
kommen war, machte er Anstalt, das Unrecht,
das er an Jakobinen begangen, an ihren Kindern
wieder gut zu machen, wie er es unterweges sich
selbst wohl tausendmal geschworen hatte. Dies
war sein einziger Gedanke. Doch fühlte er sich
dabei gar nicht beruhigt; vielmehr sagte ihm sein
Gewissen: und wenn er auch an den Kindern tausendmal mehr thäte, als der sorgsamste Vater an
seinen eigenen, so würde das sein Verbrechen nicht
wieder gut machen. Aber eben dies Gefühl gab
ihm nicht nur unbeschreiblichen Eifer für das
Wohl der Kinder, sondern es erhielt diesen Eifer
auch in gleicher Stärke. Er verließ sie nicht eine
Stunde, und war um so lieber bei ihnen, da er
sie als die einzige Quelle seines Glückes auf Erden
betrachtete. Die lange Einsamkeit und seine seltsamen Schicksale hatten seinem Herzen große
Energie gegeben, und gleichsam jede Spur des
Irdischen daraus vertilgt. Die Erde mit allen
ihren Freuden war ganz vor seinen Blicken verschwunden. Bei der kleinsten Heiterkeit, die nicht

unmittelbar mit dem Verlangen seines Herzens,
sein Unrecht wieder gut zu machen, zusammen:
hing, schauderte er; denn er fühlte, daß die
Freuden der Erde für ihn aufgehört haben müß:
ten. Immer stand Jakobinens Gestalt vor sei:
ner Seele, und erhielt den erhabenen, obgleich
überspannten, Gedanken in ihm lebhaft, daß er
nur noch als ein wohlthuender Geist auf der Erde
sey, um Gutes zu wirken, und darin seinen Ge:
nuß zu finden.

Selbst diesen Genuß verkümmerte er sich
durch Grübeln darüber, ob er ihn verdiene oder
nicht. Vielleicht zweifelt man, ob er auf solche
Art glücklich gewesen sey. Aber er war es gewiß,
und wohl tausendmal mehr, als Andere, die Ge:
nuß an Genuß, und Freude an Freude reihen.
Es giebt Herzen, die der Erde ganz entsagen kön:
nen, und deren innere Sinne schon hier für die
Ewigkeit und ihre Freuden aufgehen.

Rheinfelden hatte eine vortreffliche Erziehung
bekommen, und war gewiß nicht ohne Tugend ge:
wesen. Man wird sich noch erinnern, welch einen
Kampf ihm sein Verbrechen an Jakobinen kostete,
und wie viel sein eignes, sonst großmüthiges,
edles und hülfreiches Herz bei seiner Leidenschaft
litt. Viele Lektüre, ein leichtes moralisches Sy:
stem, umherschwärmendes Leben, und die Be:

kanntſchaft mit einigen elenden Weibern hatten
ſein Verbrechen veranlaßt. Jakobinens Tod aber,
den er nicht fürchtete, und der ihn unvorbereitet
traf, erſchütterte ihn ſo durch ſein ganzes Weſen,
und brachte das Bild der Ewigkeit und eines ver-
geltenden Richters in ſo furchtbaren, ſchrecklichen
Zügen vor ſeine Seele, daß er ein Böſewicht geweſen ſeyn müßte, wenn er es nur einen Augenblick hätte vergeſſen können.

Als endlich nur die ſchrecklichen, betäubenden
Schläge ſeines Gewiſſens aufgehört hatten, Jakobine nicht mehr wie ein Todesengel vor ſeiner
Seele ſtand, und er nun einmal den tröſtenden
Gedanken faſſen konnte, daß ſie zu verſöhnen ſey,
(und das geſchah in dem Augenblicke, da Liſſow
ſagte: Verſöhnung!) — mußte nothwendig ſein
Herz wieder Kräfte zu den höchſten Tugenden, zu
den ſchwerſten Aufopferungen erhalten; und alle
dieſe Tugenden, alle dieſe Stärke ſeines Herzens
verwendete er nun auf Jakobinens Kinder.

Er erzog ſie mit noch größerer Vorſicht, als
die zärtlichſte Mutter, bildete ihre Herzen zu jeder
Tugend und zu den ſchönſten Gefühlen, war immer bei ihnen zugegen, und hütete ſie ſorgfältig
vor dem Anblicke des Häßlichen und des Böſen.
Kein leichtſinniges Wort, keine zweideutige Ge-
berde befleckte je die reinen Herzen der beiden Kin-

der. Sie waren ganz unverderbt zu ihm gekom=
men; durch die Erziehung ihres Vaters und
Grumbachs, auch nachher durch das Beispiel der
edlen, liebevollen Iglou, hatten sie die ganze Arg=
losigkeit, die Unbefangenheit der Unschuldswelt
behalten. Wohlthun war ja Alles, was sie in
ihren früheren Jahren hörten und sahen; und nun
zeigte ihnen Rheinfelden aufs neue das Schauspiel
einer so umfassenden Liebe und Wohlthätigkeit.

Sie erhielten hier aber nicht nur das Beispiel
von Tugend, sondern waren selbst die Werkzeuge
von Rheinfeldens Güte. Durch sie half er den
Unglücklichen; auf ihre Vorbitte unterstützte er
den Armen; sie trugen das Geld, das er ihnen
gab, in die Hütten des Kummers; sie empfingen
den Dank, den er selbst, als ein Glück, von sich
stieß. Ihr ganzes Wesen erhielt bei dieser Erzie=
hung etwas Sanftes, Gütiges, Mildes; ihre
Handlungen bekamen den Charakter einer stillen
Frömmigkeit. Der Unglückliche, dem sie Wohl=
thaten erwiesen, dankte ihnen weniger für diese,
als für die arglose, freundliche Theilnahme, für
das zärtliche Wohlwollen, das den Werth der
Gabe noch erhöhete. Sie thaten Gutes, und
schienen in ihrer Unschuld die zu seyn, welche Gu=
tes empfingen. Bei aller dieser sanften, kind=
lichen, arglosen Unschuld erhielten sie dennoch

etwas Erhabenes, einen stolzen Zug von Schwärmerei, der aus Rheinfeldens Seele in die ihrige
überfloß. Das Laster war ihnen fürchterlich, und
sie zeigten den größten Abscheu, wenn nur von
einem Verbrechen gesprochen wurde. Ihre Augen flammten dann, ihr Gesicht wurde leidenschaftlich. Eine solche Schwärmerei der Tugend
kann freilich, wenn sie gemißleitet wird, den schönsten Charakter verderben; bei ihnen hatte sie aber
etwas höchst Unschuldiges, und mischte sich innig
in ihre arglose Milde. Sie waren wie zwei Wesen aus einer andren Welt. So wandeln in
menschlicher Gestalt Engel auf der Erde. Unschuld scheint ihre einzige Tugend zu seyn; aber
von Zeit zu Zeit bricht doch aus ihr ein Zug der
erhabenen, himmlischen Natur hervor, der den
Menschen zur Anbetung zwingt.

Man tadelte Rheinfelden, daß er den Herzen
der beiden Kinder diese hohe Richtung gab. Es
ist möglich, sagte er, daß diese himmlische Güte
sie von allen Menschen absondert, daß sie nie
Freunde finden, nie Herzen, die sie lieben können; aber sie werden den Menschen lieben und
dadurch glücklich seyn. Ob sie das erhalten werden, was man gewöhnlich Glück nennt, weiß ich
nicht: das hängt ja immer vom Zufall ab; aber
sie werden fühlen, daß sie jedes Glück verdie-

nen. — „Die Menschen werden ihre Tugenden haffen, weil sie so rein sind." — Der Ewige wird sie lieben.

Man muß hieraus nicht etwa schließen, daß Rheinfelden ihre Tugenden nur zu einer Wirkung ihrer Gefühle machte; nein, er war eben so sehr für die Bildung ihres Geistes besorgt. Durch die einfachste Moral überzeugte er ihren Verstand sehr leicht von dem, was ihr Herz schon lange als wahr fühlte. Sie bekamen nun Geschmack an der Tugend. Gefühl und Vernunft bestimmten ihren Willen fast immer zum Guten; sie haßten das Böse, weil es ihrem Gefühl unerträglich, und zugleich, weil ihre Vernunft von dem Unrechte desselben überzeugt war.

Rheinfelden lebte nur für die Erziehung der beiden Kinder. Sein Vermögen reichte also übers flüssig hin, ihnen die beste Verstandesbildung zu verschaffen. Er nahm zu Lehrern für sie nicht unwissende Anfänger, die selbst noch zu lernen brauchten, sondern die vorzüglichsten, die zu finden waren. Mit so vieler Vorsicht er aber die Lehrer auch wählte, so ließ er dennoch nie einen mit den Kindern allein. Man bestimmte vorher, was gelehrt werden sollte; und so blieb immer Harmonie in dem Unterrichte. Die Kinder rückten sichtlich fort in allen Wissenschaften, in den Künsten,

worin Rheinfelden selbst ein geschmackvoller Ken-
ner war, und in den lebenden Sprachen, in denen
er große Fertigkeit hatte. Der Unterricht in den
letzteren und in manchem Andren wurde, wenn
es anging, immer auf Spaziergängen, unter dem
Genusse der Natur ertheilt; denn von Büchern
hielt Rheinfelden jetzt nicht mehr viel. Veranlas-
sungen, wie sie das Leben gab, führten die Unterredungen herbei; kleine Ereignisse in der Gegend
umher dienten zur Grundlage der Gespräche.

Eben so wenig wurde der Körper der beiden
Kinder versäumt; sie lernten tanzen, und der
Knabe auch reiten, fechten und schwimmen, während daß Jakobine in allen weiblichen Arbeiten
Unterricht erhielt. Dabei gewöhnte Rheinfelden
sie an gar keine Art von Pracht oder Luxus, und
führte mit ihnen einen sehr mäßigen Tisch. Ihre
Kleidung war einfach, und Jakobine selbst mußte
sie für sich, ihren Bruder und Rheinfelden verfertigen. Von Allem bekamen sie, so viel wie
möglich, anschauliche Begriffe. Sie kannten alle
Handwerke, ihre Instrumente, ihre Materialien;
kurz, Rheinfelden ließ ihnen keine Kenntniß fehlen, die den Menschen betrifft. Nur das Einzige
wußten sie noch nicht, daß die Menschen so lasterhaft sind. Ob sie gleich mit Rheinfelden öfters
in die benachbarten großen Städte kamen, so

erfuhren sie dennoch nicht, welche Verbrechen die Mauern in sich schlossen. Erst, als die Tugend fest in ihren Seelen gegründet war, lehrte Rhein-felden sie die Laster der Menschen kennen. Er zeigte ihnen nun, auf welchem natürlichen Wege der Mensch zu dieser Tiefe hinabsinkt, und setzte ihnen deutlich aus einander, daß die Menschen in ihren gewöhnlichen Verhältnissen und bei ihrer verkehrten Erziehung fast nicht besser seyn können.

Nun sahen sie denn freilich auf einmal eine neue Welt, vor der sie zitterten; aber sie fühlten nicht Haß gegen diese Welt, sondern Mitleiden. Sie wurden duldsam gegen Andre, und nicht eitel auf ihre eigenen Tugenden; denn sie sahen, daß diese Tugenden das Werk Rheinfeldens und ihrer früheren Erziehung waren.

Rheinfelden machte sie nun auch mit den Klugheitsregeln bekannt, die sie beobachten müß-ten, wenn sie die Reinheit ihres Herzens unter den Menschen bewahren wollten. Er ging die Geschichte des menschlichen Geschlechtes noch ein-mal mit ihnen durch. Bis jetzt war ihnen diese nichts andres gewesen, als die Geschichte der Güte, der Liebe; sie hatten nur gesehen, wie die Vorsehung den Menschen von der untersten Stufe der Kultur immer höher hebt; wie das

Licht sich immer über mehr Nationen verbreitet; wie es immer heller hervordringt; wie selbst die Finsterniß der Barbarei, der Unwissenheit, es größer und schöner macht; wie alles auf Erden die Vollkommenheit befördern muß, selbst der Mensch, der sie aus Irrthum verhindern will. Nun aber zog Rheinfelden den Schleier von der Geschichte ab, und zeigte ihnen auch die Laster und Verbrechen unter den Menschen: den zerstörenden ehrsüchtigen Alexander, den rasenden Caligula, den heuchlerischen Tiberius, den blutgierigen Nero, den indolenten Klaudius. Sie lernten jetzt, wie die Menschen endlich zu Tigern werden können, wenn Eitelkeit und Schmeichelei sie verblendet, Sinnlichkeit und Wollust sie entnervt, Stolz und Uebermuth sie hingerissen haben. Er zeigte ihnen, wie Nero mit zitternder Hand das Todesurtheil eines Verbrechers unterzeichnet, und fünf Jahre später mit eben dieser Hand seine eigne Mutter ermordet; wie schrecklich Wollust, Ehrgeitz und Habsucht mit dem Glücke der Menschen spielen; wie jede Tugend, auch wenn sie noch so stark ist, zittern muß, der Schmeichelei, der Verführung, den Sinnen, der Wollust zu erliegen.

Bei dem letzten Theile dieser Unterredung war Rheinfelden tief gerührt, weil seine eigene Ge-

schichte vor seiner Seele stand. Er fuhr mit Thränen in den Augen, mit bebender Stimme fort:
„lieben Kinder, wer nur einen Schritt von der
Bahn der Tugend abweicht, der verläßt sie bald
gänzlich; was das Laster zurückschrecken soll, wird
ihm ein Reiz mehr dazu. Der Wollüstige z. B.
sieht dann nur das Bild der Wollust in ihrem
lockenden Gewande, nicht das Elend, das sie über
Tausende brachte. Selbst die Stimme der Tugend giebt seiner Begierde Nahrung.” Er dachte
an Pope's Versuch über den Menschen, konnte
nicht weiter reden, umarmte die Kinder mit Heftigkeit, und ging dann schnell weg, um sich zu
erholen.

So wurden Lissow und seine Schwester nicht
nur duldsam gegen die Menschen, sondern auch
demüthig und vorsichtig. Sie glaubten Rheinfelden, trotz ihrem Gefühle, daß auch sie lasterhaft
werden könnten, wenn sie nicht sorgfältig über sich
wachten; und endlich wurde ihr Verstand davon
überzeugt. Nun bekamen sie durch Rheinfelden
genaue Bekanntschaft mit dem menschlichen Herzen: mit allen Schwächen desselben, mit der Heftigkeit der körperlichen Triebe und der Leidenschaften. Bei ihrer geringen Erfahrung hatten Lissow
und seine Schwester schon Weltkenntniß; Rheinfelden warnte sie aber, ihr nicht zu trauen. Ihr

kennt die Welt, sagte er; aber ihr wißt nicht, wie groß die Verstellung der Menschen ist, und welch eine lange Erfahrung dazu gehört, sie in den Begebenheiten selbst richtig zu beurtheilen.

Endlich, in dem letzten Jahre des Krieges, fing er an, die beiden Kinder mehr unter Menschen zu bringen, und hielt sich deshalb eine Zeitlang mit ihnen in Stuttgard auf, wo er sie für ein Paar nahe Verwandten ausgab, und wo ihm bei seinem Range und Reichthume alle Häuser offen standen. Jakobine war jetzt vierzehn, Lissow sechzehn Jahre alt, und beide wurden mit Bewunderung und Liebe aufgenommen. Man hätte Jakobinen, das sprechend ähnliche Bild ihrer schönen Mutter, ihrem Körper nach für sechzehnjährig halten sollen; doch sah man die liebliche, kindliche Unschuld auf ihrem Gesichte, so konnte man sie wohl kaum für zwölfjährig nehmen. Sprach sie dann wieder, so mußte man gar nicht, was man von ihr glauben sollte: so geistvoll war alles, was sie sagte.

In Stuttgard lernten sie und ihr Bruder sich nun in die gesellschaftlichen Verhältnisse finden, und Beide machten jeden Tag Erfahrungen, welche durch Rheinfeldens Gespräche erst recht lehrreich wurden. Man sagte Jakobinen viele Schmeicheleien, wie das ganz natürlich war, da sie vortrefflich tanzte, sehr schön sang, und sich immer mit Geschmack, obgleich sehr einfach, kleidete. Aber zum Unglück wollte sie reden, nicht schwatzen, und fand die Schmeicheleien, die man ihr sagte, bald äußerst abgeschmackt.

Rheinfelden machte sie aufmerksam darauf, daß gerade eben die Schmeicheleien auch an die unbedeutendsten weiblichen Geschöpfe in den Gesellschaften verschwendet wurden; aber noch mehr darauf, daß in der großen Welt die Politur Alles bedeckt, für Alles entschädigt, der einzige Götze ist, den die Gesellschaft anbetet und in den sie ihren Stolz setzt. Anfangs konnten sich beide aufrichtige Seelen nicht daran gewöhnen, daß alle die Freundschaftsversicherungen, die sie täglich bekamen, so ganz und gar nichts seyn sollten. Besonders Jakobine hörte die jungen Frauenzimmer so oft von Freundschaft, von Vertrauen mit so vieler Herzlichkeit sprechen, daß sie zweifelte, ob sie Rheinfelden glauben könnte. Er lobte aber in ihrer Gegenwart eine Freundin gegen die andre, warf dann einen kleinen Tadel hinterher; und nun wurde die arme Freundin den Augenblick hart mitgenommen.

So zeigte Rheinfelden seinen beiden Zöglingen nach und nach die ganze armselige Gestalt der so genannten vornehmen Gesellschaften. Aber, fragte

fragte Jakobine, warum kommen denn die Menschen zusammen? was ist ihr Vergnügen dabei? —
„Sie haben lange Weile, und wollen ihr entgehen; sie sind eitel, und wollen ihren Putz zeigen;
sie sind boshaft, und wollen Fehler aufspüren, um
sich gegen einen Dritten darüber aufzuhalten."

Man kann leicht denken, daß Jakobine eine
Freude an der großen Welt fand; sie und ihr
Bruder sehnten sich herzlich aus ihr weg. Rheinfelden war auch gar nicht Willens, sie lange unter
dieser größten Theils so verschrobenen Klasse von
Menschen zu lassen. Er führte sie nun in einer
andern Stadt auch unter den Mittelstand, machte
sie aufmerksam auf dessen Vorzüge, und zeigte
ihnen, daß in ihm die meiste Menschlichkeit, so
wie das meiste Glück, anzutreffen ist. Dies
konnte er ihnen leicht erklären. „In dem Mit-
telstande," sagte er, „sind die Menschen nicht
reich genug, ihre Kinder bloß zum Genusse zu
bestimmen; sie müssen diesen nützliche Kenntnisse
beibringen, und sie zum Fleiß, zu Beschäftigungen anhalten, daß sie dereinst sich ernähren können. In ihrer Lage brauchen sie die Hülfe Andrer nöthiger, und fühlen das Bedürfniß der
Freundschaft mehr, als die Leute von Stande.
Daher müssen sie menschlich, freundschaftlich,
arbeitsam und tugendhaft werden. Die untersten

Flaming IV.   T

arbeitende Klaſſe der Menſchen hat zu viel mit
den Bedürfniſſen des Lebens zu kämpfen, als daß
ſie Zeit behielte, ihr Herz und ihren Geiſt zu bilden. Durch das ſtete Bemühen um Lebensunterhalt müſſen bei ihr nothwendig Habſucht, Mißtrauen, Neid, und alle die Laſter entſtehen, die
den Menſchen erniedrigen. Hierin haben der erſte
und letzte Stand große Aehnlichkeit mit einander.
Jener iſt durch Reichthum und ſeinen Rang über
das Bedürfniß der Freundſchaft weggeſetzt, will
nichts als Genuß, den nur Reichthum ihm verſchaffen kann, und wird daher habſüchtig. Auch
dieſer iſt durch ſeine Armuth von allem entfernt,
was ihm die Freundſchaft theuer machen könnte,
und beſchäftigt ſich nur mit dem Erwerben ſeines
Unterhaltes. Der Mittelſtand, der arbeiten muß,
aber wohlhabend genug iſt, um es nicht immer zu
brauchen, kennt die Freundſchaft, die beſſeren Gefühle des Lebens. In ihm iſt die Tugend gewöhnlich mehr als Anſtand, Freundſchaft mehr als
Komplimente, Glück mehr als Geld, das Leben
mehr als eine Unterhaltung. Aber je ſtärker der
Luxus bei dieſem Stande einreißt, und deſſen
Wohlhabenheit, deſſen glückliche Mittelmäßigkeit
hindert: deſto mehr muß auch er ſich zu den Fehlern der beiden andren hin neigen.”

So befeſtigte Rheinfelden in ihrer Seele nach

und nach den Wunſch, in einer glücklichen Be-
ſcheidenheit zu leben. Beſonders mußte er das
wegen des jungen Liſſow thun, der voll großer
Hoffnung war, und bisweilen von einer Miniſter-
ſtelle träumte, um ein ganzes Volk glücklich
machen zu können.

„Mein Sohn,” ſagte Rheinfelden zu ihm,
„werde, was du willſt, und wozu du Gelegenheit
haſt. Auch der Miniſter kann mit ſeiner Art zu
leben zu dem Mittelſtande gehören und glücklich
ſeyn. Jene Tugenden ſind nicht einem Stande
eigen, ſondern allen Menſchen; nur daß die anderen Stände mehr Schwierigkeiten haben, ſie
zu erringen. Ein Adeliger, der menſchlich fühlt,
der das Glück des Lebens in der Freundſchaft findet, iſt in der That zu bewundern, ſo wie der
Bauer, der unter den Laſten ſeines Lebens Stärke
genug behält, irgend einen fremden Menſchen
zu lieben.”

Was Rheinfelden Anfangs aus dem Gefühle
der Pflicht an den beiden Kindern gethan hatte,
that er ſehr bald aus Neigung zu ihnen. Er
liebte ſie, wie der beſte Vater, und ſie vergalten
ihm ſeine Liebe mit der ganzen Zärtlichkeit, welche
Achtung, Dankbarkeit und Vertrauen erregen
können. Zum Lohne für die Erfüllung ſeiner
Pflicht genoß er jetzt des häuslichen Glückes, der

süßen Freude Vater zu seyn, die sein Stand ihm eigentlich raubte, und die er bei dem gewöhnlichen Gange der Begebenheiten nie erhalten hätte. An den Umgang mit den Kindern war er so gewöhnt, daß ihm der Gedanke, einst wieder ohne sie leben zu müssen, unerträglich wurde. Sie versetzten ihn in die Jahre, da er mit ihren Eltern in so glücklicher Freundschaft lebte; denn Jakobine war ganz ihre Mutter, und Lissow ganz sein Vater, Beide nur jugendlicher und schöner.

Jakobine sagte ihm tausendmal mit den seelenvollsten Blicken, mit der innigsten Zärtlichkeit: sie liebe ihn unter allen Menschen, selbst ihren Vater kaum ausgenommen, am meisten. Hier hatte er nun Jakobinen zum zweiten Male, schöner, reitzender, zärtlicher, als die erste, und ganz sein, ohne Nebenbuhler sein; und er sollte sie freiwillig abtreten!

Seine Liebe war jetzt lauter, frei von allem Sinnlichen, nur die allerzärtlichste Vaterempfindung, und er konnte sie mit der ganzen Welt theilen; aber um so mehr zitterte er vor dem nahen Augenblicke, wo er seine Rechte auf Jakobinen einem Andern übergeben und sich vielleicht ganz von ihr trennen sollte. Sein Korrespondent in Berlin schrieb ihm jetzt: der Baron Flaming halte sich wieder in Zaringen auf, und ein Lissow

lebe bei ihm. Rheinfelden hätte gern noch gezö-
gert, wenn es nicht unrecht gewesen wäre; und
überdies trieben ihn selbst die Kinder mit Fragen,
mit Bitten, daß er sie endlich zu ihrem Vater
führen möchte.

Bei seinem Erziehen hatte er hauptsächlich
auch den Zweck gehabt, die Liebe zu ihrem Vater
zu erhalten; und dies konnte ihm leicht gelingen,
da er dessen Herz so genau kannte. Er sprach
immer mit der größten Zärtlichkeit von Lissow,
schilderte den Kindern mit feurigen Zügen seinen
edlen Charakter, seine Menschlichkeit, erzählte
ihnen oft, wie er selbst mit ihren Eltern bekannt
geworden war, und mahlte ihnen mit Begeiste-
rung die Glückseligkeit, deren sie durch einander
genossen hatten. Von seinem Verbrechen gegen
ihre Mutter sprach er nie; und er fühlte sich sehr
erleichtert, als er merkte, daß sie gar nichts davon wußten. In der ersten Zeit fragten sie wohl
nach dem Zusammenhange jener Begebenheit, da
sie und Iglou ihn aus dem Walde zu ihrem Vater brachten; auch erinnerte sich der Knabe des
Ritters sogar noch von dem Sarge seiner Mutter
her: aber Rheinfelden, dem die Fragen nach dem
allen wie Dolche in das Herz drangen, sagte
ihnen die Wahrheit nicht, sondern erzählte eine
Geschichte, die alles erklärte, und an deren Wahr-

T 3

heit die Kinder nicht zweifelten. Sie wußten nicht, daß sie den Mörder ihrer Mutter so zärtlich liebten, und ihn Vater nannten.

„Euer Vater ist da, lieben Kinder!" sagte Rheinfelden mit einiger Betrübniß, als er den Brief aus Berlin bekommen hatte. Die beiden Geschwister, Jakobine jetzt funfzehn und ihr Bruder siebzehn Jahre alt, hüpften auf vor Freude, und warfen sich an die Brust ihres zweiten Vaters. Sie wünschten noch heute abzureisen, und begriffen nicht, warum Rheinfelden zögerte. „Nur noch einige Tage," sagte dieser, „laßt mir das Glück, euer einziger Vater zu seyn, meine Kinder. Nur noch einige Tage! Ich muß Anstalten treffen, ehe ich mit euch reise." Rheinfelden ließ nun Kleider verfertigen, kaufte mancherlei, und machte dann sein Testament so öffentlich und feierlich wie möglich. Endlich waren die Koffer ohne Vorwissen der jungen Leute gepackt, und den folgenden Tag sollte die Reise angetreten werden.

Vom Morgen an ging Rheinfelden in großer Unruhe umher, die immer stärker wurde, je näher der Abend herankam. Seine beiden Kinder suchten vergebens, ihn zu erheitern; er blieb stumm, und sein Auge mit einer dunklen Wolke bedeckt. Nach dem Essen nahm er sie mit in sein Kabinet, wo er immer nur allein war, und wohin selbst Jakobine, sein Liebling, nicht kommen durfte. Beide mußten sich setzen. Dann ging er einige Male auf und ab, und schien einen gefaßten Entschluß zu bekämpfen. Endlich schlug er seine Blicke zum Himmel auf, und sagte dann fest: „es muß seyn!" Nun setzte er sich seinen beiden Geliebten gegenüber, und fing an: „Ehe wir reisen, lieben Kinder, muß ich euch noch einmal an die Tugend und an euer Herz erinnern. Ihr seyd Beide tugendhaft, Beide entschlossen die Reinheit eures Herzens zu bewahren; aber ihr seyd auch Menschen. Ich will euch jetzt die schreckliche Geschichte eines Mannes erzählen, den der Himmel zu Tugenden bestimmt hatte, der aber, durch die Sinnlichkeit verleitet, das schauderhafteste Verbrechen beging, der — eure Mutter ermordete." — Lissow sprang mit Entsetzen im Gesichte auf, und Jakobine warf sich mit einem Schrei in Rheinfeldens Arme.

Rheinfelden faßte wieder Muth. „Man hat euch diese Begebenheit verschwiegen; aber ihr müßt sie wissen: sie geht euch und mich zu nahe an. Nun erzählte er ihnen seine Bekanntschaft, seinen Umgang mit Lissow und Jakobinen, doch so, daß er anstatt seines eigenen Nahmens einen andern nannte. Er setzte ihnen den früheren Zu stand seines Herzens aus einander, und beschrieb ihnen seinen Charakter. „Ihr seht," fuhr er dann fort, „der Mann war edel, großmüthig, menschlich; und dennoch wurde er der Mörder eurer Mutter." Er erzählte ihnen nun den Gang bei der Verschlimmerung seines Herzens, den der Leser schon kennt.

Ehe er an die schreckliche Katastrophe der Geschichte kam, stand er auf. Er zog die Schnur einer seidnen Gardine; und nun zeigte sich ein schönes Gemählde, das er noch in Berlin, als er Lissows Freund war, hatte verfertigen lassen: Jakobine, die ihre Tochter auf dem Schooße hielt, zu ihren Füßen ihr Sohn mit Blumen spielend, und neben ihr Lissow mit Vaterfreude in den Augen.

„Das ist eure Mutter in ihren glücklichen Tagen," sagte Rheinfelden; und die Kinder hingen mit sehnsuchtsvollen Blicken an dem Bilde. Nun erzählte er die gräßliche Katastrophe mit immer mehr brechender Stimme, und zeigte ihnen dann wieder ein neues Gemählde: Jakobinen, bleich, schon mit dem Tode in ihrem schönen Gesichte, wie sie vor dem Bette ihrer Kinder auf den Knieen lag und betete.

Kaum konnte Rheinfelden noch fortfahren. Nach einiger Erholung zeigte er ihnen Jakobinen

im Sarge, wie er selbst sie gesehen, und wie ein
Künstler, der die jungen Leute im Zeichnen un=
terrichtete, sie ihm heimlich gemahlt hatte. Das
Bild Jakobinens im Sarge war furchtbar tief
in Rheinfeldens Seele gedrückt, so daß er es dem
Mahler Zug für Zug angeben konnte. — Die
Kinder saßen bleich, stumm da, und schwammen
in Thränen. Lissow verbarg das Gesicht in seine
Hände, und bat Rheinfelden mit flehender Stim=
me, aufzuhören. Jakobine konnte gar nicht spre=
chen. Beide ahneten, Beide vermutheten, wer
der Mörder ihrer Mutter sey, und zitterten weit
mehr vor dem, was noch folgen würde, als vor
dem, was sie schon gehört hatten.

Auf einmal warf Lissow sich vor Rheinfelden
nieder, faßte dessen zitternde Hände, bedeckte sie
mit Thränen, mit Küssen, und beschwor ihn,
nicht länger zu reden. Als Rheinfelden nicht
wollte, faßte er die Hand seiner Schwester, und
rief glühend und heftig: komm, ich will dir er=
zählen, wie dieser Mann Jakobinens Kinder aus
den Flammen trug, wie er unser Vater war! Ja=
kobine sprang auf, umfaßte Rheinfelden, und be=
theuerte ihm, daß auch sie sterben würde, wenn
er noch länger fortführe. Es war eine rührende
Scene, wie die beiden Kinder ihn umschlungen

T 5

hielten, und mit zärtlichen Bitten zum Schwei=
gen bringen wollten.

Er überließ sich endlich ihren Liebkosungen,
und weinte nur milde Thränen. Als er sich wie=
der erholt hatte, führte er sie das Zimmer hinauf,
zog eine Schnur, und rief: „hier ist der Mörder
in den Händen der ewigen Gerechtigkeit!" Jako=
binens Kinder schauderten vor diesem Gemählde
zurück. Da saß Rheinfelden in einem finstern,
felsigen Walde, das bleiche Gesicht in die dürre
Hand gestützt, mit zerrissenen Kleidern und offner
Brust, mit starren, wilden Blicken, den Mund
zu einem wahnsinnigen Lächeln verzuckt, und in
der rechten Hand einen scharfen Dolch haltend,
mit dem er nach seinem Herzen zielte. „Erkennt
ihr den Mörder?" fragte Rheinfelden. Jako=
bine nahm die Schnur aus seiner Hand, und ließ
den Vorhang fallen. Unser Retter, unser Vater!
riefen Bruder und Schwester zugleich, und
Rheinfelden sank in ihre offnen Arme.

„Lissow, mein Sohn! Jakobine, meine
Tochter!" sagte er feierlich; „steigt einmal die
erste unrechte Begierde in eurem Herzen auf, so
denkt an mein Gemählde. So weit kann die
Sinnlichkeit führen! Ich bitte euch um Eins,
meine Kinder. Es wird euch leicht scheinen, so
schwer es ist, aber euch tugendhaft erhalten, so

leicht es scheint. Macht irgend einen guten, edlen
Menschen zum Vertrauten eurer Empfindungen,
eurer Begierden, eurer Vorsätze und Gedanken.
Denkt nicht, euer Gewissen sey hinreichend, der
Vertraute eures Herzens zu seyn; es ist eben so
schwach wie dieses. Versprich mir, mein theurer
Sohn, keinen deiner Gedanken, deiner Entwürfe,
keine deiner Empfindungen mir zu verbergen.
Und du, Jakobine, wähle dir irgend eine tugendhafte Freundin, und laß sie die Bewahrerin deines Gewissens und deiner Geheimnisse seyn. Ver-
sprecht mir das!" Sie hingen Beide an seinem
Halse, und versprachen es ihm unter heißen Thränen. „Nun denn," sagte er lächelnd; „so sollt
ihr, wie ihr mein Elend gesehen habt, auch meine
Hoffnungen sehen." Er zog den Vorhang vor
einem großen Gemählde auf. Hier lag er zwischen den beiden geliebten Kindern vor Jakobinen
auf den Knieen; Jakobine, in dem Glanze des
Himmels, lächelte und reichte ihm die Hand.
Er sah die jungen Leute zärtlich an, und rief in
überwallender Bewegung: „zerstört mir die Hoffnung nicht, euch einst eurer edlen, unschuldigen
Mutter eben so edel, eben so unschuldig zu
bringen!"

Sie waren alle Drei unaussprechlich gerührt,

voll der Empfindung des Himmels, und gingen weiser, besser aus einander.

Am folgenden Morgen traten sie mit gleichem Verlangen die Reise an, und kamen ohne irgend einen merkwürdigen Vorfall bis zu der nächsten Stadt vor Zaringen. Hier blieben sie die Nacht, und waren dann am Morgen mit der Sonne auf. Jakobine fand, anstatt ihres Reiseanzuges, ein weißes seidenes Kleid mit Blumen besetzt, und eine Guirlande von Rosen zum Kopfputze. Ihr Bruder kam, wirklich prächtig gekleidet, mit Rheinfelden zu ihr, als sie noch unentschlossen da stand, ob sie das anziehen sollte oder nicht. „Du sollst geschmückt zu deinem Vater kommen!" sagte Rheinfelden; und bald war Jakobine nun gekleidet.

Sie setzten sich nach dem Frühstücke in den Wagen, und legten die drei Meilen bis Zaringen schnell zurück. Vor dem Dorfe ließ Rheinfelden anhalten, und stieg aus. „Ich gehe in diesen Wald, meine Kinder," sagte er, „weil ich eures Vaters erste Freude nicht trüben will. Auch muß ich den Platz wiedersehen, wo ich glücklich wurde. Iglou wird mich zu finden wissen. Seht, das Verbrechen hört nicht auf zu strafen! Ich darf euch nicht an das Herz eures Vaters führen." Er verließ mit schnellen Schritten den Wagen, und

verſchwand in den Wald. (Den beiden jungen
Leuten ſchlug das Herz ungeſtüm vor Freude und
Erwartung, als ſie nach Zaringen hineinfuhren,
und zu dem Vater gingen.)

„O Gott! Gott!” rief Liſſow nach dieſer Erzählung aus einem ſtummen ſüßen Schmerze hervor: „wo iſt der Retter? wo iſt der Vater meiner Kinder, daß ich ihm zu Füßen falle und ihm
danke?” — Er iſt mit uns gekommen, und muß
im Walde ſeyn. Iglou, ſagte er, wüßte, wo er
wäre. — Kommt! ſagte Iglou; ich will euch führen. Alle, Liſſow mit ſeinen Kindern voran, gingen nun mit ihr, und es war, als ob ſie einen
Wettlauf hielten, ſo daß der alte Grumbach kaum
folgen konnte.

Rheinfelden hatte unterdeſſen ſeine Hütte wieder aufgeſucht. Er erſtaunte, als er anſtatt ihrer
ein kleines niedliches Häuschen ſah, das rings
umher mit Roſen und Immergrün bepflanzt war,
und über deſſen Thüre die Worte ſtanden: „Hier
wurde ich glücklich!” Der Anblick ſchien ihm Zau-
berei; denn gerade die Idee, welche er hier ſchon
ausgeführt ſah, hatte er ſelbſt ausführen wollen,
weil er hier glücklich geworden war. Er ſtand in
tiefem Nachdenken vor dem Häuschen, öffnete
dann die Thür, trat hinein, und fand das Hausgeräth wieder, das er gebraucht hatte, nur mit

einigem andren vermehrt. Alles blieb ihm unbegreiflich, weil er nicht wußte, daß auch Iglou
und der Baron in dieser Einöde ihr Glück gefunden hatten. Es war Iglou's ewiges Treiben gewesen, hier ein Häuschen zu haben, und der
alte Grumbach hatte eine Summe dazu aussetzen
müssen.

Dies kleine Häuschen war Iglou's liebster
Aufenthalt. Hieher ging sie oft mit ihrem Sohne,
hier unterrichtete sie ihn, hier hatte sie eine kleine
Sammlung von Büchern, hier schrieb sie jetzt an
ihrer Lebensbeschreibung, hier betete sie. Rheinfelden setzte sich auf den hölzernen Stuhl. Er
durchlief jetzt noch einmal sein Leben, fühlte sich
gänzlich beruhigt, und versank in süße Träume;
ihn dünkte, Jakobinens Gestalt schwebe von oben
herein, und biete versöhnt ihm die Hand.

Mitten in seinem Traume flog die Thür auf,
und Lissow warf sich in seine Arme. „Rheinfelden!" rief er; „Retter, Vater meiner Kinder!
mein Bruder, mein Geliebter, mein Freund!"
Kaum hatte er das gesagt, so war auch schon das
ganze Häuschen voll Menschen. Rheinfelden sank
aus einer Umarmung in die andere, und es dünkte
ihn, als ob er dadurch entsündigt würde. Ohne
sich lange aufzuhalten, führte man ihn nun, wie
in Triumph, nach Zaringen.

Rheinfelden bat den Baron sogleich, ihm die Hütte im Walde abzutreten. Der Baron erwiederte: „fordern Sie von mir, was Sie wollen, nur nicht diese Hütte. Sie hat mich glücklich gemacht, und ist Iglou's Lieblingsaufenthalt; aber ich will Ihnen dicht daneben ein andres kleines Haus aufbauen lassen."

Man setzte sich nun, und erzählte einander gegenseitig seine Schicksale. Assow saß zwischen seinen beiden Kindern, und sagte ihnen, welches Elend er in den sechs unglücklichen Jahren ertragen, und wie sehr er sich um sie gegrämt habe. Man fand nun, wie leicht es gewesen wäre, sich alle die Noth zu ersparen; und man wunderte sich, daß man nicht auf die gehörigen Mittel gefallen war. Grumbach und seine unglücklichen Freunde hätten ja auf einem Dänischen Schiffe zu dem Baron kommen, und Rheinfelden durch noch öfter wiederholte Zeitungsnachrichten den Gram des Vaters endigen können. Beides war so leicht gewesen, und doch nicht geschehen.

Laß uns doch fragen, hob der alte Grumbach an, warum es nicht geschah? Weil wir der Vorsehung so wenig traueten; weil wir das, was uns traf, Schicksal, unvermeidliches Geschick nannten, und daher nicht den Muth hatten, uns nach Hülfe umzusehen. Wie ungerecht, wie undankbar sind wir Alle gegen die Vorsehung gewesen! Es kam ja nur auf uns an, die Hände nach der Hülfe auszustrecken, die sie uns darbot. Wir klagten, anstatt zu denken; wir jammerten, anstatt zu arbeiten; wir ließen uns von dem Sturme treiben, anstatt ihn muthig zu bekämpfen. Und welcher Unglückliche ist nicht mit uns in gleichem Falle? Wer sieht nicht, wenn sein Elend überstanden ist, ein Mittel, wie er sich hätte davon befreien können? Warum ersann er nun dies Mittel nicht vorher? Weil er klagte, anstatt zu denken, sich hingab, anstatt thätig zu seyn. Habe ich nicht Recht, wenn ich behaupte, die Natur bestraft den Irrthum eben so wie das Verbrechen? Und seht ihr nun, weshalb die Vorsehung das thun muß? Um den Menschen von seiner Trägheit los zu reißen, die ihn so leicht auf immer an das Unglück fesselt. Aber seht nun auch, wie sie, trotz dem Menschen, der ihre segnende Hand von sich stößt, dennoch nicht aufhört zu segnen. Wir lernten in unserm Elende entbehren, und wissen nun, was der Mensch kann, wenn er will. Unser Rheinfelden rettet die Kinder, und söhnt sich dadurch mit sich und dem Himmel aus. Der Baron selbst . . .

„Ich," unterbrach ihn der Baron, „ich weiß, daß die Hand, die uns so schwer traf, uns

dennoch

dennoch nur gesegnet hat. Das Unglück gab mir meine Iglou, und lehrte mich, was ich noch nicht wußte, daß man auch mit Wenigem glücklich seyn kann, und daß Arbeit die Würze des Lebens ist."

Und du, Lissow? fragte der Alte mit einer Umarmung: — was hat dich das Wiederfinden deiner Kinder gelehrt?

O, mein Vater, erwiederte Lissow; soll ich allein erröthen?

Erröthe immer, mein Sohn, wie wir Alle. Schamröthe ist die schönste Farbe des schwachen Menschen, die Leibfarbe der Tugend. Aber gelernt hast du, daß der Himmel nicht aufhört selbst den Undankbaren zu segnen. Während daß du ihm Vorwürfe machtest, schuf er dein volles Vaterglück. Sieh deine Kinder an, höre sie sprechen, und sag, ob du ihr Herz, ihren Geist so hättest bilden können, wie es Rheinfeldens zärtliche Liebe gethan hat. Die Vorsehung führte ihn herbei, deine Kinder zu retten. Sie sollten das Elend, das du, das wir Alle tragen mußten, nicht mit uns theilen. Was wären sie, Lissow, und wenn sie auch unser Elend überlebt hätten? Sie würden Wolle gesponnen haben; das wäre die ganze Bildung gewesen, die wir ihnen in un-

u

serm Elende hätten geben können. Und nun!
sieh deine beiden Kinder an!

Lissow warf sich aufs neue an Rheinfeldens
Brust, und ging dann hinaus. Sein gen Himmel gewendeter Blick, seine gefalteten Hände zeigten, was er that. Er dankte der Vorsehung, bereuete die Vorwürfe, die er ihr gemacht hatte;
und war ganz von dem hohen Gefühle durchdrun-
gen, daß sie mit wohlthätiger Hand die Schicksale der Menschen leitet. Von diesem Augenblicke an wurde sein Herz stark für alle Leiden,
und besser.

Rheinfelden übergab am folgenden Morgen
Lissowen sein Testament, worin er dessen Kinder
zu seinen Haupterben eingesetzt hatte. Freilich
konnte er nur über das baare Geld und die beweg-
lichen Sachen bestimmen: aber sein Vermögen
war dennoch sehr beträchtlich, da er mehrere Jahre
hindurch fast nichts von seinen sehr großen Einkünften gebraucht hatte; und es mußte sich um
vieles vergrößern, wenn der Ritter noch einige
Jahre lebte, wie seine Gesundheit es hoffen ließ.
Lissow war überrascht, und weigerte sich, das
Testament anzunehmen. Rheinfelden sagte ihm
aber: er sehe die beiden jungen Leute gänzlich als
seine eignen Kinder an; und würde selbst in dem

Falle, wenn er auch kein Verbrechen wieder gut
zu machen hätte, nicht anders verfahren.

Eine sehr beträchtliche Summe hatte Rheinfelden mitgebracht, und die übergab er Grumbachen, daß er sie zum allgemeinen Besten verwen-
den sollte. Er erklärte, daß er Lissows Familie
nie wieder verlassen würde, und bekam nun ein
Zimmer neben Lissow, mit dem er sich brüderlich
in die Herzen der Kinder theilte. Der alte Grumbach freuete sich, daß er nun im Stande war,
das Glück des Dorfes eher wieder herzustellen!
Er kaufte sogleich noch einige schlechte Menschen
aus, und betrieb alles mit doppeltem Leben. Der
Viehstand wurde vermehrt, und einige Bauer-
häuser ganz ausgebauet, wozu Grumbach den
fleißigsten und besten unter den Einwohnern von
Zaringen das Geld vorschoß. Man bearbeitete
nun auch die Gärten, und zog Hecken um sie her.
Kurz, durch Grumbachs Thätigkeit und des Barons Güte konnte das ganze Dorf dem Winter
mit Hoffnung entgegen sehen. Die Ernte des
Sommergetreides fiel ganz erträglich aus; und
Futter für das Vieh hatte man so überflüßig,
daß noch davon verkauft werden konnte. Die
Bauern setzten das größte Vertrauen in den alten
Grumbach, da sie immer mehr und mehr überzeugt wurden, daß er sie väterlich liebte und ihr

Glück ernſtlich wollte. Deshalb ließen ſie ſich
auch jede Veränderung, die er vorſchlug, ohne
Widerſpruch gefallen. Nun wurden die Gemein-
heiten vertheilt, manche Felder vertauſcht, das
Dorf licht und reinlich in gerader Linie gebauet,
und die Dächer mit Ziegeln gedeckt; kurz, das
neue Zaringen wurde weit ſchöner als das ehemalige, weil dabei ein allgemeiner Plan zum
Grunde lag.

Da Rheinfelden ſah, daß man hier das Glück,
die Zufriedenheit von einigen Hundert Menſchen
zur Abſicht hatte, ſo entſchloß er ſich, ohne daß
es, außer Grumbachen, jemand erführe, noch
eine Summe zur Vollendung des ganzen Werkes
herzugeben. Grumbach nahm den Vorſchlag mit
Freudenthränen an, und nun ſtieg die alte Ordnung, das alte Wohlſeyn, wie auf den Schlag
einer Zauberruthe, wieder hervor. Jetzt wurden
auch die noch leeren Güter gebauet, und einſtwei-
len von den übrigen Einwohnern auf Abtrag ihrer
Schulden bearbeitet. Der alte Grumbach gab
ſich Mühe, ſie gut wieder zu beſetzen, und er
fand bald einige ſehr redliche Familien, die ſich in
dem Dorfe ankauften, und von denen er überzeugt ſeyn konnte, daß ſie das Glück, welches er
zur Abſicht hatte, nicht hindern würden.

Schon im folgenden Frühjahre ſtand ein ſchö-

nes Dorf wieder da, unter deſſen blühenden Bäu-
men nur glückliche Menſchen lebten. In der
Mitte des Dorfes war ein offner freier Platz zur
Kirche und zum Schulhauſe beſtimmt. An dem
ietzteren, ſo wie an einer Wohnung für den
Schullehrer dicht daneben, wurde fleißig gebauet.
Es bekam ein Paar helle, geräumige Zimmer für
die Kinder, und oben einen großen Saal zum
Vergnügen der Einwohner von Zaringen.

Grumbach konnte nnn ſchon mit Ruhe an
etwas mehr als bloß das Nothwendigſte denken.
Die Sparſamkeit, die noch immer in des Barons
Hauſe beobachtet wurde, gab ſchon im erſten
Herbſte einen Ueberſchuß, den er ohne Bedenken
zum Vergnügen der Einwohner beſtimmte.

Die alten Feſte wurden wieder eingeführt, aber
jetzt mit mehr Bedeutung. Man feierte die Rückkehr des belebenden Frühlings, die Erbauung von
Zaringen, das Feſt des Friedens, und andre
wichtige Tage. Iglou erfand die verſchiedenen
Feierlichkeiten, mit denen jeder feſtlich begangen
werden ſollte, und befolgte dabei den Grundſatz,
daß ſie einfach, verſtändlich, rührend ſeyn und
das Herz beſſern müßten.

Alles Elend war nun vergeſſen, und Zufriedenheit verdrängte das Andenken an die erlittene
Noth. Erhob ſich ja einmal eine Streitigkeit

unter zwei Familien, so war Grumbach der
Schiedsrichter, und die Bauern unterwarfen sich
seinem Ausspruche willig. Man dachte gar nicht
daran, daß der Justizamtmann sich nicht weiter
meldete. Er hatte in Stettin ein Amt bekommen; und das war besonders dem Baron lieb,
da er doch nun wieder zuweilen philosophiren
konnte, ohne daß ihm alle Augenblicke jemand in
die Rede fiel.

Ein junger, gelehriger, verständiger Mann
wurde als Schullehrer angesetzt; und nun erhob
sich zum ersten Male wieder eine Streitigkeit unter den Glücklichen. Der Baron drang mit aller
Stärke seiner Beredtsamkeit darauf, daß die jungen Leute und die Kinder des Dorfes ordentlich,
nach dem festen System einer philosophischen
Schule, unterrichtet werden sollten. „Ich will
euch," sagte er: „nicht gerade mein System
der Moral vorschreiben, ob ich gleich nicht ein-
sehe, warum ihr es nicht wählen könntet. Nehmt,
welches ihr wollt; nur ein System, das Gründe
der Tugend enthält, das die Vernunft überzeugt.
Ueberlaßt nicht mehr die Tugend dem Gefühle;
macht nicht mehr das Glück zur Bedingung der
Tugend. Ihr habt nun gesehen, was unsre Tugend uns half. Die Russen brannten unser Dorf
eben so ab, wie die andren in unsrer Nachbar-

schaft, worin die Menschen weniger gut waren. Ich frage: was half unsre Tugend zu unserm Glücke?"

· Was sie uns half? erwiederte Grumbach mit einigem Eifer. Sie half uns unser Unglück tragen, Zaringen aufbauen, und wieder glücklich werden.

„Ja, ja! Aber wenn sie das alles n i c h t ge- than, wenn sie sogar unser Elend vermehrt hätte, (und der Fall läßt sich denken): würden wir dann haben weniger tugendhaft seyn müssen? Das frag' ich! O, lieber Grumbach, ich bitte Sie bei dem Glücke meiner Unterthanen, setzen Sie die Tugend dieser Menschen nicht auf einen so schwankenden Grund, nicht auf ein Vielleicht. Warum sollen denn diese Geschöpfe, die so gut Menschen sind, wie wir, a l l e i n nicht vernünf- tig seyn, allein nicht aus dem edelsten aller Gründe handeln: weil es vernünftig ist? Sie selbst sagen ja immer: die Vorsehung bestraft den Irrthum, wie das Verbrechen. Nun begreife ich nicht, wie ein Mann, der das sagt, den Irrthum verthei- digen kann. Und heißt das nicht den Irrthum vertheidigen, wenn man die Menschen muthwillig über die ersten Gründe des Handelns, über die einzigen wahren Vernunftgründe zur Tugend, in Unwissenheit läßt?"

Unwiſſenheit? Irrthum? Wer will das, lieber Herr Baron! Ich wahrhaftig am allerwenigſten. Sie ſehen ja, mein ganzes einziges Streben geht dahin, Ihre Unterthanen zum Nachdenken über ſich ſelbſt, über andre Menſchen, über das Leben zu veranlaſſen. Ich ſollte das Göttlichſte in unſrer Natur, die Vernunft, hindern? ſie in ihren Wirkungen aufhalten? Nein, lieber Herr Baron, davor behüte mich der Genius der Menſchheit!

„Nun denn, lieber Grumbach, ſo ſind wir ja eins. Deſto beſſer! Alſo laſſen Sie mich doch einen Plan des Unterrichts entwerfen, wie . . .“

Gott gebe, daß wir eins ſind, lieber Herr Baron! . . . Vernunft verpflichtet den Menſchen zur Tugend. Der Menſch bedarf ihrer alſo um tugendhaft zu ſeyn; aber nicht alle Menſchen bedürfen dazu eines philoſophiſchen Syſtems, ſpitzfündiger Klügeleien, auf die der Philoſoph ſo großen Werth legt, und die er ſo gern als das einzige Mittel tugendhaft zu werden, ausſchreien möchte, wie der Quackſalber ſeine Arzeneien, ſeine Univerſaltinkturen.

„Wo denken Sie hin, Grumbach! Die Unterſuchung der Philoſophen mit Quackſalbereien zu vergleichen!“

Warum nicht? Der Philoſoph ruft: hier,

mein Grundſatz, mein Syſtem, enthält echte Tugend. Zeige mir, könnte man zu den meiſten
ſagen, deinen Glauben durch Thaten. Aus der
Unterſuchung, aus den Meinungen der Weiſen
ging nie Tugend hervor; und äußerte ſie ſich, ſo
war ſie ſchon da, ſo lag ſie ſchon in dem Herzen.
Wahrhaftig, die Tugend bedarf des Klügelns
nicht; denn ſie ſollte eine Pflanze ſeyn, die jeder
Verſtand, auch der einfachſte, bauen könnte. Sie
iſt keine Ananas, die nur in dem Treibhauſe, in
der künſtlichen Wärme des Syſtems, fortkommt;
ſie iſt ein Fruchtkorn, das in jeder Zone, unter
jedem Himmel, in der freien Luft, in dem Son-
nenſcheine der Natur, gedeihet, und das auch
den Winter ertragen kann. Ein Herz voll kind-
lichen Glaubens an Gott, muß die Tugend
ſchon aufnehmen, wenn ſie Früchte tragen ſoll.
Gott ſelbſt hat ja dem allgemeinen Menſchen-
gefühle den Glauben an die Tugend anvertrauet.
Wehe dem Menſchengeſchlechte, wenn die Tugend nur die Frucht des Syſtems, der Schule
ſeyn ſollte, gleichviel welcher Mann die Schule
mit ſeinem Nahmen bezeichnet! Was bedarf ich
denn, um tugendhaft zu ſeyn? Kindlicher
Liebe zu dem himmliſchen Vater der Menſchen,
brüderlicher zu allen Menſchen. Wer die
nicht fühlt, der baue Syſteme, ſo viel er will; er

ist deshalb doch nicht tugendhaft: er muß sich kit-
zeln, um mitzulachen. Ja, wäre die Tugend-
lehre eine Kasuistik, dann ließe ich es gelten; aber
sie ist nichts als die menschliche Regel: thue den
Andern, was du willst, daß Andre dir thun
sollen. Die Griechen blüheten, baueten große
Städte, waren glücklich, fröhlich auf ihren Fluren, und übten Gastfreundschaft, Gerechtigkeit, Milde, Liebe. Und was für eine Moral
hatten sie? Diese Moral war kindlich, wie die
Menschen, einfach, herzlich, voll Bilder, voll
Gleichnisse, mehr Gedicht, als System. „Die
Gränzsteine sind den Göttern heilig; der gastliche
Zeus haßt den, der nicht gastfrei ist; die Nemesis
wandelt umher, und straft den Uebermüthigen,
den Verächter der Götter, den stolzen Bedrücker
seiner Brüder. Die Furien mit Schlangenhaar
und giftiger Fackel verfolgen den Mörder.“ Nur
dieser Moral bedurften die einfachen Menschen.
Griechenland bekam Systeme der Tugend; man
disputirte, man stritt, man erwies, was Tugend sey, was sie nicht sey: und die vorher so
glücklichen Menschen wurden ein Raub der Verbrechen, der Tyrannei, der Habsucht, der . . .

„Sie glauben also, man solle die Wahrheit
nicht hervor rufen? man solle nicht denken, die
Tugend nicht auf Vernunft gründen?“

Habe ich das gesagt, Herr Baron? Die Tugend ist einfach, herzlich; und so soll auch die
Vernunft seyn, auf welche sie sich gründet. Lassen
Sie den Philosophen tausend Systeme schaffen;
sie werden immer etwas von der allgemeinen Men-
schenvernunft haben. Nie wird ein Philosoph eins
erfinden, nach welchem es Pflicht wäre zu zerstören. Aber der einfache Landmann bedarf keines
künstlichen Systems, sondern nur eines einfachen,
herzlichen Antriebes zum Guten. Zu diesem Guten verpflichtet die Vernunft ihn eben so, wie den
Philosophen. Der Philosoph erweist das; der
Landmann fühlt es, und glaubt es darum, ohne
zu klügeln. Sagen Sie, was Sie wollen — die
Philosophen zeigen in den weitläuftigsten Systemen am Ende doch sonst nichts, als daß der Mensch
zur Tugend verpflichtet ist. In der Bestimmung
der Tugend sind sie alle gleich, so verschieden auch
die Worte seyn mögen, mit denen sie sagen, was
Tugend sey. Das also, was allein der Philosoph
erweist, glaubt jeder Mensch, weil er es fühlt;
und der gute Mensch fühlt am meisten, daß er
zur Tugend verpflichtet ist.

„Halten Sie denn eine gute Handlung, die
jemand aus Furcht vor der Hölle begeht, in Ernst
für eine tugendhafte?"

Nein, das nicht! Allein das würde uns nicht

zu Ende bringen. — Was sind in Ihren Augen die Erforderniſſe einer tugendhaften Handlung?

„Eine tugendhafte Handlung muß aus reiner Ueberzeugung von ihrer Pflichtmäßigkeit geſche-hen; oder, mit anderen Worten, die Vernunft allein muß den Grund des Handelns aus-machen.”

Und halten Sie denn das für möglich, ohne daß irgend etwas Andres, eine Neigung, Liebe zur Tugend, zu Gott, Hoffnung des Glückes, oder ſonſt etwas, ſich hineinmiſcht?

Der Baron lächelte. — „Sie thun ſeltſame Fragen! Wenn ich Tugend für möglich halte, ſo muß ich auch das für möglich halten; denn das allein iſt Tugend.”

So ſeltſam iſt meine Frage wohl nicht. Iſt denn Ueberzeugung von der Pflichtmäßigkeit einer Handlung auch der Grund, daß ſie geſchieht? oder muß noch etwas Anderes hinzukommen, wenn die Handlung nun wirklich gethan werden ſoll? — Der Baron verſtand Grumbachen nicht, und war verlegen. Dieſer fuhr fort: die Ver-nunft iſt vollkommen von der Pflichtmäßigkeit einer Handlung überzeugt. Was ſoll nun den Willen beſtimmen, die Handlung zu wollen? Die Sinnlichkeit, die ihm etwas Böſes als ein Glück vorſpiegelt, kann ihn, troß der Vernunft, zum

Bösen fortreißen. Nun muß doch noch etwas auf Seiten der Vernunft seyn, das den Willen für sie bestimmt; und das wäre?

„Die Vernunft selbst," erwiederte der Baron.

Dann müßte jeder, der von der Vernunft-mäßigkeit der Tugend überzeugt wäre, tugendhaft seyn; aber das widerlegt die Erfahrung: denn nicht alle Philosophen sind tugendhaft. Der Wille, die Begierde, (mich dünkt, es liegt in dem Worte selbst) ist ja nichts als Neigung zu etwas, das ein scheinbares oder ein wirkliches Gut ist, etwas, das uns wohl zu thun, uns angenehme Empfin-dungen zu geben verspricht. Soll der Wille also für die Tugend bestimmt werden, so muß die Tu-gend nothwendig als etwas Gutes, und das Ge-gentheil als etwas Böses, erscheinen; dann wäre ja aber der Eigennuz schon wieder da. Die Ver-nunft thäte also bei der Tugend weiter nichts, als daß sie lehrte, die Tugend sey vernunftmäßig, und Pflicht. Mit dieser Handlung ist das Ge-schäft der Vernunft bei der Tugend geendigt. Sie hat erkannt, eingesehen und überzeugt. Nun ist die Reihe an dem Willen; und den lockt ganz allein das Glück, das er bei einem Dinge vermuthet, zum Begehren. Sie sehen also, daß die Ver-nunft noch einmal zu wirken genöthigt ist, wenn der Wille anders zur Tugend bestimmt werden soll; sie muß die Wahrheit geben: Tugend macht glücklich, Laster unglücklich. Das findet sie in d i e s e m Leben nicht; sie ist daher gezwungen, ein a n d e r e s nach dem Tode, eine Vergeltung des Guten, anzunehmen, wenn sie ihr Wesen nicht selbst zerstören soll. Also stellt sie an das letzte Ziel, das die Menschheit erreichen kann, das Glück und die Tugend; sie vereinigt Beides: diese für die Vernunft, und jenes für den Willen. Nennen sie das, wie Sie Lust haben: es ist so. Die Vernunft erkennt, und der Wille ist noch unbewegt. Durchaus muß die Sinnlichkeit den Willen in Bewegung setzen.

„Die Sinnlichkeit?"

Nennen Sie es auch mit einem andren Worte, wenn Ihnen S i n n l i c h k e i t zuwider ist. Irgend etwas Anderes als die Vernunft, irgend ein Gefühl, eine Hoffnung, eine Furcht, eine Begierde, ein Abscheu, setzt den Willen in Bewegung. Ehe noch die Vernunft bei dem Menschen in Thätigkeit ist, hat diese Sinnlichkeit ihr Spiel schon Jahre lang getrieben; ob böse oder gut: das kommt auf Erziehung, auf Gewöhnung an. Der Mensch wird von guten Menschen erzogen; und seine Phantasie lernt nun das Gute, die Tugend, als Glück ansehen. Man sagt ihm so oft, so nachdrücklich: du kannst ohne Tugend nicht glücklich

seyn. Er sieht, welche Freude die Menschen um
ihn her haben, wenn ihnen etwas Gutes gelungen
ist; er sieht den Abscheu, die Verachtung, mit
der sie jedes Laster betrachten: und sein Wille wird
durch Hoffnung, durch Abscheu, für die Tugend
bestimmt, ehe seine Vernunft noch weiß, was
Tugend ist. Eben so verhält es sich mit dem Laster und mit den lasterhaften Menschen. Daher
wirkt Beispiel so unendlich viel mehr, als Unterricht; daher kann der strengste Philosoph, der die
uneigennützigste Tugend fordert, und nach seinem
System fordern muß, so eigennützig, so engher-
zig, so schwach seyn; daher giebt oft ein Mensch,
der nie einer Schule angehörte, nie etwas Bestimmtes über Tugend dachte, bloß durch seine
Empfindung geleitet, so bestimmte Beweise einer
erhabenen göttlichen Tugend. Sein Tugendgefühl
ist Geschmack geworden. Er kann nicht anders
handeln; das Gegentheil würde ihm unerträglich seyn.

„Bleibt denn eine Handlung, die so natürlich ist, Tugend? Hat die Handlung, deren Gegentheil dem Menschen unmöglich wäre, einen
Werth?"

Mag sie den nicht haben. Aber so wäre nur
der Mensch, der elende, verächtliche Wünsche und
Begierden bei sich fühlte, und trotz diesen Begier-

den gut handelte, tugendhaft; nicht der, welcher
nur das Gute liebte, wollte, und, weil er es
liebte und wollte, auch thäte. Und doch stellen alle
Schulen den Letztern als das Ideal der menschlichen Tugend auf, und haben Recht dazu. Nein,
lieber Herr Baron, sagen Sie, was Sie wollen:
Tugend muß glücklich, Laster unglücklich machen.
Das allein kann das Herz für die Tugend interessiren, und auf diese Weise muß sie durchaus gelehrt
werden. Die Vernunft thut nichts weiter, als
daß sie den Satz bestätigt, und seine Möglich-
keit lehrt; dem Gefühle war er schon längst
wirklich. Sie thut noch mehr: sie lehrt auch,
was Tugend ist, erfindet ein Moral-System, und
sichert so die wahre Tugend, da die Empfindung
so leicht ein Vergehen anstatt der Tugend ergreift,
und dann zerstört, wenn sie segnen will. Das,
dünkt mich, ist der Unterschied zwischen der Vernunft und dem Herzen. Einfache Lehre für das
Herz der Kinder und des ganz oder halb rohen
Menschen: Allegorie, Beispiel, eine Moral in
schönen, einfachen, reitzenden Bildern, wie zum
Beispiel bei den Griechen. Ein Gott wachte bei
ihnen über den Hausaltar und über die Gastfreundschaft. Sein Bild stand sichtlich da. Keine
Mahlzeit, ohne daß man dem Hausgott sein kleines Opfer davon brachte, ihm einen Tropfen

Wein

Wein ausgoß; denn die Mahlzeit war ja Segen der Gottheit, die man verehrte. Ein Fremder trat an den Hausaltar, um zu beten; und in dem Augenblicke gehörte er mit zu der Familie. Die Gottheit segnete nicht mehr, wenn man nicht seine Mahlzeit mit dem Fremden theilte. Sehen Sie, da ist die Lehre: „seyd wohlthätig, weil die Erde Gottes, und Gott der Vater aller Menschen ist!“ in ein Bild gekleidet, wie es sich für das kindliche Herz der ersten Menschen schickte. Der verständigere Mensch bedarf endlich dieser Bilder nicht mehr; aber wahrlich noch immer des Glaubens an die Lehre: Gott liebt den Wohlthätigen. Und so kann das Bild der Höllenqualen sehr nothwendig für rohe Menschen seyn, die nichts achten, als körperlichen Schmerz. Die Tugend wird endlich Gewöhnung; und desto besser, wenn dann ein schöneres Bild hinreicht, sie in dem Herzen fest zu halten. Desto besser, wenn endlich der bloße Glaube: die Tugend macht glücklich! das bewirken kann. Aber dieser Glaube ist durchaus nöthig.

Der Baron kämpfte zwar noch lange für die Lehre der Stoa; doch alle Stimmen vereinigten sich gegen ihn. Jeder berief sich auf seine eigene Geschichte zum Beweise, daß die Lehre von dem Glücke, welches die Tugend giebt, sinnlich oder

Flaming IV   X

fein genommen, fein Herz gebildet habe. Man
führte fogar des Barons eigenes Beifpiel gegen
ihn an. Er fchwieg zuletzt; doch ergab er fich
darum nicht, und hoffte feine Freunde nach und
nach zu überzeugen.

Die Schule wurde eröffnet; und der eigent-
liche Lehrer, ein fehr einfacher, redlicher Mann,
unterrichtete unter Grumbachs Aufficht. Die Moral, die man vortrug, war herzlich, und ging
deshalb wieder zum Herzen. Man verfäumte
indeß den Verftand der Kinder nicht, fondern
machte fie mit dem Umfange aller Pflichten bekannt; und hier zeigte fich wieder eine neue Be-
ftätigung des Grumbachifchen Satzes.

Was bedarf es unferes Streites, lieber Herr
Baron? fagte Grumbach. Ich brauchte Sie
nur unterrichten zu laffen; und Sie würden doch
am Ende, gern oder ungern, auf mein Glück-
feligkeits-Syftem zurückkommen müffen. Setzen
Sie den Kindern, welche Tugend Sie wollen,
aus einander; immer bleibt menfchliche Glückfe-
ligkeit der Prüfftein der Tugend. Was heißt: fey
tugendhaft? Drücken Sie es auch noch fo fpitz-
fündig aus; fagen Sie, wie fchon ehemals: handle
fo, daß deine Handlung ein allgemeines Gefetz für
alle vernünftige Wefen werden kann; fetzen Sie
diefen Satz auseinander, (und das müffen Sie,

wenn er verſtanden werden ſoll); ſo werden Sie
doch immer auf die Lehre ſtoßen: thue wohl, be-
fördere die Vollkommenheit, das Glück, das
Wohlſeyn des Ganzen! Sie können das nicht
umgehen; und da haben Sie wieder das Glück,
um deſſentwillen allein die Tugend wirkſam ſeyn
ſoll. Nun fordere ich, was ich ſelbſt thue; denn
Pflicht giebt Rechte. Mein Glück bleibt alſo auch
hier das Ziel meiner Handlungen. Verſuchen
Sie es einmal mit irgend einer Tugend. Selbſt
die Pflichtmäßigkeit einer Handlung läßt ſich nur
dann beſtimmen, wenn ſie an das Wohl, an das
Glück des Ganzen gehalten wird. Wie geſagt,
Sie können es nicht umgehen.

Der Baron ſchwieg. Er ſetzte ſich nun hin,
um ein Syſtem auszuarbeiten, mit welchem er
alle Angriffe niederzuſchlagen hoffte. „Sie ſollen
ſehen!” ſagte er wohl hundertmal; doch nie
brachte er das Syſtem zum Vorſchein. Da er
ſich aber feſt an ſeine Definition der Tugend hielt,
ſo behauptete er nun eine Zeitlang, es ſey gar
keine Tugend auf Erden möglich. Und dies gab
man zu; doch nur mit dem Vorbehalte: eine
ſolche Tugend, wie er meinte.

Lieber Baron, ſagte Rheinfelden; halten Sie
es nicht für Tugend, daß ich Liſſows Kinder aus
den Flammen rettete, und ſie dann mit Sorgfalt

erzog? — „Nein, Rheinfelden!" erwiederte der
Baron. „Sie thaten es nur, um sich von Ihrer
Gewissensangst zu befreien, folglich aus Eigennutz." — Ich mußte also keine Reue fühlen, um
recht eigentlich tugendhaft zu seyn? — „Richtig!
Sie mußten das Verbrechen nicht begangen haben, wenn Ihre Handlung tugendhaft seyn
sollte." Es ging hier, wie bei allen Streitigkeiten. Bald behielt der Recht, bald die ser;
und jeder blieb bei seiner Meinung.

Indeß hatte die Schule den besten Fortgang.
Ob man gleich lehrte, der Mensch müsse tugendhaft seyn, wenn er glücklich seyn wolle, und ob
gleich der Baron prophezeiete, auf diese Art würde
man nichts als die eigennützigsten Leute ziehen, die
nie eine Hand rührten, wenn sie nicht ihren Vortheil bei Heller und Pfennig berechnen könnten;
so wurden die Kinder dennoch sehr gute Menschen,
welche die Tugend und ihre Wohlthäter von ganzem Herzen liebten, und selbst des Barons Herz
gewannen, ob er gleich noch immer bei seinem
Satze blieb.

Alles nahm Theil an dem Unterrichte. Selbst
die Alten brachten im Winter täglich eine Stunde
auf dem großen Saale zu, wo Grumbach Zeitungen vorlas und erklärte, und jede Gelegenheit benutzte, Aberglauben zu bekämpfen, Irrthümer

auszurotten, und den Verstand der Bauern — nicht mit Kenntnissen zu überladen, sondern einfach und rein zu erhalten. Der Mensch, sagte Grumbach, braucht wenig zu wissen, um weise zu seyn, um gut zu handeln und zufrieden zu leben. Den meisten Schaden thun Aberglaube und Irrthümer. Es kommt gar nicht so sehr auf das Wissen an, als auf das Nichtwissen der Irrthümer. Eine leichte, einfache, verständliche Moral, einige Begriffe von der Natur und den Geschäften des bürgerlichen Lebens, dann eine vollständige Kenntniß des Ackerbaues — was brauchen meine Bauern weiter? Haben sie das, dann sind sie so große Philosophen, als sie seyn müssen.

Der Baron setzte aber die Weisheit noch immer in Vielwissen, zumal in das systematische. Er verlangte, der Bauer sollte den Pflug definiren können; Grumbach bloß, er sollte im Stande seyn, selbst einen Pflug zu verfertigen. Was einer machen kann, sagte Grumbach, das kann er auch definiren; ob mit Worten, darauf kommt nichts an. — Der Baron verlangte, die Bauern sollten Mineralogie lernen; Grumbach zeigte ihnen die Bestandtheile des Bodens um Zaringen, und glaubte, die Erdarten, die sie nicht in ihrer Flur hätten, wären ihnen gleichgültig.

Endlich zog der Baron seine Hand ganz von
dem Unterrichte ab, weil man die Bauern nicht
in Allem unterrichten wollte; Grumbach erreichte
nicht einmal das Wenige, das er für nothwendig hielt, und war dennoch zufrieden. Seine
Landleute wurden fleißige, glückliche Menschen,
und in einem höheren Grade, als er selbst gedacht hatte. Er sah, daß die Beispiele von Tugend, die ihnen gegeben wurden, mehr thaten,
als der Unterricht; und so blieb er bei der Behauptung: das System sey gut, nur nicht für
den Menschen, sondern für den Gelehrten.

Unter diesen Streitigkeiten ging ein Jahr
nach dem andern hin. Die Kinder im Dorfe
wurden groß, fleißig und verständig; die Fluren
rings umher waren die besten in der ganzen umliegenden Gegend, und die Einwohner von Zaringen die wohlhabendsten. Alles gedieh, alles
war glücklich, und der Justizamtmann, der die
erledigte Stelle wieder bekommen hatte, der Ue-
berflüssigste im ganzen Dorfe. Man wußte von
keinen Klagen, keinen Strafen, selbst nicht einmal von Brüchen, da die Mädchen erst neun Monathe nach der Trauung in das Kindbett kamen.
Einem jungen Paare, das sich liebte, wurde nichts
in den Weg gelegt; und Mittel sich zu nähren,

fehlten keinem, selbst wenn sein Eigenthum nur klein war. Der alte Grumbach sorgte für Arbeit, bei welcher der Baron nichts weiter verlor, als höchstens die Zinsen von einem Jahre. Kurz, trotz allen Voraussagungen des Barons, wurden die Menschen, die um ihn lebten, mit jedem Jahre besser, menschlicher, weiser, und eben darum auch glücklich. Als Grumbach endlich, von seinen Freunden umringt, auf dem Sterbebette lag, faßte er des Barons Hand, und sagte mit der letzten schwindenden Kraft: bald bin ich im Grabe; doch, wenn ich mein Leben noch einmal wiederholen sollte, ich wüßte das letzte Viertheil nicht besser anzuwenden, als ich es hier bei Ihnen konnte. Ich hinterlasse Ihnen ein Dorf voll Menschen, unter denen nicht Ein Unglücklicher, nicht Ein Bösewicht ist. — Er lächelte freundlich; die Belohnung des Himmels in seinem Herzen schien sein Gesicht zu verklären.

Iglou nahm, auf einen sanften Wink von ihm, mit bebenden Händen die Laute, setzte sich an sein Bett, und spielte in dieser großen Minute, da ein Weiser, ihr Freund und Vater, die Erde verließ, mit innigerem Gefühle als jemals. Sie sang ein Lied an den Tod, in das die Andren sanft einstimmten. Der Greis lächelte ihnen Allen zu,

X 4

streckte ihnen seine Arme entgegen, und starb unter den Worten:

Sanft führt der Menschheit Schutzgeist dich,
Der Tod, in beß're Welten!

Jakobine lag knieend vor ihm, und hatte seine Hand an ihre Lippen gedrückt. Sie ließ die Hand fahren, als sie das Zucken darin fühlte, und rief mit brechender Stimme: er ist todt! Eine wehmüthige Stille, ein heiliges, betendes Lächeln feierte seinen letzten Augenblick. Alle küßten ihn, und umarmten einander; es war nicht Einer unter ihnen, der nicht fühlte, daß er den Todten einst wiedersehen werde. Das ganze Dorf begleitete ihn zum Grabe; denn nie wurde ein Mensch aufrichtiger und allgemeiner bedauert als Grumbach, der Aller Freund und Vater gewesen war. Nicht lange nach ihm starb auch die edle Frau von Flaming, und ihr Tod erregte eben so gerechte und allgemeine Betrübniß.

Grumbachs Anstalten geriethen durch seinen Tod nicht ins Stocken; er hinterließ ihnen in Iglou, Lissow und Rheinfelden Beschützer, die in seinem Geiste fortarbeiteten. Aber freilich hatten diese mit größeren Schwierigkeiten zu kämpfen, als er, da sie es nicht ganz so gut verstanden, den Baron zu lenken. Dieser kam jetzt wieder mit mancherlei Planen hervor, die er, wenn der edle Greis noch da gewesen wäre, gewiß nicht geäußert hätte.

Zum Glück für Zaringen fand er bald eine Beschäftigung, über die er die Schule seines Dorfes, und alles Andre vergaß. Der Lärm, den Lavaters physiognomische Fragmente machten, war ihm sehr unangenehm. Er ließ sich das theure Werk kommen, las es seufzend durch, und sagte dabei wohl hundertmal: „ach Iglou! ach Rheinfelden! ach, mein Sohn! wie unglücklich bin ich! wie neidisch ist mein Geschick auf meinen Ruhm gewesen! Seht her! der Ruhm, der diesen Lavater krönt, gehört eigentlich mir; denn schon vor zwanzig Jahre wußte ich das alles, und noch mehr als das. Der Prediger, seine Schwester, alle Bauern im Dorfe sind meine Zeugen. Ja, es ist aktenmäßig erwiesen; denn meine Unterthanen haben mich einmal wegen eben dessen verklagt, was nun diesen Lavater zu einem berühmten Manne macht. Schon lange vor ihm habe ich aus dicken Lippen, platter Stirn, starken Backenknochen und aufgeworfenen Nasen den Charakter der Menschen bestimmt. Hätte ich nur die Papiere noch, die ich, leider, an meinem Hochzeittage verbrannt habe! O Iglou, um welch ein Glück hast du mich gebracht! Lieber Rheinfelden, ich war noch weit mehr, als Lava-

X 5

ter. Das, wovon er nur einen sehr kleinen Theil
giebt, konnte ich ganz geben. Er lehrt den Charakter eines Menschen nur aus dem Gesichte
schließen; ich aus der ganzen Gestalt, aus Farbe,
Zähnen, Haar. Und dazu hatte ich noch tausend
moralische Kennzeichen, und auch Campanella's
Methode, in den Geberden eines Menschen seine
Empfindungen, seine Gedanken zu lesen. Beinahe glaube ich, daß Lavater irgend etwas von
meinem System erfahren hat. Gott verhüte nur,
daß er nicht auch etwas von meiner allgemeinen
Sprache wittert! Er wäre im Stande, mir auch
diese Erfindung zu rauben. Seht Ihr nun
wohl? Ihr verlachtet mich immer mit meinem
System; hier ist es nun gedruckt, und wird von
der Welt bewundert. Hätte ich mich nur nicht
von den Schwierigkeiten schrecken lassen, die man
mir erregte! Mich verklagten ja meine Unterthanen, wie Lavatern das Schustergewerk. — Käme
ich jetzt noch mit meinen Ideen zum Vorschein,
so würde man glauben, ich hätte sie von Lavatern
entlehnt. So werden sie mir Eine Erfindung
nach der andern wegnehmen, und meinen Ruhm
einernten. Und wer ist Schuld daran, als Ihr?
Habt ihr nicht immer meinen Systemen wider-
sprochen? Gesteh' es nur, Iglou, auch du, so
lieb du mich hast, bist die Feindin meines Ruh-

mes. Wie unmäßig lachtest du nicht, als ich die
Perser von Aeschylus für ein Lustspiel erklärte!
Ich fürchte, nun wird ein Anderer das drucken
laſſen, und dafür bewundert werden."

Iglou und Rheinfelden ſuchten den Baron zu
beruhigen; aber Lavaters Fragmente nagten wie
ein Geier an ſeinem Herzen. So oft er in ein
Zimmer trat und Silhouetten darin ſah, wurde
er traurig. „Ach," dachte er; „bei jedem Schat=
tenriſſe könnte man nun an den Baron Flaming
denken, wie jetzt dabei an Lavater gedacht wird!"

Er arbeitete nun wieder ſehr fleißig, indeß
ſehr geheim, an der weitern Ausbildung ſeiner
allgemeinen Sprache; und dieſe Arbeit, der er
alle ſeine Zeit widmete, zog ihn gänzlich von an=
dern Geſchäften ab. Das Glück ſeiner Unter=
thanen konnte alſo durch Iglou's, Rheinfeldens
und Liſſows Bemühungen ungehindert wachſen.
Des Barons Sohn wurde ein ſehr edler Jüng=
ling, obgleich ſeine Phyſiognomie ſeinem Vater, ſo
oft er ſie mit Lavaters Köpfen verglich, zu einem
traurigen Kopfſchütteln brachte.

Nicht lange, ſo lebte der Baron ganz wieder
in ſeinen ehemaligen Grillen. Er machte eine
Reiſe nach Braunſchweig, und beſprach ſich mit
Nicolini, dem großen Pantomimen. Dieſem
theilte er ſeine Idee mit, die ſchönſten Trauer=

spiele aller Sprachen bloß durch Mimik aufführen zu lassen. Nicolini lachte ihm ins Gesicht. Der Baron nannte ihn einen Possenreißer. Er ging, voll Verdruß über den Kaltsinn des Menschen gegen alles Schöne und Neue, nach Zaringen zurück, und arbeitete wieder an seiner Empfindungssprache.

In den spätern Jahren zog ihn die Luftschifferei sehr an. Er verschwendete in der That nicht geringe Summen an eine aerostatische Maschine. Als sie endlich fertig war, fehlte es an jemanden, der darin aufsteigen wollte. Der Baron entschloß sich selbst dazu. Aus der ganzen umliegenden Gegend hatten sich Tausende von Menschen gesammelt, ihn in der Luft schiffen zu sehen. Er stand, als der Ballon gefüllt war, an der Gondel, aber freilich vor Angst zitternd. Auch die Frau von Graßheim war nach Zaringen gekommen. Sie sagte: lieber Vetter, erinnern Sie Sich, wie unglücklich Ihre Fahrt auf dem Triumphwagen ablief! Ich fürchte, mit dieser geht es noch schlimmer. Iglou rettete den armen Baron aus der Verlegenheit; sie sagte ihm leise: steig ein, lieber Mann; der Ballon hebt sich nicht. Er warf einen rathenden Blick auf Iglou, die ihn versichernd ansah. In dem Augenblicke, da er in die Gondel stieg, faßte Iglou den Ballon an,

und riß mit einem kleinen Messer ein Loch hinein.
Die Luft strömte hinaus, und der Taffent fiel
zusammen. Der Baron sagte, als seine Angst
vorüber war: „es gehört doch Muth dazu, ein-
zusteigen!" Freilich dankte er heimlich dem Himmel, daß die Maschine sich nicht gehoben hatte;
indeß er konnte doch nun sagen, daß er eingestie-
gen war, und stand dem bewunderten Blanchard
nicht nach.

Nun kam der Zeitpunkt der Kantischen Philosophie; und auch darin fand der Baron nichts,
als was er schon längst gewußt hatte. Er stu-
dierte Kants Schriften, schrieb selbst darüber,
und sah, wo dem Prediger, Rheinfelden und
Lissow'en alles dunkel blieb, das hellste Licht. Er
wollte erklären; aber was er sagte, war noch
dunkler, als die Schriften des großen Philosophen selbst. Von jetzt an sprach er nur von
Raum und Zeit, von synthetischen und analyti-
schen Urtheilen, vom kategorischen Imperativ.
Er warf alles über den Haufen; nichts galt ihm
mehr für wahr, ausgenommen was Kant gesagt
hatte. Jetzt verlangte er von dem Prediger, von
dem Schullehrer, sie sollten nach Kantischen
Grundsätzen unterrichten. Beide sagten: wir
verstehen ihn nicht. „Aber," erwiederte der
Baron, „was schadet das? Lehren Sie doch

nur, was er sagt!" Man konnte jetzt gar nicht
mehr mit ihm auskommen; denn er sprach so
dunkel, wie ein Prophet.

Alle seine Freunde dankten dem Himmel, als
endlich die Französische Revolution sich seiner
Phantasie bemächtigte. Die Eroberung der
Bastille setzte ihn außer sich, und in seinem
Enthusiasmus wollte er selbst nach Paris. Iglou
suchte vergebens ihm davon abzurathen. „Nein,
Iglou," sagte er; „laß mich Zeuge davon seyn,
wie eine große Nation die Kette der Sklaverei
zerbricht." Er war durch keine Vorstellungen zu
halten, und reis'te in der größten Eil. Selbst bei
Emilien in Burggräfenrode hielt er sich kaum
einige Tage auf: so sehr lag ihm Paris am Herzen. Kein Postillon brachte ihn schnell genug auf
den heiligen Boden der Freiheit. Als er hinter
Luxenburg die Französische Gränze betrat, schien
ihn eine andre Luft anzuwehen; sein Herz schlug
freier, stärker, und der Anblick der Freiheits-
bäume, um welche die enthusiastischen Landleute
tanzten, lockte Thränen aus seinen Augen.

„Liebe Iglou," schrieb er, „ich bin ein alter
Mann; aber der erhabne Anblick dieser Nation,
die wie durch einen Zauberschlag von der enteh-
rendsten Weichlichkeit, von der tiefsten politischen
Apathie, von dem größten Egoismus, zu der

größten Stärke, zu dem edelsten Patriotismus, zu allen Tugenden der erhabenen Römerwelt zurückgekehrt ist, giebt meinem Herzen noch einmal jugendliche Kräfte. Hier auf dem heiligen Boden, den die Freiheit, die Tugend und die schönste Menschlichkeit bewohnen, bin ich ein anderes Wesen. Meine Seele ist noch einmal so stark, als sonst; meine Brust schlägt freier. Ich werfe kühne Blicke umher, und es ist, als ob hier das Weltall mein wäre!" So enthusiastisch sprach er in jedem Briefe.

Endlich kam der Baron in Paris an, und hier erwachten seine ehemaligen politischen Ideen wieder in ihrer ganzen Stärke. Er war zugegen, als die erste Konstitution beschworen wurde, und beschwor sie aus vollem Herzen mit. Das Kapitel der Meenschenrechte erfüllte sein Herz mit der höchsten Wonne. „Ach!" rief er hundertmal: „wenn doch Grumbach noch lebte, und sähe, was ein System thut! Diese große Nation hat endlich der Welt ein Beispiel gegeben, daß philosophische Systeme ausführbar sind. Hier herrscht ja das System einer philosophischen Staasverfassung!"

Natürlicher Weise machte sich der Baron mit seiner begeisterten Phantasie an die Konstitution; er fand sie aber bei einer Prüfung nicht frei

genug, weil sie einen König beibehielt. Die mancherlei Broschüren, welche erhitzte Phantasieen
damals zu Tausenden hervorbrachten, begeisterten
ihn noch mehr. „Weg mit dem Könige!" sagte
er in einem politischen Klub, dessen Mitglied er
war; und beinahe wäre er das Opfer seines repu-
blikanischen Eifers geworden. Man sprach gegen
ihn; und er vertheidigte seine Grundsätze. Nun
wurde man hitzig, stürmte auf den Königsfeind
ein; und es kostete ihm Mühe genug, sich zu
retten.

Nach und nach wurden seine Grundsätze allgemeiner. Das Projekt einer philosophischen Republik, welches einige philosophische, aber die Menschen nur nach sich beurtheilende, Köpfe entworfen hatten, fand immer mehr Anhänger; der
Enthusiasmus der Nation verstärkte sich durch das
Reiben der so unendlich verschiedenen Köpfe,
durch den Widerstand der monarchischen Parthei,
durch das Streiten über die verschiedenen Meinungen. Was man heute, bloß um seinen Geg-
ner zu verwirren, behauptet hatte, ohne es selbst
zu glauben, das behauptete man morgen wieder,
um nicht nachzugeben; übermorgen glaubte man
es selbst, und kämpfte, wenn es Noth that, für
die Grille von vorgestern.

Der Baron befand sich hier in seinem Ele-
mente;

mente; er ging der Revolution immer voraus, und war immer noch höher, als sie. Man hätte ihm beinahe das Leben genommen, als er rief: weg mit dem Könige! und einige Monathe nachher, rief fast jeder eben das. Aber der Baron blieb dabei nicht stehen. Selbst ein agrarisches Gesetz war ihm nicht genug; er that in einem vertrauteren Klub den Vorschlag, auf einmal alles Eigenthum einzuziehen, es öffentlich zu verwalten, nach Peruanischer Sitte den ganzen Boden Frankreichs durch die Nation bearbeiten zu lassen, alle Künste (nur die mechanischen ausgenommen) und alle Wissenschaften (nur die Philosophie nicht) wegzuschaffen, und aus Frankreich eine Spartanische Republik zu machen. Das schien ihm kinderleicht. „Die Franzosen," sagte er, „dürfen nur arm seyn wollen, um reich, frei und gleich zu werden." — Das eben, antwortete einer brüllend, will niemand, wenigstens keiner, der mehr hat, als er braucht, um trocknes Brot zu essen.

„So treibt," rief der Baron, „diese Egoisten von dem Boden der Freiheit, den sie besudeln!" Man staunte ihn an; aber nicht lange, so herrschten seine Grundsätze in ganz Frankreich. „Ha!" rief er; „da sieht man es! Hier dieser Boden, dieses Volk, hat mir gefehlt, um meine Systeme zu realisiren. Unter dem Drucke gedeihet kein System. Ueberall kämpfte ich in meinem Vaterlande mit Schwierigkeiten; selbst die edelsten Menschen konnten ihre Seelen nicht hoch genug erheben, meine Systeme wahr zu finden. Und hier, hier ist mein vollkommner Staat ausgeführt; hier steht der erhabene Koloß, den Grumbach und meine andren Freunde für den Traum eines fieberhaften Kranken hielten.”

Mit dem Dekrete, das die Schwarzen für frei erklärte, war er gar nicht zufrieden; denn auch sein Menschenracen-System war aufs neue in seinem Kopfe, ob er gleich zu seiner Verwunderung fand, daß die meisten Franken schwarzes Haar und schwarze Augen hatten.

Er ehrte zwar die Menschlichkeit, mit der man so viele unglückliche Neger von der drückendsten Kette los machte; aber dennoch war er überzeugt, daß man irrte. Auf einem Kaffeehause trug er seine Gründe einigen seiner Freunde vor. — Alle Menschen sind frei! schrie auf einmal ein gemeiner Kerl mit einer rothen Mütze, und schwang seinen Säbel dem Baron vor dem Gesichte. Seht doch! dieser Hund von Tyrannen, dieser Royalist, dieser Anhänger Coburgs, will die Schwarzen wieder an die Kette legen. „Nicht an die Kette; aber ich will . . .” — Du willst, du Lohnknecht des Despotismus?

Du sollst nichts wollen, als was ich will; denn ich bin ein Theil der Souveränetät. Und dahin wollen wir es noch bringen, daß sogar die Thiere, Hunde und Pferde, frei und gleich sind, wie die Menschen. Dahin soll es noch kommen! Was? die Schwarzen hätten keinen Verstand? Da höre einer den Hund von Aristokraten! Wir hatten ehedem auch keinen, und konnten nicht am Hofe erscheinen; aber die Freiheit hat uns Verstand gegeben. Siehst du, elende Sklavenseele? Ich begreife recht gut, daß du uns wieder in das alte Joch hineinschwatzen willst. Nieder mit dem Sklaven!

Man umringte den Baron; man fragte, lärmte, und rief: ein Aristokrat! er behauptet, die Sklaven in den Kolonien dürften nicht frei seyn! Endlich zwang man ihn, auf die Kniee zu fallen und den Schwarzen das Unrecht öffentlich abzubitten. Er mußte sich dazu entschließen, um der Wuth der tobenden Menge zu entgehen. — Da sehen Sie die Folgen der Freiheit! sagte einer seiner Bekannten, der mit ihm wegging. „Es war grausam," erwiederte der Baron; „aber der Grund, aus dem man tobte, war doch edel. Hätte man nur meine Gründe anhören wollen!" — Das eben ist ja unser Elend, daß niemand mehr hört, selbst den Weisen nicht.

Noch einige Male lief der Baron Gefahr, ermordet oder eingekerkert zu werden. So weh es ihm auch that, sein System so verdammt zu sehen, so blieb er dennoch der Revolution treu. Endlich aber wurde er auf eine härtere Prüfung gesetzt. Wohl hundertmal hatte er, wenn von dem Morden in den Provinzen die Rede war, seinen Freunden gesagt: „laßt es auch Blut kosten; Blut ist in den jetzigen Zeiten nichts werth. Ich sehe sogar ein, daß vielleicht noch einige Tausend Köpfe fallen müssen, um die Republik zu gründen." Was er für nothwendig hielt, geschah; die gräßlichen Mordscenen in Paris hoben an, und die Girondins wurden hingerichtet. Das erschütterte den Baron; aber noch immer verlor er den Muth nicht. Er dankte nur Gott, daß er nicht Gewalthaber war, weil er fühlte, daß er nicht muthig genug seyn würde, Menschenblut zu vergießen, um Menschen glücklich zu machen. Das Morden wurde die Tagesordnung. Jetzt wollte er den Boden verlassen, der mit Leichen und Blut bedeckt war; aber er wagte es nicht, einen Paß zu fordern. Täglich sah er nun, wie Robespierre das System, welches er selbst als das glücklichste für Frankreich angepriesen hatte, das System alles Eigenthum aufzuheben, mit Strömen von Blut, mit Ver-

wüſtung des ganzen Landes, einzuführen ſuchte;
und mit Zittern fühlte er, daß Robespierre wirk‐
lich ſo verfahren mußte, wenn eine vollendete
Gleichheit in Frankreich herrſchen ſollte.

Er verwünſchte ſein Syſtem bis in den Ab‐
grund der Hölle, als er endlich ſelbſt die Folgen
der republikaniſchen Tyrannei empfand. Man
ſtellte eine Hausdurchſuchung an. Es wurde ver‐
rathen, daß er ein Fremder war, und nun
ſchleppte man ihn in ein Gefängniß. Täglich
ſah er einige Schlachtopfer zu der Guillotine füh‐
ren, und der grauſame Kerkermeiſter verſicherte
ihm oft mit einem tückiſchen Lächeln, daß die
Reihe bald auch an ihn kommen würde.

Hier fing der Baron an nachzudenken. Er
war in einem kleinen Zimmerchen mit einem alten
ehrwürdigen Franzoſen zuſammen, deſſen ganzes
Verbrechen darin beſtand, daß er einige aus Pa‐
ris entflohene Unglückliche aufgenommen hatte.
Ihr gleiches Schickſal machte ſie bald zu Freun‐
den. Der Baron bemerkte mit Erſtaunen, daß
der alte unglückliche Mann noch immer für das
Revolutions‐Syſtem eingenommen war, wel‐
ches er ſelbſt jetzt von ganzer Seele haßte. An‐
fangs verbarg er ſeine Geſinnung; doch endlich
bekam er Vertrauen zu dem alten Franzoſen.
Das neue Syſtem, ſagte dieſer, koſtet mir mein

Vermögen, zwei Söhne, die an den Gränzen gefallen sind, und eine Tochter, die vor Hunger und Angst gestorben ist.

„Und Sie lieben dieses schreckliche System noch immer?"

Ist es nicht schön, eine ganze Nation frei zu sehen vom Drucke der willkührlichen Macht, und von dem noch grausamern Drucke des Aberglaubens? Warum soll ich ein System nicht lieben, das, wenn es allgemein eingeführt wäre, die Menschen beglücken müßte?

„Beglückt es die Menschen?" fragte der Baron, bitter lächelnd. „Es kostet Ihnen, wie Sie sagen, . . ."

Zwei Söhne, eine Tochter, meine Freiheit, und höchst wahrscheinlich mein Leben. Aber ist daran die neue Konstitution schuld? Mit nichten, sondern die Menschen, die für dieses System noch lange nicht reif genug sind. Lieber Freund, es ist ein gefährliches Ding um das Systemmachen. Wenn der Philosoph die Systeme bloß in Büchern aufstellt, gleichsam zur Schau als das letzte Ziel, das die Menschheit erreichen sollte, vielleicht auch einmal erreichen wird: so liebe ich sie. Sie sind der Spiegel, in welchem wir sehen, wie viel uns noch fehlt, um vollkommen zu seyn. Aber es ist schlimm, daß der Philosoph selten etwas denkt, was er nicht eitel genug ift, auch fogleich ausführen zu wollen; und das macht unfer Unglück. Jedes Zeitalter hat feinen Grad von Vollkommenheit, den es erreichen kann, der für die Köpfe und die Herzen des Volkes paßt. Wird ein Volk aufgeklärter und beffer, fo findet fich ganz von felbft ein Zuftand, der ihm angemeffen ift, ohne daß der Philofoph etwas dazu thun kann, doch auch, ohne daß er deshalb unnüß wird. Er fteht immer eine Stufe höher, als das Volk; fo wie diefes neben ihn tritt, fteigt er wieder eine Stufe hinauf, und lehrt von da das Volk, der Stufe, auf die es gekommen ift, würdig zu werden. Das gefchieht aber nach und nach, langfam; und bis dahin find alle Syfteme der Philofophen, fo wahr fie auch feyn mögen, dem Volke nichts als Träume. Das Herz, es mag befchaffen feyn, wie es will, bleibt nie ohne ein Syftem, das zu ihm paßt, vielleicht nur um ein weniges vollkommener ift, als die Gefinnung des Volkes; aber viele Syfteme bleiben ohne Herzen, die zu ihnen paffen. Sie ausführen wollen, heißt der Menfchheit Gewalt anthun; und das war unfer Fall. Die Herzen der Franzofen hatten immer ein Syftem, eine Philofophie, eine Moral, die für fie paßte. Der fürchterliche Druck von oben ftürzte die alte Ordnung. Einige Phi-

losophen, hauptsächlich die Girondins, baueten
ein System, das ihren Köpfen angemessen war.
Bösewichter entrissen die Ausführung ihren Händen; und das gewiß gutgemeinte System wurde
nun Unsinn und eine Quelle von Elend. Unge-
bildete Leute sollten Philosophen werden, und waren doch kaum Menschen. Man wollte Leute,
die nichts als Egoisten gewesen waren, auf einmal,
ohne Uebergang zwingen, alles für das Ganze,
nichts mehr für sich zu thun; und das verlangen
Schurken, die allein das Recht haben wollen,
Egoisten zu seyn. Wäre Condorcet nicht gestürzt,
vielleicht hätten dann die Freunde des alten Drucks
den Boden Frankreichs mit eben so vielem Blute
gedüngt, als die jetzigen Schurken es thun, um
das schöne Gespenst einer philosophischen Republik herauf zu zaubern, das sie eben so wenig lieben, für das sie eben so wenig passen, wie die
ausgewanderten Prinzen und der Adel. Ein glän-
zendes, gutes, wahres System zu bauen, ist in
der That nicht schwer; aber Ehre und Dank
verdient nur der Erfinder eines für seine Nation guten und wahren Systems. Der Mensch,
der nun einmal dazu gemacht ist, alles zu gene-
ralisiren, findet sicher das System aus, dessen
er bedarf. So gab sich jedes Volk seine Theolo-
gie, die es gebrauchte; und es verfeinert sie, wenn

sie nicht mehr passen will, so wie das Haus der
Schnecke größer wird, wenn sie selbst wächst.
Eine Nation braucht wahrhaftig weniger Systeme,
als Menschen, die sich des Einzelnen mit Rath
und That annehmen. Einen Menschen von seinem Aberglauben zu befreien, findet man so klein,
so unbedeutend gegen das Bestreben eine ganze
Nation zu belehren und zu erleuchten. Man be-
denkt nicht, daß die Weisheit aller Einzelnen zu-
sammengenommen den Grad, den die Aufklärung
einer Nation erreicht hat, mehr bestimmt, als
die Weisheit einiger Gelehrten. Gutes thun,
segnen, lieben, einzelne Menschen unterrichten,
ist in der That eben so verdienstlich, als eine
ganze Wissenschaft durcharbeiten. Wenigstens bedürfen wir des Ersteren mehr, als des Letzteren.
Geben Sie Acht, man wird noch ein Dutzend
Konstitutionen machen, und sie alle wieder ab-
schaffen, bis Zufall, Noth, Glück oder die Vorsehung meinen armen Landsleuten eine Verfassung
geben, die vielleicht inkonsequent ist, aber sich für
den Grad ihrer moralischen Bildung schickt. Jemand hat behauptet: die jetzige Generation müsse
erst im Grabe seyn; sie passe nicht für die Repu-
blick. Er hat Recht; nur begreife ich nicht, warum
er nicht auf den Gedanken kommt: die jetzige Konstitution muß aufgehoben werden; sie paßt nicht

für die Generation. Ist das nicht der Mörder, der den Reisenden Beine und Kopf abschnitt, daß sie für sein Bett passen sollten? — Solche Unterredungen führten die beiden Gefangenen bis zu Robespierre'ns Sturze. Der Tod des Tyrannen rettete sie von der Guillotine.

Sobald der Baron seine Freiheit wieder hatte, suchte er Pässe zu bekommen, und verließ nun das Land der Freiheit eben so eilig, als er hinein gegangen war. Er kam nach einer Abwesenheit von fünf Jahren wieder in Zaringen an. Iglou und sein Sohn, jetzt ein sehr edler Mann, freueten sich unbeschreiblich über seine Rückkehr. Lissow und Rheinfelden kamen, sobald sie seine Ankunft erfuhren, zu ihm; denn sie lebten schon lange bei Jakobinen, die eine sehr glückliche Gattin und Mutter geworden war.

Iglou hatte sich unterdessen bemühet, die Zaringer glücklich zu machen, und es war ihr gelungen. Sie erzählte dem Baron zitternd, was sie für das Wohl der Menschen gethan hatte; denn sie fürchtete, daß er Lust haben möchte, die Französische Ordnung der Dinge auch auf seinen Gütern einzuführen. Aber zu ihrer großen Freude irrte sie sich. „Nichts von Systemen, liebe Iglou!" sagte er mit einer frohen Umarmung. „Die wenigen Tage, die mir die Vorsehung noch schenkt, will ich dazu anwenden, daß

ich die Thorheiten meines verflossenen Lebens wieder gut zu machen suche. Alles wollte ich thun,
liebe Iglou, und that nichts; du wolltest nicht
viel thun, und hast Menschen glücklich gemacht.
Ich eitler Thor glaubte, wie Gott, Alles umfas-
sen zu können, und habe mein Leben mit Thorheiten, mit unnützem Abmatten verloren; ich
wollte ein Weltbürger seyn, und bin darüber nicht
einmal der Bürger meines Staates geworden.
Und was wäre ich gewesen, wenn nicht noch mein
Herz, meiner Thorheit zum Trotze, menschlich
gefühlt hätte! Nein, ich habe gesehen, daß nicht
die Systeme den Menschen glücklich machen, sondern das Herz. Von nun an soll es mein System seyn Gutes zu thun, so viel ich kann, und
nichts mehr."

Iglou sank mit Freudenthränen in seine
Arme, und sein Sohn drückte ihm zärtlich die
Hand. Der Baron hielt Wort. Oft sagte er,
wenn ihm etwas Gutes gelungen war: „wie
glücklich konnte ich seyn, wenn ich nicht hätte gar
zu weise seyn wollen!"

Er wurde noch glücklich, und freute sich über
das Glück seiner Freunde. Iglou, die er bis an
den letzten Hauch ihres schönen Lebens mit der
innigsten Zärtlichkeit liebte, blieb sich immer gleich.
Jedermann ehrte sie, als das Ideal der menschlichen Tugend; sie selbst war demüthig. Lissow

wußte, daß sie ihre Lebensbeschreibung geendigt hatte, und bat sie dringend um Mittheilung derselben. Sie war nicht zu überreden, und verbrannte die Lebensbeschreibung den Tag vor ihrem Tode. Kurz vorher las sie noch selbst darin, und mit großer Bewegung. Unvermerkt that Lissow, der an ihrem Sterbebette zugegen war, einen Blick hinein. Er sah meistens nur Charaktere, die sie ohne Zweifel sich selbst anstatt der Buchstaben erfunden hatte, damit das Buch, wenn es auch durch einen Zufall einem Leser in die Hände geriethe, doch unverständlich wäre.

Iglou legte das Buch auf ein Kohlenbecken, und eine Magd mußte es vor ihren Augen in den Kamin des Zimmers tragen. Als es verbrannt war, ließ sie sich das Kohlenbecken bringen. „Asche!" sagte sie lächelnd; „und ist nicht auch dieses Leben bald Asche?"

Flamings Leben, erlosch wenige Monathe nach Iglou's Tode. Er starb mit den Worten: „Thue Gutes, mein Sohn, und habe nicht den Wunsch, mehr zu seyn, als es dem Menschen von der Vorsehung erlaubt ward."

E n d e.

CPSIA information can be obtained at www.ICGtesting.com
Printed in the USA
BVOW07s0957170314

347869BV00008B/165/P